笛卡尔论表征

〔德〕多米尼克·派勒 著
叶 斌 译
刘 畅 校

REPRÄSENTATION
BEI
DESCARTES
DOMINIK PERLER

商务印书馆
The Commercial Press

Dominik Perler
REPRÄSENTATION BEI DESCARTES
© Vittorio Klostermann GmbH, Frankfurt am Main, 1996.
根据维多里奥·克劳斯特曼有限公司1996年版译出

致 H. B.

前　言

"但是当我想象某种东西，或者甚至实际上也看到种种对象时，我就有了我的邻人不具有的某种东西。"——我理解你。你要看看周围并且说："无论如何只有我获得了这个。"［……］我知道人们在这种情况下是如何向前注视并环顾四周——以及其他等等。我认为我们可以说：你在谈论（比如说，你正坐在一个房间里）那种"视觉房间"。

——维特根斯坦，《哲学研究》第一部分，第 398 节

我们拥有一些诸如关于质料对象的想象或者表征，但也有关于我们自己的和我们周围的人的，这当然是毋庸置疑的事实。表征在认知过程中扮演了决定性的角色，这同样是被广泛认可的事实。但是存有争议的是这些问题，即我们究竟如何才能够形成表征，它们具有哪些结构，以及认知过程中的哪些功能是属于它们的。当下关于这些问题的争论，不论是在心灵哲学还是在认知科学中进行的，都重新激活了对 17 世纪近代表征理论起源的兴趣。这种兴趣从本质上来说不仅是历史性的也是系统性的。一方面近代早期的讨论应该在历史背景中得到重构和解释，但是另一方面我们也应该就它们所给出的特殊设问与解答，批判地加以评估。

在本研究中我将从这两个方面探讨最知名和最有影响力的一门表

征理论，即笛卡尔的表征理论。这项研究的系统性出发点由这个看似朴素的问题构成，即维特根斯坦针对表征理论而提出的挑战性问题：究竟什么叫作拥有表征？表征是不是那种为我们所拥有并且能够在"视觉房间"中被观察的私人客体？除开这个"视觉房间"，我们还拥有哪些通向事物的渠道呢？是否因为只有表征是被直接给予我们的，我们便失去了与外在于我们的事物的直接接触？我将从笛卡尔表征理论角度去讨论这些关键问题并且借助文本分析逐步进行回答。于我而言，这类分析对于像笛卡尔这样经典且被频繁引用的作者而言是急需的。因为所谓的"笛卡尔观点"（der Cartesische Standpunkt）经常作为令人十分熟悉的观点而被提及（大多数情况下又同时被当作完全错误的观点来加以批判），但这些评论又缺乏对笛卡尔的观点和论证的准确检视。只有深入的文本分析才能使笛卡尔这位大家免受此类草率处理。只有细致的分析才能确保对"笛卡尔观点"的精确定性和对该观点的阐明。

本研究是我的教职申请论文的简化版本，它于1995—1996年冬季学期被哥廷根大学历史与语言学专业接受。我已经在一些文章中表达了一些观点和论证（参 Perler 1994e，1995b，1996），而为了本研究我又彻底地对其进行了修订和拓展。

在此书的撰写过程中，许多专家和机构一直支持和鼓励着我。在此向他们所有人致以真诚的感谢：因巴赫（Ruedi Imbach）启发了我对笛卡尔的集中探讨；教职资格委员会的两位专业评审卡尔（Wolfgang Carl）和克拉默（Konrad Cramer），感谢他们详细的评价；感谢克默林（Andreas Kemmerling）写的睿智的、启发性的信件；感谢克雷茨曼（Norman Kretzmann）和麦考德（Marilyn McCord）关于笛卡尔中世纪背景的宝贵讨论；感谢尼姆茨（Christian Nimtz）和罗森克兰茨（Sven Rosenkranz）对早期文稿的批评意见；感谢我在加州大学洛杉矶分校（1992—1993）和哥廷根大学（1993—1995）时学生们好奇的提问和挑战；感谢瑞士国家基金授予的慷慨的教职申请奖金以及其发放的同样慷慨的出版资助，使我能够专注于工作；感谢牛津万灵学院（All Souls College）和哲学系给予的完美的工作条件，它使我能够顺利地准备本研究的出版。

有一份谢意我已无法再传达。克吕格（Lorenz Krüger），这位在哥廷根与我共事的同事，于1994年秋天英年早逝了，因而不能再共同见证本研究的完成。用笛卡尔的话说，当我的心灵沉睡时，他总是激励着我，而当我犯错时，他将我带回了真正的哲学问题。他将永远作为一个榜样般的学者和温柔的人留在我心中。

多米尼克·派勒
万灵学院
牛津，1996年6月

目 录

文献说明 / 1

导 论 / 3
 第 1 节 出发点：特洛伊木马？ / 3
 第 2 节 研究的路径与结构 / 15
 第 3 节 方法说明 / 23

第一部分 什么是表征性观念？ / 29
 第 4 节 作为身体性与心灵性存在物的观念：基础与问题 / 29
 第 5 节 作为意向性思维动作的观念 / 53
 第 6 节 图像与摹写 / 71
 第 7 节 观念的双重规定：动作与内容 / 85
 第 8 节 动作与内容：经院主义的讨论背景 / 107
 第 9 节 结论与批判性评论 / 121

第二部分 表征性观念是如何形成的？ / 131
 第 10 节 关于质料对象的观念：身心互动问题 / 131
 第 11 节 互动观点的后果 / 154
 第 12 节 关于非质料的对象：对本质的把握 / 169

第 13 节　关于虚构或者非正确被感知对象的观念　/ 199

第 14 节　感觉与情感状态　/ 215

第 15 节　结论与批判性评论　/ 230

第三部分　如何通过表征性观念获得知识？　/ 239

第 16 节　作为真理理论基础的观念论：出发点与问题　/ 239

第 17 节　真的观念与真的判断　/ 261

第 18 节　作为真理原则的清楚与分明　/ 281

第 19 节　真理原则的后果：循环论证问题　/ 298

第 20 节　结论与批判性评论　/ 314

总　结　/ 325

第 21 节　直接认识实在论或表征主义？　/ 325

参考文献　/ 341

索　引　/ 363

人名索引　/ 363

术语索引　/ 369

译后记　/ 375

文献说明

在正文中法语与拉丁语引文翻译为德语，而在脚注中将给出原文。所有的翻译由本人完成。[1] 参考的二手文献将以作者姓名和发表年的方式标出。完整的记录在参考文献目录中。

相关缩写说明

《笛卡尔全集》 Ch. Adam/P. Tannery（Hrsg.），*Oeuvres de Des-*
（简写为 AT） *cartes*（„nouvelle présentation"），Paris：J. Vrin 1982-1991.

《谈谈方法》 *Discours de la méthode pour bien conduire sa raison, & chercher la verité dans les sciences*，AT VI.

《光学》 —*La Dioptrique*（Anhang zum *Discours*），AT VI.

《论人》 *Traité de l'homme*，AT XI.

《第一哲学沉思集》 *Meditationes de prima philosophia*，AT VII（franz.
（简写为《沉思集》） AT IX-1）.

反驳 —*Objectiones doctorum aliquot virorum in praecedentes Meditationes*，AT VII.

答辩 —*Responsiones authoris*，AT VII.

---

1 所有对笛卡尔原文引文（拉丁语与法语）的翻译依据多米尼克·派勒的德文译文翻译为中文，如未有德文译文，则为译者所翻译，在脚注中一般不再给出拉丁语与法语原文。——译者注

《论世界》	Le Monde, ou Traité de la lumière, AT XI.
《对某通报的评论》	Notae in Programma quoddam, sub finem Anni 1647 in Belgio editum, cum hoc Titulo: Explicatio Mentis humanae, sive Animae rationalis, ubi explicatur quid sit, & quid esse possit, AT VIII-2.
《论灵魂的激情》	Les passions de l'âme, AT XI.
《哲学原理》	Principia philosophiae, AT VIII-1 (franz. AT IX-2).
《自然之光指引下对真理的探求》	La recherche de la verité par la lumière naturelle, AT X.
《指导心灵的原则》	Regulae ad directionem ingenii, AT X.

导 论

第1节 出发点：特洛伊木马？

当谈起我们的心灵活动时，我们通常会作如下陈述：
(1) 我回忆起那栋我小时候住过的房子。
(2) 我不相信圣诞老人。
(3) 我很悲伤。
(4) 我断言马特洪峰为雪覆盖。

只要会德语，我们就可以毫无问题地理解这些陈述。然而如果我们被要求去对这些陈述的各个成分进行解释时，我们就遇到了很多问题。

第一个问题，我们每个人是否都将人称代词"我"指称某种完全确定的事物，以及如果答案是"是"的话，这个指称对象是什么。我是否能够将"我"（类似于"我小时候住过的房子"）指称一个分明的存在物并且赋予它特定的属性呢？还有这个存在物是什么，它指的是我的心灵，还是我的心灵与身体的结合，抑或我身体的某一特定方面呢？

第二个问题，那些由"我"这个指称对象所完成的心灵活动确切地是什么。乍看之下就可以知道,上述四种情况存在巨大区别。像回忆、相信和断言这些活动指向特定的对象。与此相反,悲伤(Trauig-sein)——至少乍看之下——并不是指向某个对象的。除此以外,引人注意的是,回忆与断言是分步完成的动作,而悲伤则明显是一种状态。并且,悲伤包含着某种情绪成分,这是在其他心灵活动那里没有的。另外值得注意的是,回忆要以之前的感知为先决条件。只有在已经拥有过关于这座房子的感觉感知(Sinneswahrnehmung)时,我才能回忆起我孩童时期的房子。断言却不需要这样的感知作先决条件。单单依据关于高山区域雪况的某种理论性的知识,我便能给出我的断言,而不需要曾经看到过马特洪峰。所有这些区别表明,当我们不仅仅只是使用这四种陈述,而且还想要在一种理论的范围内加以澄清时,我们就必须对心灵活动进行区分。

第三个问题出现在当我们更确切地观察这些心灵活动的对象时。显然,回忆与相信是指向对象的,但这些对象可以是不同类型的东西,正如以下这两个例子所表明的。那座我孩童时期住过的房子是一种具有真实存在(reale Existenz)(或者至少曾经拥有过如此存在)的对象。与此相反,圣诞老人是一个纯粹杜撰出来的人物,而他从未真实存在过。这是否意味着除了实存的对象,我们也能够指向某些杜撰的对象呢?第四个陈述表明在那些指向简单对象的心灵活动之外,也存在一些指向复杂对象的心灵活动。因为我不是单单指向马特洪峰或者某种被雪覆盖的东西,而是指向"马特洪峰为雪覆盖",并且我断言,事实就是如此。这是否意味着在简单对象(屋子、马特洪峰等等)以外存在一些特定的复杂对象(马特洪峰为雪覆盖)呢?

只有当对心灵活动的解释能够回答这三个问题时,从哲学角度来说它才是令人满意的。我们必须解释，谁或者什么才是这个"我"的指称对象（Bezugsobjekt），这个指称对象完成了何种活动，以及这些活动指向什么。一种在历史上影响广泛同时又覆盖这三个问题域的解释，可以在笛卡尔那里找到并且可以扼要地对其加以总结：这个"我"的指称对象乃是心灵，它是与身体不同的实体。就其形成各种表征性的存在物（所谓的观念）而言，心灵是能动的。根据观念表征对象的不同，人们可以基于感觉感知、纯想象或者纯粹的思维把握形成观念。观念只存在于心灵之中，但是它们能够将简单的与复杂的对象当下化，如其外在于心灵存在那般。

  这个解释自然引发了许多问题。但它已在上述陈述的解释方面清楚地指明了方向。当我说"我回忆起那栋我小时候住过的房子"时，我说的是我的心灵现在激活了一个观念，而它以对某个特定房子的感知为依据打造了这个观念。这座房子曾经看起来什么样，这个观念便把这座房子表征为什么样。借着"我断言马特洪峰为雪覆盖"这个陈述，我表达的是我的心灵将关于马特洪峰的观念与关于为雪覆盖的某物的观念关联了起来，并且完成了针对这幅复杂图画（Gebilde）的认定动作（Akt）。

  这个似乎无害的解释在 17 和 18 世纪已经被尖锐地批评了。引发此种批评的机缘不仅仅是笛卡尔的形而上学基本主张——心灵乃是与身体不同的实体，还有主要依附于此的主张，即心灵借助于表征性的观念指向对象。托马斯·里德对此种观念论发起了攻击：

> 观念论，就像特洛伊木马，有着无辜与美观的欺骗性假相；但是如果这些哲学家知道它在其腹中包含了会对所有科学和常识

造成的死亡与毁坏的话,他们不会自毁城墙让其进入。[1]

为什么观念论(Ideentheorie)是危险的礼物(Danaergeschenk)呢?为什么它一方面通过其无辜与美观而吸引人,但是另一方面在其中却暗含死亡?对这个问题的回答要求理解观念论产生的历史背景;因为只有当问题视域在历史背景中得到辨认时,才可以澄清一种理论成功地解决了哪些问题以及它又造成了哪些问题。

观念论是作为亚里士多德-经院主义(aristotelisch-scholastisch)认识论的对立模型(Gegenmodell)而被创造出来的,这种认识论直到17世纪仍在统治着哲学讨论。因而观念论的效果还有它的问题都必须在传统认识型的背景下被理解。[2]亚里士多德与他中世纪的评论者认为,认识主要在于对形式的接受(Aufnehmen)与加工(Verarbeiten):如果有人认识到了什么东西,那么通过在理智中接受被认识对象的形式,他使自己与被认识的东西相类似。[3]当我说"我回忆起那栋我小时候住过的房子"时,我说的是我已经在早先接受了这房子的本质形式(substantielle Form),并在此时通过回忆激活了此形式。借着"我断言马特洪峰为雪覆盖"这个陈述,我说的是我已经接受过马特洪峰的本质形式以及被雪覆盖这一偶性形式,并且这两种形式处在一种特定的关系(本质—偶性)中。

这个解释提出了两个基本问题。第一个问题是认识论问题,本质

---

1 Thomas Reid, *An Inquiry into the Human Mind on the Principles of Common Sense*, ch. 5, §8 (ed. Hamilton 1985, Vol. I, 132). 里德的批评不仅针对笛卡尔,也针对洛克和马勒伯朗士。

2 关于亚里士多德主义的主导立场,参 Trentman 1982, Mercer 1993 和(尤其是法国的) Brockliss 1993。

3 参 *De anima* III 4 (429a 15-18)。此观点在中世纪的进一步传播的证明见 *Auctoritates Aristotelis zu De Anima* (§§136-143)(ed. Hamesse 1974, 185-186)。

或者偶性形式是以何种方式——通过何种认识过程——企及我的心灵的。第二个问题是本体论问题，企及了我的心灵并最终进入心灵中的是什么——何种存在物。

对第一个问题的回答，大多数 13 世纪至 17 世纪的经院亚里士多德主义者(scholastische Aristoteliker)一般都依据种相理论(species-Theorie)。[4]他们认为，认知者借助于特殊的存在物(所谓的种相)来接受被认识对象的形式。于此他们区分了三种种相：(a) 中介种相(species in medio)将在某种中介(比如在空气或者在光线)中的形式从对象传递至认知者，并将它烙印在感知器官(Wahrnehmungsorgan)上；(b) 基于此灵魂的感性部分形成了感性种相(species sensibilis)，它将形式如此加以当下化，正如形式在具体的个别对象中存在那般；(c) 灵魂的理智部分从中抽象出理智种相(species intelligibilis)，该种相当下化了纯粹的形式，它不与个别对象相关联。这三个过程可以通过例子来解释：当我认识一座房子时，房子的形式就会通过中介种相从被感知到的、直接在场的房子传递到我的眼睛。[5]这个作用于感知器官的外在影响首先导致我形成了某种存在物，它如此地向我当下化房子的形式，正如该形式在感知到的房子中存在那般。也就是说，它向我当下化房子的形式，只要它向我呈现的是一座带有尖屋顶、十扇窗户和其他偶性的房子。然后，我抽象出房子的"纯粹"形式，这样

---

4 参 Thomas von Aquin, *Summa theologiae* I, q. 84, art. 6 – 7, und q. 85, art. 1 (ed. Caramello 1952, 412 – 415, 416 – 418); Eustachius a Sancto Paulo, *Summaphilosophiae quadriparttta*, tertia pars physicae, tract. IV, q. 7, 275 – 278。该理论的形成以及进一步传播请参看 Spruit 1995。关于种相理论的古代晚期背景以及中世纪的修订，参 Sorabji 1992 和 Michaud-Quantin 1970。然而需要强调的是并不是所有亚里士多德主义者都同意种相理论。早在 13 世纪约翰·彼得·奥利维(Johannes Petrus Olivi)便拒绝了它，还有在 14 世纪奥卡姆(Wilhelm von Ockham)也拒绝了它。详参 Tachau 1988, 39 – 54, 130 – 135。

5 光学感知被视为典型案例，正如 Smith 1981 和 Tachau 188, 3 – 26 所澄清的。

一来，不带特殊偶性的房子于我而言就是当下的。当我通过这三级过程接受了房子的形式时，我就使我与这座房子相似——不是因为在字面意义上我变成了带尖屋顶和十扇窗户的房子，而是因为我以一种非质料(immateriell)的方式掌握了这座房屋的结构原理(一种使这房子是一座房子而不是其他对象的东西)。

对第二个问题的回答，即关于被接受的存在物(Entität)种类的问题，也与种相理论紧密相关。被接受形式的本体论地位依赖于如下事情，即被考察的是三个表征性种相中的哪一种。如果想知道，形式从对象到达感知器官时具有何种地位，那么人们必须考察，具有传递作用的中介种相具有何种地位。许多亚里士多德主义者将某种独特的"意向性"(intentional)存在归之于这种存在物，并且这种存在不能回溯到质料存在。[6] 相对地，如果人们想知道，形式在认知者心灵中具有何种地位，那么人们必须检查感性种相或者理智种相具有何种地位。许多中世纪晚期的亚里士多德主义者认为这两种存在物也具有某种"意向性"(或者非质料)的存在。[7] 关键在于，种相并不是心外形式的一种心灵复制品。当我接受房屋的形式时，并没有在房子那里的形式和额外的在心灵中的形式。我在心灵中拥有的东西仅仅是房子的形式，当然它不是以质料的方式(如带十扇窗户和尖顶的房屋存在的那般)，而是以非质料的方式(像它通过意向性种相对我当下化那般)。不存在两种不同的形式，而是同一形式的两种存在方式。

---

[6] 参 Roger Bacon, *De multiplication specierum* I-1 (ed. Lindberg 1983, 2); Thomas von Aquin, *Summa theologiae*, I, q. 78, art. 3 (ed. Caramello 1952, 379)。

[7] 托勒图斯明确持此观点，参见 Franciscus Toletus, *Commentaria una cum questionibus* II, 12, q. 34 (*operia philosophica*, 110-111)。然而并不是所有中世纪晚期的亚里士多德主义者都同意该观点。有些认为在种相之外存在一种具有意向性存在的存在物(参 Knudsen 1982; Perler 1994a, 1994b)。

第1节 出发点：特洛伊木马？

这个对认知过程的解释引发了许多问题。感知器官是如何接受种相并将它传递的？什么才是种相的意向性存在？还有单一形式具有两种存在方式是如何可能的？这些问题都曾是详细讨论的对象并且主宰了从13世纪晚期至17世纪的认知理论的讨论。无论对此问题的回答结果如何，它们总是从亚里士多德认识论的两个基本假设(Grundannahme)出发。而笛卡尔的批评正是针对这两个基本假设的：

（1）亚里士多德-经院主义的解释从形式质料论(hylemorphistische These)出发，认为每个对象由形式和质料组成。认知过程主要是将形式与具体的质料分离以及将它以非质料的形式加以接受。然而，对形式质料论予以赞同是理论上有意义且经验上可辩护的吗？笛卡尔对这个问题明确地作出了否定回答，并且借物理实验为自己辩护。[8]我们在对象中确定下来的一切，都是具有特定广延和运动的物质粒子(Materieteilchen)。在描述这些物质粒子的排列时，我们可以充分地解释对象是什么以及它如何区别于其他对象。形式只是一种模糊的、微小的"灵魂"，而它被错误地、多余地假定为在这些物质粒子之外存在。

（2）除此以外，经院哲学学院派哲学家们的解释从物理-生理论出发，认为在认知过程中有某种东西从对象传递给认知者，然后通过某种方式在感知器官，在大脑，最后在理智中进一步被加工。笛卡尔认为，该理论同样不能在经验上得到证实。举例来说，当某人感知到

---

[8] 他不仅否定了本质形式(如房子或桌子的形式)的存在，也否认了那些偶性形式(如热或者颜色的形式)。参《论世界》第二章(AT XI, 7)以及第五章(AT XI, 25-26)；从1640年10月28日(AT III, 211-212)至1643年4月23日(AT III, 649)给梅森的信；1642年1月给雷吉乌斯(Regius)的信(AT III, 506)。关于更多的证据以及详细的讨论，请参看Garber 1992, 102-111。正如吉尔松在其开创性研究中早就表明了的，笛卡尔并未用纯粹经验的论据来论证其对形式的拒绝。只有在其形而上学中引入了二元论之后，他才在其物理学中否定了形式的存在；请参看Gilson 1984, 143-168。

了一个对象且同时获得了一种关于热的感觉时,并没有一种种相传递给了认知者以及进一步被传递。更多的是,这个以极快速度运动着的对象的物质粒子具有刺激皮肤的能力。这种刺激将穿过整个身体直至被传递到大脑。身体和心灵是这样协调的:身体的刺激出现时,心灵便恰好拥有对热的感觉。[9]在整个过程中并不存在具有特殊意向性存在的存在物,而只有(a)对象和认知者身体中的物质粒子以及(b)与身体相协调并造就观念的心灵。

鉴于亚里士多德-经院主义认识模型的这两个假设存在疑点,笛卡尔没有费力去讨论和解决细节问题,而是完全否定了整个认识模型。为了解释认知过程,去假设模糊的形式还有同样模糊的种相都是不必要的。描述物质粒子对身体的影响和心灵中观念的形成就足够了。

里德认为笛卡尔的观念论有着"无辜(Unschuld)与美观的欺骗性假相"(a specious appearance both of innocence and beauty),这一论断必须在对亚里士多德-经院主义遗产的探讨这个背景下去理解。笛卡尔的理论从本体论上来说是"无辜"的,因为它将自身限制于两种实体(质料和心灵)并且不去假设充满争议的存在物(形式和种相)。另外,它之所以是"美观"的,是因为它将整个复杂的认知过程还原为两个过程(身体中刺激的传递以及心灵中观念的形成),进而因其清楚明了的特质而博得人们的好感。

但是为什么里德认为这里存在着某种欺骗性的假相?为什么他觉得观念论在更为细致的考察下会变成特洛伊木马?

---

9 参《论人》(AT XI, 141-145)。笛卡尔将刺激称为对细小纤维的牵引(triant le petit filet: AT XI, 142)并且将它与绳子的牵引作了对比:正如绳子的牵引造成钟声在另一个房间里响起,在皮肤中的刺激也导致了大脑以及最终心灵被激活。关于详细的生理学解释,参 Hatfield 1992。

首先，里德的批评针对的是这样一种观点，即观念尽管由身体性过程所引起，却又有别于身体。里德认为，相较于此观点所能够解决的问题，它引发了更多的问题。因为它并没有解释心灵和身体是如何协调的。如果身体和心灵是两种彻彻底底不同类型的存在物的话，身体中的过程（刺激从感知器官到大脑的传递以及在松果腺中信号的生成）如何能够导致心灵中的过程（观念的形成）？只要身体和心灵的互动未得到澄清，那么对于外在事物是如何通过认知动作到达心灵的这个问题，观念论就不能给出令人满意的回答。[10]

里德在其批评中提出了一个问题，笛卡尔的同时代人已意识到了这一问题并已详加讨论。观念论默认了感觉器官和大脑与心灵的活动有某种关系，但是它并没有分析这种关系。[11]然而对心灵活动的解释而言，关键正在于身体和心灵的互动。只有当我们知道人们如何从对一座房子的感觉感知出发在心灵中形成一个观念并且在晚些时候能够激活它时，我们才能知道，像"我通过激活一个关于房子的观念，回忆起那栋房子"这般的陈述意味着什么。当我们想要解释回忆或其他心灵活动时，单纯的生理学视觉过程（physiologischer Sehvorgang）描述和单纯地对观念的心灵生成展开描述都是不充分的。更确切地说，我们必须澄清生理学过程是如何与心灵过程联系在一起的。

其次，笛卡尔的理论似乎对每个心灵活动都假定了一个观念并由此增加了许多存在物。如果有人说"我不相信圣诞老人"，那么根据

---

10 因此里德在 Inquiry into the Human Mind, ch. VI, § 12（ed. Hamilton 1895, vol. I, 157）中得出了否定结论："总之，心灵觉知的方式和机制是超越我们的理解的。"

11 早期的批评者还有伽森狄（AT VII, 339—341）和波希米亚的伊丽莎白公主，他们在其信中强调的正是这个问题。正如 Specht 1996 所表明的，在笛卡尔的第一批追随者中，身心互动问题也早就是个争议性问题。根据 Watson 1987（特别是第 149—152 页），正是这个问题导致了笛卡尔主义在 17 世纪晚期和 18 世纪早期的破产。

观念论，他说的是他形成了一个关于圣诞老人的观念并且针对这个观念完成了一个否定的动作。但是既然在现实中不存在圣诞老人，此类观念的形成是如何可能的呢？在这种情况下，没有任何感觉感知能够成功地使心灵形成观念。在那种不存在心外对象的情况下去假设某种心灵对象，这难道不是很有问题吗？

然而并不仅仅是在那些特殊的情况下观念的形成才是模糊的过程。按照里德的观点，所有的观念都是模糊的存在物，它们阻碍了与心外对象的直接接触。因为如果有人以激活关于房子的观念（无论他是如何从感觉感知出发获得这个观念的）这种方式来解释"我回忆起那栋房子"这个陈述，他说的是在心外的房子之外还存在着关于房子的观念，并且心灵主要指向了这个观念。这意味着我们失去了与心外现实的直接接触。我们仅仅拥有与观念的直接接触，且不能确定地知道，这些观念是否将心外的对象如它们于心灵之外存在那般加以表征。唯有当我们能够采取一种中立的视角且能够基于这样的视角将关于心外对象的观念与对象本身进行对比时，这样一种认识才是可能的。但是由于与心外对象的接触都经过了观念的中介（而且是在每个心灵活动中，而不仅是在回忆的情况下），这样一种中立视角就不复存在。我们一直被困在我们的观念世界中。

人们可以尝试以如下方式消除此种困难，即声言心灵中的表征性存在物（repräsentierende Entität）是对心外对象的摹写（Abbild）。当某人有关于房子的观念时，他也拥有了关于这房子的心灵摹写。这种摹写如其外在于心灵存在那般复制了原物（das Original）。由此，观念是否正确地表征了外在于心灵的对象，就完全不构成问题。摹写必然是正确的表征。

第 1 节 出发点：特洛伊木马？

但是这个可能的辩护，虽曾庇护了 17 世纪的若干作者，[12] 却不符合笛卡尔的立场。他明确宣称，观念并不是对心外对象的摹写。[13] 因为摹写理论暗示了观念的每个组成部分都可以在心外对象那里找到准确的对应物。举个例子来说，当我有一个关于炎热太阳的观念时，那么根据摹写理论，必须存在外在于我心灵的太阳和炎热。但是这违反了物理事实——这个事实笛卡尔已经在反对亚里士多德主义的形式理论时利用了——在心灵之外只存在带有特定广延和运动的物质粒子。不存在那种我能在观念里以某种方式加以摹写的炎热，只有太阳发射出的、运动着的物质粒子，才引发了我对热的感觉。因为摹写理论天真地认为在外部对象和心灵对象之间存在着准确的对应，所以它忽视了复杂观念的特定组成部分是单纯地基于感觉的，并且在心外的现实中无直接对应物(Korrelat)。

既然观念并不构成对心外对象的摹写，那么里德的批评便仍旧成立。我如何能够知道，(i)观念表征了一个存在于心灵之外的对象，以及(ii)观念恰如对象外于心灵存在那般表征了它？观念论似乎无法回答这些重要的问题，因而它不可避免地导致了——似乎如此——唯我论与怀疑主义。进行心灵活动的人只与他的私人存在物即观念直接接触。他不知道这些观念究竟是否与外部现实中的某物相应，以及如果是的话，它们是否如此准确地与某物相应，正如该物通过观念被表征那般。

如今特洛伊木马已经去掉了它的伪装。笛卡尔的观念论虽然有着"无辜与美观的欺骗性假相"，因为它并不受累于亚里士多德-经院主

---

12 霍布斯在其反驳中提出了该辩护(但他主要谈及的只是身体性图像)，还有富歇(Simon Foucher)在其 *Critique de la Recherche de la vérité* (ed. Coustelier 1675, 50—51) 中提供了辩护。正如 Yolton 1984(特别是第 128—132 页)所证明的，摹写观点紧密遵循光学摹写。

13 参第三沉思(AT VII, 35, 37 和 39)和第三答辩(AT VII, 181)。

义传统的复杂和在形而上学上影响深远的种相理论，但是它"在其腹中蕴藏着死亡"，也就是唯我论和怀疑主义。因而近代的观念论在经院主义理论面前并不显得是一种进步；它不过是通过一种新的、同样充满问题的方案替换了一种满是问题的理论方案。

第 2 节　研究的路径与结构

里德对观念之道(way of ideas)的悲观评价已经成了历史学上的普通概念,直到今天它依然作为一条主线贯穿着研究笛卡尔的文献。即使只有少数解读者支持里德满怀敌意的批评,但仍然有大量评论者认为笛卡尔的观念论存在两个重要假设:[1] (1)通过引入观念作为表征性存在物(不同于心外对象),观念论导致了世界的双重化。它认为除了心外对象之外,还存在着心灵复制品。(2)它认为心灵首先朝向观念,其次才是(也就是借助于观念)心外对象。这两个假设导致我们为了一种表征主义之故,放弃了直接的认识实在论:直接的知识不能从心外对象处获得,而只能由表征性观念提供。观念作为第三者(tertium quid)穿插在心灵与心外对象之间。

罗蒂特别简洁明了地刻画了此种传统解读路径,他认为,根据笛卡尔,人的心灵就像一面巨大的镜子,其中填满了大量的观念。[2] 只有借助于观念我——观察着镜子的内在之眼——才能认识自然,不论它现在是外在的自然(心外的实体和属性),还是自己的内在自然(心灵

1　举些例子。Bréhier 1950, vol. II, 348:"近代哲学直到笛卡尔,认识的中介性观念才算奠基建立。"Alquié 1966, 209:该作者提到了"表征本身的现实",它不仅区分于被表征对象的现实,也区分于表征着的意识的现实。Kenny 1968, 114:"但是对笛卡尔而言,当我思考太阳,在我心灵中的被思之物并不是太阳自身,而是某种太阳的代表。" Williams 1978, 240:"向我们呈现的是这一图画,即心灵只与它自己的经验或者观念有直接接触,'外部'有着造成这些经验以及被不完美表征的对象。" Taylor 1989, 144:"去认识现实就是去获得关于事物的正确表征——在其内有着外部现实的正确图像,正如它被感知的那般。" Kemmerling 1993a, 87:"笛卡尔就像是来自教科书中的表征主义者。他教导我们在心灵中存在事物,它们(在对外部对象感知那里也一样)被直接觉知到。"也请参看 Cronin 1966, 190; Danto 1978, 289; Landim Filho 1994, 195。

2　Rorty 1980,特别是第 45—46 页。罗蒂明确认为(第 49—50 页),他以此隐喻性描述与传统解读(特别是肯尼[Kenny]的解读)站在一起。

动作和状态），抑或是超越人类的自然（上帝）。罗蒂认为，全部观念构成了一个"内在的舞台"，它向思维着的心灵展示了自然全体。心灵仿佛一位观众，他的注意力导向这个舞台并且将观念作为他的对象进行观察，因而不再保有与自然的直接接触。

这个隐喻性描述乍看起来似乎是符合笛卡尔的意图的。在第三沉思中频繁被引用的核心一处，笛卡尔确实将观念称为"仿佛对象的图像"（tanquam rerum imagines：AT Ⅶ, 37）。他认为它是由"心灵之眼"（mentis oculis：AT Ⅶ, 36）以最明见的方式领会的，并且"它向心灵呈现"（mentis mea obversari：AT Ⅶ, 35, 54）。"我能领会它"（apprehendam：AT Ⅶ, 57），"它向我的思考表明自己"（cogitationi meae se offerebant：AT Ⅶ, 75），"我注意到它"（sentiebam：AT Ⅶ, 75），"我感知到它"（percipio：AT Ⅶ, 56）。这些论述符合——至少乍看起来——罗蒂的内在舞台图景，观念在其中作为首要对象向审视着的心灵呈现。

另外，笛卡尔也仔细地区分了形式存在（心外对象所具备的存在）与客观存在（对象在心灵中所具备的存在）。当有人将心灵动作指向太阳并且由此形成了关于太阳的观念时，他就有了一个在心灵中（或理智中）的太阳，"这样一来关于太阳的观念也是太阳自身，只是它存在于理智之中，虽然不是形式地就像在天上一般，而是客观地，也就是说就像对象通常存在于理智中那般"[3]。毋庸置疑，这个论述没有对对象通常是如何存在于理智中的（具有客观存在的对象有着何种本体论地位）这个问题进行回答。然而它——至少乍看之下——是支持这个观点的，即与外在于理智的对象相反，观念是某种在理智之中

---

[3] 第一答辩（AT Ⅶ, 102-103）。也请参看第三沉思（AT Ⅶ, 41）。

的东西。在思维着的心灵所观视的那个内在的舞台中，嬉戏着的唯有那个客观存在着的对象复制品，而非对象自身。

这种解读与一些文本相抵牾，在那里笛卡尔反对把观念理解为仿佛是在想象力（phantasia）或者心灵中所描画的图像。[4]它们更多的是"理智的活动"（operationes intellectus：AT VII, 232），"所有在我们心灵中的东西"（tout ce qui est dans notre esprit：AT III, 392f.），以及"所有被思之物"（omne quod cogitator：AT VII, 366）。这些含糊的表述该如何解读，目前尚无定论，但它们明确地与内在舞台的静态隐喻相左。活动并没有直接呈现给观察，相反它们由心灵主动地完成了。心灵活动的内容，是在心灵中的或者是被思考的东西，不是——或至少不是强制性的——图像。

正如已经提到的，笛卡尔也明确拒绝了观念与心外对象相似这个观点。[5]它们更多地应被理解为"思考形式"（forma cogitationis/perceptionis：AT VII, 160, 188）。这个表述几乎毫无启发，它需要更为准确的分析。但是它向我们点明，观念不应被解释为摹写或者镜像（Spiegelbild），因为摹写或镜像与被摹写和被反射的东西有相似。然而形式并不必然地就是摹写。

另外引人注目的是笛卡尔给观念赋予了一种语义功能（semantische Funktion）。他认为"当我理解我所说的东西时，如果我不能确定在我之内有语词所标记之物的观念，那么我将无法用语词表达任何东西"[6]。这明显意味着一个人类说话者（不同于会话机器人或者会说

---

[4] 参第二答辩（AT VII, 139, 160-161）；第四答辩（AT VII, 364, 366）；1641年7月给梅森的信（AT III, 392-393）。

[5] 请参看第1节，脚注13，以及《哲学原理》第一部分，第66条（AT VIII-1, 32）。

[6] 第二答辩（AT VII, 160）。1649年2月5日给亨利·摩尔的信中，他认为语词总是与观念（或者思想）关联的（AT V, 278）。

话的动物)将每个标记对象的语词与关于这个对象的观念关联在一起。仍不清楚的是，这里应如何理解观念，还有在观念和语词以及在观念和对象之间存在着何种语义联系。但是首先，这里暗含了将观念作为语词的意义来解读，以及将笛卡尔的陈述作如下解读的意味：如果我这样使用"太阳"之类的语词，即我不是单纯地、机械地发出了我的声音，而且同样理解了我说的东西，那么我便将意义和语词联系在一起。既然笛卡尔坚持将概念与语词关联，[7]那么人们也可以说：如果我这样使用一个语词，即我不是单纯机械地发出我的声音，那么我便将"太阳"和太阳的概念关联起来。毋庸置疑，什么是概念，以及它与被说出的语词具有何种关系，这都有待解释。但是至少有一点是清楚的，即这里并不涉及——或者至少不是必然地——某种心外对象的复制品。因为与语词关联的概念，正是人们学习正确使用语词时所学习的东西。而为了学习此类用法，首先，人们不必学习构建心灵对象，其次，作为复制品或者镜像而与心外对象处于某种摹写关系中的东西，此类心灵对象的构建也完全无学习的必要。[8]

鉴于里德开启的传统解读中存在的这些矛盾，我将通过对表征概念更为深入的研究来完成对笛卡尔观念论的批判性考察。[9]观念的功能

---

7 参《哲学原理》第一部分，第 74 条（AT VIII-1, 37）。

8 当然人们可以持一种较强的观点，即只有当在内在舞台中有一个对象被划归到该语词名下时，语词才能具有意义或相符合的概念。观念乃是语词的意义，这一论断并不能驳斥这个"内在舞台理论"。这里关键的只是，笛卡尔的那些极为简短的论述不必在如此强的观点下理解。人们应该谨慎地去探讨笛卡尔的语义学，而不必在一开始就假设一种较强的观点。

9 尽管此处涉及的是一个广为人知的解读，但它并不是没有争议的。美国最近的研究工作（参 Costa 1983；Yolton 1984, 34-39；Cook 1987；Nadler 1989, 126-130；Jolley 1990, 17-31）已经指出了它的许多不可靠之处。Yolton 1990 对罗蒂论述展开了批判性讨论。

在于表征对象,这是没有争议的。[10]同样,观念乃是心灵中的存在物,这也不存在争议。因而,笛卡尔是否假设了在认知过程中发挥核心作用的心灵存在物,这也无可争辩。[11]毋宁说,根本的问题是这些存在物具有何种结构以及认知过程中哪些功能属于它们。观念构成了外部事物的内在图像或者代理(Stellvertreter)吗?观念的在场阻碍了认知者对外物的直接接触吗?或者从根本上发问:笛卡尔借观念论创造了一种必须被视为认识实在论之对立面的表征主义理论吗?在拒斥亚里士多德-经院主义的认识实在论之后,他完全放弃了认识实在论并且对表征主义(及其所有后果)负责了吗?还是即便存在明确的表征主义标签的使用,他依然引入了认识实在论的一种崭新变体(Variante)?[12]为了解答这个根本问题,我将着手考察三个系列的问题。

(1)什么是表征性观念(repräsentierende Idee)?当笛卡尔认为心外对象通过观念得以表征时,那么首先基本的问题是这些观念究竟是何种存在物。应如何理解观念一方面是"理智活动",但另一方面也

---

10 在第三沉思(AT VII, 40, 43-44)中,笛卡尔明确使用了"表征"(repraesentare)这个词。有时他也会说观念"呈现"了某个东西(exhibent: AT VII, 40)。而在法语译本中,"repraesentare"和"exhibere"被无差别地译为"représenter"(AT IX, 31-32)。关于"idea"和"repraesentare"的使用方式,参 Armogathe 1990(特别是第190—193页)的语言学研究。

11 此处涉及的不是这个问题,即为了解释知识究竟是否必须回溯到心智(这是极端行为主义者很有可能会反对的)。心智存在,并且没有它,认知过程将无可解释,这对于笛卡尔而言是一个基本观点。这里重要的是这个问题,即从这个(在其结构中仍需进一步规定的)心智假设出发会引发什么后果。

12 "认识实在论"这个表述可以在狭义和广义上理解:(a)如果在狭义上理解,它指的是那种哲学理论,即认为认知者直接接触外于心灵的世界,而无须依赖中介性存在物(表征、想象、感觉材料等)。(b)如果在广义上理解,那么该表述指的是那种哲学理论,即认为认知者能具有关于外在于心灵的世界,而不是单纯关于心灵存在物的意见,无论他是如何(借助或者不借助中介性存在物)获得该意见的。在这里,"认识实在论"应在另一种意义上理解。因为认知者究竟如何获得其意见这个问题,仍待深入的考察。因而不可以从一开始就排除这个情况,即认知者为了能够获得意见,心灵存在物(它们自然还是需要更为准确的描述)的形成是必需的。

是"客观存在于理智中的"东西?"客观存在"这个说法是否必须被理解为笛卡尔对心外对象之心灵复制品的引入?当此处不涉及摹写或者相似性关系时,观念和心外对象的关系是什么?

至此一直未经言明的一个前提是,每个进行表征活动的人都有着关于某种确定之物(etwas Bestimmtes)的观念——关于马特洪峰,关于太阳,等等。如果有人形成了观念,那么他是从诸多心外对象中选取出一个特定的对象,并且只表征该对象。然而观念与特定对象的关系是何以可能的?为什么我的关于马特洪峰的观念准确地表征了马特洪峰而不是其他山峰或者某个任意对象?对这个问题我们必须特别加以注意,因为对笛卡尔观念论的分析不仅仅需要回答观念(无论它的本体论地位是如何定义的)在原则上如何能够表征这个问题,也必须要解释观念具体而言如何能够表征一个对象。

(2)表征性观念是如何形成的?目前为止只有这些例子被考察了,即那些基于感觉感知而形成的观念。诸如我小时候住过的房子之类的质料对象,通常是从视觉的或者触觉的感知出发而被表征的。但是对于此类相对简单的表征,笛卡尔同时代的人已经提出了这个问题,即身体性的过程(视觉神经的刺激和刺激到大脑的传递)究竟如何能够导致心灵观念的产生。当然反过来也有一个问题,即心灵的过程(比如说有意决定参观房子)是如何引发身体性的过程(参观房子)的?在这些情况下哪些身心互动是必需的?此外,还需要研究被感知对象究竟如何伴随着特定属性被表征。因为,很显然,一座特定的房子总是被表征为一座巨大的,或者白色的,或者具有其他任意特质的房子。哪些身体和心灵的互动对于表征这一种质性规定来说是不可或缺的?

当然能被表征的不仅仅有存在着的、具体的对象,虚构的对象

(比如说圣诞老人)或者抽象的对象(比如说数学对象)也能被表征。这两种对象似乎是不能基于感觉感知而被表征的。我能表征一个三角形,是通过理解三角形定义的方式,而不是通过看见或者触摸一个具体的三角形。在此类情况下三角形是基于什么而被表征的?哪些心灵活动在这里是必需的?除此以外又出现了那个根本问题,即在此类情况下去假设一个阻碍了与对象的直接接触的第三者是否是必要的。当我领会了一个三角形的时候,我领会的是一个特别的"内在"对象吗?每个领会三角形的人领会的是他自己的内在对象,那么不同的人,当他们表征了三角形时,领会的不是同一个东西吗?

(3)知识是如何借由表征性观念获得的?如果有人形成了关于许多对象的观念,那么他能够将各个观念关联起来并且由此形成判断。同样,我可以将关于桌子的观念和关于四边形属性的观念关联起来,并且判断说这个桌子是四边形的。只有通过这个判断我才在严格意义上有了知识,通过个别的观念我只有关于对象的某一认识。

判断基于观念而形成这一观点,[13]导致了判断究竟是如何形成的这个问题。当心灵作出判断时,它是如何将观念组合起来的呢?心灵的哪个能力负责作出判断呢?既然桌子是四边形的这个判断是一个谓语(prädikativ)判断,那么在此又额外有为什么心灵恰好作出了这个形式的判断的问题。各个观念是被当作判断的可能主语和谓语而形成的吗?

此外还有个问题,也就是这个判断指称的是什么。"这张桌子是四边形的"这个对象是某种在桌子和四边形属性之外存在着的东西吗?这里是不是又涉及一个对象,而它仿佛穿插在心灵和心外对象之

---

13 参第四沉思(AT VII, 56)。

间，以至于我不能直接通达那张具有四边形属性的桌子？抑或这个对象就是那张具有四边形属性的桌子自身？

如果我想获得关于桌子属性的知识，我并不意愿作出任意的判断，而是想作出真的判断。也就是说，我想的是，我用"这张桌子是四边形的"这个判断来表述某个真的东西。但是我必须解释，(i)为什么由此我表达了真的东西，以及(ii)我如何能够确定我表达了真的东西。我表达了真的东西，是因为在判断和事态(这张桌子是四边形的)之间存在着一种符合关系吗？判断和观念必须满足哪些条件(在这些条件的基础上判断得以作出)，以使得这样的符合关系确实存在？还有我如何确定有这样的符合关系？

后续研究将从我总结的这三组问题出发。这里并不是一个有关笛卡尔观念论框架的问题的完整清单；在观念论的自然科学(特别是物理的和生理的)前提和神学的意蕴方面，我仅会作粗略的探讨。[14]一些特殊问题(比如说观念论的上帝存在证明)也不在研究范围之内。我的目的不是概要性地对笛卡尔的观念论进行总结。更确切地说，我想致力于这个问题，正如在从里德到罗蒂的悠久传统中一直再现的，即这一理论如何能够被称作表征主义(包括其怀疑主义和唯我论后果)并且与认识实在论相对立。

---

14 当然神学意蕴不可完全被隐没。身心统一这个对于质料观念来说具有核心意义的问题，或者天赋观念问题，如不考虑神学背景将无法理解，正如我在第11—12节所表明的。

第 3 节　方法说明

在导论的开头我强调了对于心灵活动的哲学解释必须考虑三个问题域。我们必须阐明，谁或者什么是"我"这个词的指称对象，它完成了哪些活动以及这些活动指向的是什么。但我所概述的问题只考虑到了第二个和第三个问题域。其中它们只探讨了什么是笛卡尔的观念以及它们指向了何种不同的对象这一问题。现在人们可以在方法论上反驳说，第一个问题到目前为止依然未经考察，因而研究的路径不是令人满意的。什么是与身体实在地不同(real distinkt)的心灵，也即"我"所指称的对象？只要这些基础问题未得到解释，那么其他所有问题也就没有完全解释清楚。

事实上，我还没有明确地讨论形而上学的二元论和它的依据。究其原因，首先是关于这个问题已经存在大量基础性研究。[1]但是主要原因还是在于，要回答究竟什么是心灵，最好是通过解释心灵做了什么。因为心灵的本质属性乃是拥有思维能力、能够形成具有内容——也就是观念——的思维动作。[2]理解了这个本质属性，我们也就可以进一步解释什么是心灵。[3]理解了这个本质属性与身体的本质属性处于何种关系，我们也就能够明白心灵与身体的关系是什么。所以我不会直接讨论笛卡尔在那些经典的、为绝大多数解读者所强调的文本中给出

1　每个对笛卡尔或者笛卡尔主义的导论都至少包含一章关于这个主题的内容。在致力于形而上学二元论问题的较新研究文献中，此处特别提到的是 Beckermann 1986, Markie 1986(第 7 章), Schütt 1990(第二部分), Matthews 1992(第 1—4 章)以及 Dicker 1993(第 2 章)。

2　参《哲学原理》第一部分，第 53 条(AT VIII-1, 25)。

3　既然心灵不仅具有理智的而且具有意志的能力，那么在澄清本质属性的同时也必须考虑到意志。我将在第 17 节中在判断理论框架下进一步研究笛卡尔的意志理论。

的对二元论的论证。更确切地说，我将通过聚焦于究竟该如何理解心灵的本质属性这个问题，间接地考察这些论证以及由此而来的问题。这个间接的方法当然并不能使所有问题域都被考虑到。我不会讨论那些被许多作者讨论过的问题，即对二元论的论证究竟是否是形式上有效的。[4]

另一个需要特别加以论证的方法，涉及天赋观念的问题。许多解读者视这个问题为其关于笛卡尔观念论研究的核心，或者干脆仅对这个问题展开分析。因为正是有些观念并不是基于感觉感知而形成的这个观点，构成了经典理性主义的核心，并且将笛卡尔(以及其他17世纪的欧洲大陆作家)与经验主义者(像洛克和后来的休谟)区分了开来。

毫无疑问，笛卡尔确实区分了所谓的"天赋的"和"习得的"观念，而且引入天赋观念在洛克和其他英国作家那里毫无疑问地遭到了强烈反对。但是从洛克对天赋观念的论战出发而将这个问题视为笛卡尔观念论的核心，这却是危险的。如果这个论战完全是针对笛卡尔的(这是一个在洛克研究文献中存有争议的问题[5])，那么令人生疑的是这个批评究竟针对的是哪一个观点。因为笛卡尔认为拥有天赋观念首先仅是拥有特定的认知能力或者潜能(Disposition)。[6]在第4节中我将更为详细地探讨这个观点。但是乍看之下，它已经是反对所谓的理性主义立场的，即心灵是从自身中抽绎出观念而无须任何刺激。因为能力或者潜能必须通过某种东西来激活，无论是通过身体感知还是其他过程。所以关键问题不是心灵究竟如何能够在没有经验基础的情况

---

4 详参 Beckermann 1986, 98-151；我在 Perler 1994d 中讨论了最近的盎格鲁-撒克逊文献。
5 参 Specht 1989, 44-46。
6 参第三答辩(AT VII, 189)和《对某通报的评论》(AT VIII-2, 357-358)。

第 3 节 方法说明 25

下形成观念，更确切地说，重要的是心灵如何能够激活它的能力或者潜能。为了让潜在地拥有着观念的心灵也可以现实地形成观念，哪些心灵的活动以及哪些与身体的互动是必要的？要回答这个核心问题需要考察心灵所能够形成的所有观念——主要是那些通过感觉感知形成的观念。

通过采取这一方法进路，我并不想否认笛卡尔的认识理论和心灵哲学有着这种大体上可被视为理性主义的特征。[7]人们必须发现一条可以"将心灵从感觉中引开"的道路，[8]这个笛卡尔的纲领性表述事实上给理性(ratio)指派了一个突出的角色。但是我想避免从一开始便突出某种特定的观念种类，并以此为基础确定理性主义元素。我觉得更为重要且有趣的是从观念的不同种类——感觉感知的观念、虚构对象的观念以及抽象对象的观念——的视角来研究心灵的功能，并由此进一步研究在整个观念论中的理性主义元素。只有这样，人们才能清楚应如何将心灵从感觉上引开以及如何理解心灵的突出作用。

第三点，也是必须在文本分析中注意的，涉及的是笛卡尔自己的方法以及论证的呈现。正如格罗(Gueroult)在其极具影响力的研究中所表明的，每个解读都必须细心地注意论证的顺序(ordre des raisons)。[9]《沉思集》不是大纲，也非中世纪的大全，而是由严格论证构建的作品，即各个论证步骤都基于上一个步骤。要理解每个笛卡尔提出的观点和论证，通常只有当人们找到它在整个论证风格中的位置时才能实现。虽然我不会按部就班地跟随论证的顺序，因为我并没有打

---

[7] 我没有如洛布那么极端，他认为理性主义和经验主义的对立乃是"存在致命缺陷的"(Loeb 1981, 70)。但我同意 Doney 1983 和 Cottingham 1988(特别是第 1—4 页)，他们强调"理性主义"这个表述只应被用在标记一种哲学理论的完全确定的、详细描述的元素，而不应用于对一个思想流派的标签化。

[8] 《沉思集》的前言(AT VII, 12)。

[9] 参 Gueroult 1968(特别是第一卷的引言)；关于笛卡尔的方法，亦参 Schouls 1980。

算展开对《沉思集》的完整解读,更确切地说,我将专注于一个精选的主题,并且在研究中囊括除《沉思集》以外的其他笛卡尔的作品,但是为了清晰化论证的意义或者可信性,我将在文本分析中一直参考更大的论证背景。

最后,我在方法路径中特别关注的第四点,涉及的是笛卡尔与经院哲学的关系。自从柯瓦雷(A. Koyré)和吉尔松(E. Gilson)的开创性工作之后,这已经是众所周知的了,即笛卡尔哲学并未如笛卡尔自己在论战升级中多次宣称的那般,表现出与所谓的学院派哲学的彻底决裂。在笛卡尔的设问与解答中,除了反经院主义的元素以外,同样也有大量承续着经院主义传统的元素。[10] 这一点在观念论上体现得特别明显。该理论的多个核心概念(比如"客观实在性"概念或者"本质—存在"概念对子)明显地具有经院主义的特征,并且该理论多个核心部分(比如说反对心灵与心外存在物之间相似性的关系)都表明了对经院主义模型的讨论。当然,这并不意味着笛卡尔直接延续了经院主义传统;它在多个核心点上与这种传统发生了决裂,即便在术语上存在借鉴经院主义传统的情况,然而其理论中所包含的创新元素,也经常只有在学院派哲学的背景下才变得可见。因而为了使这张关于笛卡尔哲学的幻灯片更清晰,我将总是从经院主义哲学的设问出发。

然而笛卡尔研究过哪些经院主义作家,这并无定论。他在拉弗莱什(La Flèche)学校受教育时,很有可能通过耶稣会的教学大纲(主要来自科英布拉[Coimbra]学校)知道了亚里士多德主义。之后他明显

---

10 因而笛卡尔在不同的背景下以完全不同的方式描述了他和经院哲学的关系,这也是不令人惊讶的。一方面,他在《谈谈方法》的开头宣称他尽可能早地从他老师的压制中解放了出来并且克服了经院哲学(AT VI, 9)。另一方面,在给迪内(P. Dinet)的信中他强调他哲学的所有原则都是旧的且早就被之前的哲学家们接受了(AT VII, 580)。关于这一与传统的复杂关系,参 Gilson 1984 和最近的 Ariew 1992 和 Cottingham 1993b(特别是第 145—150 页)。

地回避了学院派哲学，并在 1640 年再次展开了对圣保罗的尤斯塔（Eustachius a Sancto Paulo）的亚里士多德主义大纲的研究。[11] 所以我不会尝试去找出某位特定经院主义作家的典型元素，就是那些笛卡尔当作典型来使用的东西。存疑的是，笛卡尔究竟是否高强度地展开过对某个中世纪经典作家的研究，以及他是否使用过某个完全特定的典型。对我来说更为重要的是找出核心的经院主义元素，而这些元素可以在 17 世纪早期的大纲中找到（比如说在尤斯塔和托勒图斯[Franciscus Toletus]那里），还有研究笛卡尔是如何对这些元素进行加工，并将其部分地转化以及融合在他自己的理论之中的。[12]

11　在 1640 年 11 月 1 日（AT III, 233）和 1640 年 12 月（AT III, 259-260）给梅森的信中，他表明了自己评述这个大纲的意图。关于尤斯塔和其他晚期经院作家对笛卡尔知识传记的意义，参 Gaukroger 1995, 38-67 和 Verbeek 1995。
12　关于此大纲的重要影响，参 Marion 1981b, 14-17 和 Grene 1985, 113-138。

第一部分
什么是表征性观念？

第4节 作为身体性与心灵性存在物的观念：基础与问题

研究笛卡尔观念论的主要问题在于它——乍看之下——并没有统一的理论。在文本中出现了对"观念"这个词的多个定义与使用，它们有些互不相干，另一些则似乎也互相矛盾。[1] 因而首先必须解释，这里究竟能否谈论一种融贯的观念论。在此之后，我们才可以提问，这样的理论引发了哪些问题，而笛卡尔对这些问题给出了哪些解答以及这些解答是如何令人信服的。

在本节中我将首先进一步考察将观念作为身体性存在物的规定以及分析它与观念作为心灵性存在物的规定之间的关系。之后我将逐步研究如何准确理解心灵性存在物以及这些存在物的不同面向之间的关系。这项研究会在第5—8节继续并深入展开。

笛卡尔在其生理学框架下给出了他对观念最早的规定。在《论

---

1 关于不同使用方式的清单，参 Kemmerling 1993a, 44–45 和 Armogathe 1990。

人》中他深入研究了感知对象的一个必要生理过程。[2]他对该过程的描述依据一种机械论模型(mechanistischer Modell)：在视觉感知的情况下，投射到视网膜上的光线对特定神经造成了刺激。这个刺激无异于对细小纤维(filets)的牵引；根据被视对象所反射的光线，纤维被吸引或者松开。对神经纤维的牵引造成了大脑表层上特定小孔的扩张或者紧缩，而这些小孔与神经纤维连接在一起。接着来自松果腺的微粒(所谓的精气)流入这些小孔中。根据小孔的大小，更多的或者更少的微粒流入，这样一来小孔张开的大小通过微粒的流入还有神经刺激的强度向松果腺传递。在这整个机械过程中的关键是具有特定结构的形象(figures)之形成。通过光线的作用，(a)视网膜上产生了形象。它将通过神经刺激和大脑小孔的扩张或紧缩以这种方式传递，即(b)在大脑表层上产生了带有相同结构的形象。这个形象再通过物质粒子的流入以如下方式传递，即(c)带有相同结构的形象在松果腺中形成。最后的这个形象并且只有这个形象，是笛卡尔意义上的观念：

> 在这些形象中，那些刻印在外部感觉器官或者内部的大脑表层上的东西，并不是必须被理解为观念的东西，只有那些在松果腺表面(想象力与共通感存在于此)的粒子中形成的形象才是。这意味着，当理性灵魂与这架机器联结在一起并且想象一个对象或者感知一个对象时，理性灵魂直接观察的形式或者图像必须当作观念来理解。[3]

---

2 尤参《论人》(AT XI, 144-146)。关于机械论预设，请参看 Hatfield 1992 和 Michael & Michael 1998。

3 《论人》(AT XI, 176-177)。也请参看《论人》(AT XI, 174)和《指导心灵的原则》(AT X, 414)。

也就是说观念无异于大脑特定腺体中的图像或者形式：身体性存在物。当心灵表征对象时，它朝向的正是这些存在物。笛卡尔借这个解释主要是来反对亚里士多德-经院主义感知理论的两个核心观点的。

首先，传统感知理论认为，在感知过程中特殊存在物（所谓的种相）从对象传递至感知器官，并且向理智进一步传递。在感知者那里，这些种相能够如对象外在于感知者存在那般摹写对象。笛卡尔不仅认为此类种相是神秘的，因为并不清楚它具有何种存在，[4]而且他还认为它是多余的，因为对于解释感知过程来说没有必要假设它。描述神经刺激以及刺激向大脑的传递，即只有具有质料性存在的存在物参与的纯粹身体过程，已经足够解释感知过程了。

其次，笛卡尔的论述也是针对亚里士多德-经院主义这一观点的，即灵魂（Seele）具有多个部分或者能力，并且对于感知来说，灵魂的感性能力还有理智能力都是不可或缺的；通过感性能力我们感知到了具体的、直接地被给予的对象，而通过理智能力我们抽象出具体对象的一般形式。对于笛卡尔来说，对两种灵魂能力的此一区分是多余的，因为并不存在可以被抽象的形式。能够存在且被感知的东西只是由物质粒子组成的具体对象。此外，对多种灵魂能力的区分也构成了对身体活动的非法精神化（Vergeistigung）。因为在亚里士多德-经院主义理论中，属于感性灵魂活动的只有身体器官的活动，尤其是松果腺的。这个腺体接收由外部对象影响而产生的刺激，因而明显是身体的一部分。当笛卡尔认为松果腺乃是"共通感"（sens communis）的所在

4　正如第1节所提到的，许多经院亚里士多德主义者将一种特殊的意向性存在赋予了种相，而此种存在不仅区别于质料对象的存在，也不同于心灵动作或潜能的存在；详参 Knudsen 1982 和 Spruit 1994（特别是第256—319页）。笛卡尔在《光学》中抨击了此种"意向性种相"（AT VI, 85）。

时，他明显续用了经院主义的术语，但是对它们进行了新的规定。因为经院主义作者们认为，这个共通感乃是感性灵魂的一部分，虽然准确地来说是那个负责对不同感觉印象（比如说触觉的、视觉的等等）进行接收与分类的部分。[5] 与此相反，笛卡尔将这个共通感安置在了松果腺那里，并且认为被感知对象的形象都存于其中。他仿佛将灵魂的共通感转移到了身体之中，并且只将那些活动（想象与认知）认可为严格意义的灵魂活动，而在亚里士多德-经院主义理论中，它们是属于理智灵魂的。[6]

现在自然有一个疑问，即究竟应如何准确理解在松果腺中形成的形象（Figur）。在严格意义上它们是那些图像（Bild），也就是那些为了复现这些被感知对象且与这些对象有相似关系的东西吗？尽管乍看之下这个解读有点道理，因为笛卡尔明确谈到了图像，[7] 但是如果更为准确地考察他对这些"图像"的解释，它将被证明是站不住脚的。

第一，笛卡尔强调在大脑图案（Hirnmuster）（不论它被叫作"图像"还是"形象"）和外部对象之间不存在相似关系：

> 我们至少可以肯定，不存在那种必须与被表征对象保持完全一致的图像；不然的话在对象和它的图像之间就没有区别了。[8]

---

5 参 Thomas von Aquin, *Summa thelogiae* I, q. 78, art. 4（ed. Caramello 1952, 380-381）；关于晚期经院作家们（圣保罗的尤斯塔、托勒图斯、科英布拉注疏）的论证，请参看 Gilson 1912, 263-271。

6 关于这个方法请详参 Hatfield 1992（特别是第 343 页）。关于共通感，请参看 Marion 1982a, 122-126 以及 Beyssade 1991。

7 参脚注 3。

8 《光学》第 4 章（AT VI, 113）。

如果这个所谓的大脑中的图像是对被感知对象的摹写，那么它在图像-对象（Bild-Gegenstand）和被感知对象（wahrgenommener Gegenstand）之间必须存在一种完全的相应：每个图像-对象的属性都必须准确地相应于被感知对象的属性。当人们有一个关于太阳的图像时，图像-太阳的黄色这个颜色属性就必须相应于外部的、被感知对象的黄色属性。但是根据机械物理学，正如笛卡尔总是强调的，外部的太阳并没有颜色，它只有几何属性。那些假设存在与外部对象完全相似的内在图像的人，正是忽略了这一要点。因为外部对象的神经刺激导致大脑图案的产生这一事实，并不意味着这个大脑图案就是字面意义上的图像：不可匆忙地从因果关系得出摹写关系的结论。

第二，笛卡尔指出大脑并不是一种在其上绘制图像的内在画布（Leinwand）。因为如果存在这样的图像，那么除了外部眼睛，还要存在"在我们大脑里面的其他眼睛"，而它们观察着这些图像。[9]但情况并非如此。我们仅仅具有外部的眼睛，它们受到来自外部对象（比如说来自由外部对象反射的光线）的刺激，并把这个刺激向大脑传递。这里也同样适用：在外部对象和大脑图案之间存在一种因果关系这一事实，并不意味着在大脑中存在摹写，以及诸如关注着这个摹写的内在观察者这样的存在。

第三，笛卡尔在《指导心灵的原则》中的论述明确澄清了，他并不在字面意义上将大脑中的图案（images）理解为图像（Bild）。在那里他引用了一个例子：当在大脑中形成了白色、蓝色还有红色的形象或者"图像"时，这些形象可以通过示意图或者几何模型来说明。据此，白色的形象可以由直线的排列来说明，蓝色的形象则由

---

9 参《光学》第4章（AT VI, 130）。

四边形排列，而红色的形象由三角形排列。[10]这同样适用于每个可感知的属性。关键在于白色的形象自身不是白色的或者以某种方式与白色相似。它毋宁说是某种关于白色的代码（Code），并且仅仅是白色的代码。对于每个可感知的属性都存在一个完全确定的代码。因而每个被感知对象在松果腺中形成的形象或者"图像"，只是一个复杂的代码，它由这个对象的各个被感知属性的代码组成。因为感知对象的每一种类型都展示出一个被感知属性的特定组合，进而对于每一种类型也同样存在一个完全确定的复杂代码。[11]当我们选择字母作为代码时——笛卡尔只是举了几何代码这个例子，但他并不认为每个代码必然是几何的——我们能够举个例子来说：这个关于被感知到的圆的、硬的、棕色的桌子的"图像"是 ABC。虽然在复杂代码和被感知对象之间存在某种一致性，因为每个被感知属性都会被分配一个分代码，[12]但是在总代码和被感知对象之间不存在相似性。

对相似性关系的否定也可以由关于光学的论文得知，在那里笛卡尔将对属性的感知与那种盲人借助拐棍进行的感知进行了对比。盲人借助拐棍对周遭进行探索，并且确定了不同等级的障碍。由此他可以在坚硬的和柔软的东西之间进行区分，并且给自己描画出周遭的图像，而不需要在严格的字面意义上具有摹写。更多的是，他通过解译代码来给自己描画图像，而这些代码是通过不同的障碍向他传达的。

10　参在《指导心灵的原则》第12条中的三个示意图（AT X, 413）。

11　在《指导心灵的原则》第12条中，笛卡尔只提到了关于白色或者红色的形象，但没有提到关于这个白色或者哪个红色的形象。因而这里只能说有关于类型的代码，而不能说有关于个例的代码。一种复杂代码也是关于一个类型的代码。

12　由此当然不可以认为每个被感知属性也是对象中的真实属性。根据笛卡尔，诸如颜色之类的属性并不是对象中的真实属性，而是一种在感知者那里引发感觉属性的潜能（参第5节中对质料错误观念的相关讨论）。

第4节 作为身体性与心灵性存在物的观念：基础与问题

类似地，这也适用于拥有视力的人的感知：可感知对象并没有向这样的人传递任何东西，并且他也没有摹写在对象中的任何东西。他只有特定的代码，而它们是通过神经刺激和物质粒子在大脑中的状况（Konstellation）产生的。感知者必须像盲人解读障碍那般解读这些代码。[13]

目前为止已经澄清的是，当笛卡尔说起身体性观念的形成时，他只谈到了松果腺中的代码。但是在上文引用《论人》的文本处，他还补充了"理性的灵魂会直接观察[这些身体性观念]"。[14]然而，他没有解释这个过程该如何理解。可以猜测的是，灵魂就像是一个内部摄像机，它指向身体性观念并且拍摄非质料的图像。但是这样的解读，即将"观察"作字面意义上理解，在这里几乎不太具有说服力。[15]对身体性观念的观察更多地应被理解为对代码的接收与解译。灵魂指向这些身体性观念，是通过以非质料的方式接收代码来实现的，而这些代码是在质料过程中（神经刺激和大脑中物质粒子的状况）生成的。当然需要进一步澄清的是，应如何具体地来理解这种接收。首先，必须解释的是质料之物向非质料之物过渡是如何可能的。但是这个会造成身心交互存疑的问题，眼下应该被搁置一下。[16]这里重要的仅仅是对身体性观念的心灵观察并不一定非要理解为非质料性图像的生成。这个心灵活动更多地应该被理解为一种解译的过程。在此心灵不再首先面对代码。它更多的是解译代码并且面对生成代码的对象（或者对象

13　参《光学》第 1 章（AT VI, 85）。
14　参本节脚注 3。
15　同样站不住脚的是科廷厄姆的解读，他认为灵魂乃是某种小人（homunculus），它指向松果腺并且完成某种"一一对应的传输"（Cottingham 1993a, 38）。于我而言，去谈论一种传输是误导性的，因为在字面意义上并没有什么东西——任何特殊存在物——向心灵传递了。
16　详参第 10—11 节。

的被感知属性)。[17]

关于笛卡尔将观念规定为身体性存在物的文本,目前考察过的只存在于《指导心灵的规则》(1619—1628)[18]和《论人》(约 1629—1633),也就是说存在于早期的著作中。然而在 1641 年 7 月写给梅森的信中,笛卡尔远离了此种规定并且认为:

> 我用"观念"这个表达描述的不是那些在想象力中所描画的图像。相反,只要它们存在于身体性想象力中,我就不会用这个表达来称呼它们。更确切地说,我用"观念"这个表达描述的是当我们把握某个对象时,所有那些在心灵之中的东西,无论我们以何种方式把握对象。[19]

这个简短的论断没有说明究竟是什么存在于心灵中,但它至少澄清了笛卡尔将观念理解为心灵存在物。这是否意味着他完全抛弃了早期的规定?这个新的规定与早先的规定存在矛盾吗?

尽管笛卡尔的确从 1641 年开始仅在指称心灵性存在物时使用"观念"这个表达,但是这并不意味着他放弃了身体性"图像"或者"代码"这个理论。为了解释身心互动,他总是再度引据这个观点,

---

[17] 因此我认为雷的解读是错误的,他是这么描述灵魂与松果腺中图像的关系的:"由此,根据笛卡尔,人们唯一能感知或者作用于其上的东西便是头脑中的东西。"(Rée 1974, 63)人们并不是简单地指向"头脑中的东西",而是指向外在于大脑和心灵存在的东西。但是为了获得通达这些东西的渠道,他们还需要神经刺激和代码。代码只是由之通达外物变得可能的东西,但不是人们直接指向的东西。关于代码的关键作用,也参 Marion 1981, 231-263。

[18] 《指导心灵的原则》成文于多个阶段(1619—1620 和 1626—1628),并且是在笛卡尔过世后才发表的。参 Gaukroger 1995, 111-112。

[19] AT III, 392-393。

第4节 作为身体性与心灵性存在物的观念：基础与问题

即心灵直接与松果腺——而不是与身体的任意部分——联结在一起，并且松果腺向心灵传递了特定的"图像"或者"形象"。在第六沉思中他认为，每当松果腺处在特定的状态时——这种状态是由神经刺激和物质粒子流入大脑造成的——它总是向心灵呈现同样的东西。[20] 尽管他并没有准确地说明松果腺呈现了什么，但是从上下文中我们可以发现，它应该是某种特定的信号或者代码。[21] 心灵接收到信号并由此去把握一个对象。值得注意的是，笛卡尔并没有认为松果腺在动力因（causa efficiens）的意义上引发了心灵中的某种东西，或者以任意方式作用于心灵。他仅限于认定松果腺呈现了某种东西。他明显参考了呈现模型（Präsentationsmodell），而不是严格意义上的因果模型：身体不是在字面意义上作用于心灵，而是向心灵呈现了某个由它进行解译的代码。[22]

在晚期著作《论灵魂的激情》（1649）中，笛卡尔也强调心灵主要是与松果腺联结在一起的；在这个腺体中"图像或者其他的印象"得以形成，心灵则接收它们并进一步进行加工。[23]"图像"的形成在《论人》中也是以同样方式进行解释的，也就是用某种基于神经刺激、大脑小孔的打开以及物质粒子的流入的机械模型。同样地，在《与布尔曼的谈话》（1648）中，心灵首先指向的是松果腺中的"图像"，它们是由被感知的对象所造成的。[24]

鉴于这些文本，谈论两种敌对的或者互相矛盾的理论是不合适

20　第三沉思（AT VII, 86）。
21　因此英文版译者是这么翻译"quotiescunque eodem modo est disposita, menti idem exhibet"（AT VII, 86）这段文本的——"everytime this part of the brain is in a given state, it presents the same signal to the mind"（ed. Cottingham/Stoothoff/Murdoch 1984, 59-60）。
22　第10—11节将详细研讨这个模型。
23　《论灵魂的激情》第一部分，第32条（AT XI, 353）。
24　AT V, 162。

的。从早期的《指导心灵的原则》到晚期的《论灵魂的激情》，存在着一种统一的生理学理论，它的基础是松果腺中的图像。虽然如此，引人注意的是这个生理学理论自 1641 年起由一种哲学理论进行了补充，该理论假设了心灵中的观念。在回答伽森狄的反驳时，笛卡尔强调：

> 你只将"观念"这个表达理解为在想象力中描画的图像。但我将它理解为所有被思考的东西。[25]

是什么理由促使笛卡尔拓展生理学理论并引入心灵性观念（无论这些心灵性观念是如何进一步被规定的）呢？人们一般可以依据形而上学二元论来回答这个问题：因为笛卡尔认为心灵与身体这两个实体是实在地不同的，并且他还认为心灵具有表征功能，所以他必须在心灵中引入表征性观念，它们与身体中的观念是实在地不同的。

然而这个回答将如下主张采纳为一个没有问题的前提，即心灵——而非身体——表征了对象。但是正是这个前提亟待论证。为什么笛卡尔坚持是心灵进行表征，还有他为什么坚决拒绝了那个限制于身体中表征图像的理论？[26] 在文本中找不到对此问题的明确回答，但是从之后著作中的论证风格，特别是在《沉思集》中，至少可以推断出五个原因：

（1）第一沉思中的方法性怀疑（methodischer Zweifel）质疑了我们的表征，即通过感觉感知形成的并且一般当作关于心外对象的表征，是否事实上是关于心外对象的想象。我们可能仅仅有着关于梦境世界

---

25 第五答辩（AT VII, 366）。
26 霍布斯在第三反驳（AT VII, 179–180）中给出了关于此种理论的建议。笛卡尔生硬地回绝了（AT VII, 181），并且未详细给出他拒绝的理由。

第4节 作为身体性与心灵性存在物的观念：基础与问题

的表征，或者某个恶魔试图让我们相信的世界的表征。这场怀疑使得整个生理学的感知过程——从神经刺激到大脑小孔的张开再到在松果腺中"图像"的生成——变得不再可靠。真实世界中很可能不存在此类过程，因为我们只是在做梦或者因为恶魔故意清除了这个过程。倘若我们仅具有松果腺中的存在物，那么经由方法性怀疑，关于可感世界的确定知识的每一个基础都被动摇了。为了保障此种基础，笛卡尔引入了心灵观念。即便整个生理学感知过程的可靠性都被动摇，心灵观念的存在依然是不可置疑的。方法性怀疑的策略已经暗示了除了身体性存在物还必须额外有心灵存在物，它们虽然能与身体性"图像"具有一定关系，但却是与它们有别的。

（2）在松果腺中的"图像"由被感知对象所引起。而有些对象，虽然不能被感知，但是我们还是能将它们当作思维对象。典型例子就是上帝和千边形，它们也是笛卡尔一直反复引用的。显而易见的是，如果我们只具有身体性图像，那么我们就不能将这些对象视为思维对象。（至少对于笛卡尔而言这是显而易见的。他不认为在此类情况下我们可以通过对被感知对象的抽象来获得思维对象。）因而我们需要额外的存在物，通过它们我们能够将不可感知的对象变成思维对象。这个观点明显来自笛卡尔的可感对象观念与抽象对象观念的对立。在可感对象的观念那里，心灵转向身体并且在身体性印象的基础上形成了观念。与之相反，在抽象观念那里（比如千边形），"在其理解的范围内，心灵以某种特定方式转向自身，并考察自身之内的观念"[27]。这个比喻性的解释很难为人所理解，而且毫无疑问必须更为确切地加以研究。[28]但乍看之下它已经澄清，心灵无须借助身体性印象或者

27　第六沉思（AT Ⅶ, 73）。
28　参第12节。

"图像"来表征千边形,而且因此,与此种印象不同的心灵性存在物是必要的。

(3)松果腺中的"图像"是感知过程的结果并且与被感知对象有直接关联。每当对象作用于眼睛或者其他感知器官,刺激就产生了并且向松果腺传递。但是毋庸置疑的是,只有对象的那些属性或者潜能才能引发刺激,即那些真正存在于对象中的东西;[29]不存在于对象中的东西不能作用于感知器官。但是笛卡尔认为,即使不存在能够引发身体刺激的东西,我们也能拥有感觉。比方说当某人感觉到一种虚幻的疼痛时,就是这样;尽管某人没了手臂以及尽管不再有对象刺激他的手臂,但是他感受到了手臂上的疼痛。[30]为了解释此种现象究竟是如何出现的,笛卡尔认为在身体性"图像"之外,还必须额外假设心灵性存在物。只有借助此种假设才能够解释为什么某人能够获得感官感觉,即使在质料对象和身体中并没有因果上的先行项。

(4)我们也可以表征那些对象,它们虽然是可感知的,但是我们从未感知到过它们。我们通过倾听和理解关于这些对象的描述来完成对它们的表征。在此类情况中我们将听到的声音和观念关联了起来。笛卡尔明确地说,我们之所以理解语词,是因为我们用观念和它关联了起来。[31]但是倘若我们只有那些通过感知产生的身体性"图像",那么我们便不能形成关于从未感知过对象的观念。由此我们也不能理解关于这些对象的描述,因为我们无法将它们与观念关联起来。因而在

---

29 "或者潜能"这个补充,不可以被忽视。因为尽管笛卡尔否认道,诸如颜色之类的感觉属性并不是对象中的实在属性,但他这么说并不意味着在颜色感知情况中在对象中完全不存在因果先行项。举例来说,当我有关于红色的感知时,在对象那儿有某个东西——物质粒子的特殊潜能——它在我这里引起了刺激并且导致了"图像"的形成。

30 在1637年10月3日给普莱皮乌斯(Plempius for Fromondus)的信(AT I, 420)和第六沉思(AT VII, 76-77)中,笛卡尔明确提到了这个例子。

31 参第二答辩(AT VII, 160)。

身体性"图像"之外我们必须额外具有心灵性观念,并且能够将这些观念与听过的语词和句子关联起来。

(5) 因为动物也有感知器官和大脑,所以它们也能够在松果腺中生成"图像"。倘若人仅仅拥有身体性"图像",那么他就与动物无异。由此人必须承认,他和猫猫狗狗观看对象的方式是一样的。但是笛卡尔认为人具有更多能力:他能够有意识地看到对象。正是这种意识将人与动物区分了开来。这里涉及的不是某种反思性意识;因为人类没有必要在一个特定动作中每次都反思他们是如何感知到对象的(尽管他们自然也是能够作出这样的反思的)。更确切地说,在这里存在着一种直接的非反思性意识。[32]因为当人获得了感觉印象,他便直接确定了他获得了这种印象。[33]因而笛卡尔认为我们人类不是简单地像动物那般只获得了感觉印象,[34]而是"我们感知到我们在看"(sentimus nos videre)[35]。对于这样的感知而言,不仅需要感觉印象和

---

[32] 关于反思性意识和非反思性意识或直接意识的对立,参第六答辩(AT VII, 422)。在那里笛卡尔强调,倘若每个意识都是反思性的话,那么就存在无穷倒退的危险;因为反思性思维动作"我想我在感知"必须通过更高层级的反思性思维动作"我想我想我在感知"来意识到,等等。

[33] 这个"直接确定"或者说非反思性意识应如何准确理解,当然是个棘手的主体性理论问题,而笛卡尔也未加以详细阐述。在第六答辩(AT VII, 422)中,他止步于这个观点:"借助总是先于反思性知识的内部意识,我们已经能够足够知道它了。这个关于思想和存在的内部意识对所有人来说都是天赋的,以至于我们事实上不可能不拥有它。尽管我们可能假装我们没有它,如果我们被成见击倒且关注文字甚于其意义。"此文本仅证明了非反思性意识是(i)先于反思性意识的,(ii)天赋的以及(iii)无法被压制。然而非反思性意识的准确结构依然未得到澄清。正如1637年10月3日给普莱皮乌斯的信(AT I, 413-414)所表明的,它肯定有着注意(Aufmerksamkeit)的面向。在那里,通过指出动物只是像我们出神地观看东西那般去观看,笛卡尔解释了观看在动物和人之间的区别。人类观看的突出点在于它总是由心灵专注或者注意所伴随。

[34] 当然不可以被忽视的是动物具有感觉印象。它并不是单纯的机械装置,而是具有色觉、痛觉等的生物。在1646年11月23日给纽卡斯尔侯爵(Marquis von Newcastle)的信(AT IV, 574-575)中,笛卡尔甚至认为动物能够拥有情感。因而贝克与莫里斯(Baker & Morris 1996, 87-100)合理地指出相773了纯机械的机器,动物乃是具有感觉的机器。

[35] 1637年10月3日给普莱皮乌斯的信(AT I, 413)。

身体性的"图像",也需要额外假设某种心灵之物。

这五个理由澄清了为什么必须要拓展生理学理论,同时它也表明了心灵性观念在解决核心问题上的重要性。然而它们并没有解释这些心灵性观念是什么。

现在如果人们要寻找此种解释,可供参考的是《沉思集》前言中的一段著名引文。在那里,笛卡尔认为"观念"可以通过两种方式进行理解:一方面"质料地",即理智的活动,另一方面"客观地",即在此种活动中被表征的对象。[36]根据此关键文本我们可以猜测,观念无异于思维动作(Denkakt)("质料地"来理解),并且它具有特定内涵或者表征内容("客观地"来理解)。

这样一种预备解释无疑是重要的着手之处,且须更为准确地进行考察。[37]但是在进一步琢磨和推敲它之前,必须注意到许多文本初看之下都与它矛盾。在写给"盾牌手"(Hyperaspistes)的信中,笛卡尔认为新生儿就已经有着关于上帝和明见真理的观念,恰如成年人在不集中注意力时拥有观念那般。[38]但是很明显,婴儿没有完成任何心灵动作,也就是将诸如上帝之类的抽象对象作为表征内容的动作。仅在接受适当教育后,婴儿才能在晚些时候完成此类动作。当成年人注意力不集中且不思考上帝时,他们也同样没完成任何活动。这对他们来说也是有效的,即他们只能在注意力集中时才能完成此类动作。

在写给吉比厄夫(Gibieuf)的信中,笛卡尔的说法也是反对将观念当作具有内容的心灵动作。在这封信里,笛卡尔将心灵与光作了对比,并且认为:光总是照亮着,无论此种照亮是否为人感知(wahrnehmen),

---

36 《沉思集》前言(AT VII, 8)。
37 详参第7节。
38 1641年8月给"盾牌手"的信(AT III, 423-424)。

第4节 作为身体性与心灵性存在物的观念：基础与问题

而心灵总有着观念，无论这些观念是否被把握(erfassen)。[39]但是笛卡尔如何能够断言我们总是拥有着观念呢，即使显而易见的是我们并不总是做出心灵动作或者至少并不总是有意识地做出(比如说当我们睡着了或者处在无意识状态时)？明显笛卡尔是隐含地把观念规定为能力。既然这些能力从出生起便被给予了，那么它们就能够被称为"天赋"。这个规定在《对某通报的评论》中被特别清楚地表达了：

> 因为我从未写过或者断言过，心灵需要某些与思维能力不同的天赋观念……我将"天赋"在此意义上理解，即慷慨对一些家族来说是天赋的，但是对其他家族，特定的疾病比如说脚痛风或者结石病是天赋的：不是因为这些家族的儿童在子宫内就患有这些疾病，而是因为他们天生就带有患上这些疾病的潜能或禀赋。[40]

这里关键的是，天赋观念不能被理解为心灵动作的特定种类，而是心灵能力(或者能力组合)，它们构成了心灵动作形成的必要前提。因为笛卡尔还有另一种使用"天赋"的方式，所以我将引起动作之能力的"天赋"用法标记为"天赋$_F$"(angeboren$_F$)。

在亚里士多德-经院主义哲学的背景中，天赋$_F$观念的说法几乎不具任何原创性，也几乎没有任何争议。学院派哲学家也认为人本质上就被赋予了心灵能力。当然，理性动物(animal rationale)这个对人的经典定义正好强调了相对于其他生物，人负载着理性思考的能力。天赋$_F$观念的假设因而不能被视为理性主义理论的原创元素。

---

[39] 参1642年1月19日给吉比厄夫的信(AT III, 478)。
[40] 《对某通报的评论》(AT VIII-2, 357-358)。

然而我们必须反对这样的观点。[因为]它没有看到在笛卡尔那里天赋$_F$观念并不是简单地被理解为一种一般性认知能力,而是一种特殊的能力且能够在特定条件下被激活。正如患上脚痛风的潜能是一种独特的潜能(并非某种一般性的易感染疾病性),天赋观念也是一种独特的能力。由此根据笛卡尔,每个人都有关于上帝的天赋$_F$观念,即一种在特定条件下把握上帝概念的能力,它必须与其他天赋$_F$观念区分开。因此人们必须仔细地区分(a)一般性的天赋认知能力和(b)始终作为特殊能力的天赋$_F$观念。

人们还可以这样反驳笛卡尔关于天赋$_F$观念的说法:难道这种说法没有假设我们将天赋$_F$观念(比如说关于上帝的天赋$_F$观念)指称某物,当我们想借它说出有意义的东西时?但是我们指称的是什么?肯定不是上帝,也不是思考上帝的动作。我们明显是指称一种单纯的能力。但是在笛卡尔理论框架内这种能力是否构成一个指称对象,也是极度惹人怀疑的。笛卡尔唯一许可构成指称对象的,是具有样态的心灵实体以及具有样态的质料实体。[41]

同样地,这个观点也必须被驳回。因为它从错误的假设出发,即假设对于每个表达都必须给出一个特定的被指称对象。在笛卡尔理论框架下,存在大量此种表达,它们一方面能有意义地被使用,另一方面却没有明确的指称对象。这个现象在关于感觉属性的表达那里体现得特别明显。尽管"热"并不指称在质料对象中的一种特定性质,但这个表达依然完全可以被有意义地使用。它应该被理解为"感知者中的感觉,通过质料对象的一种特性而产生"。换句话说,被指称对象无异于感知者中的感觉(部分存在于身体和部分存在于心灵)以

---

41 参《哲学原理》第一部分,第32条(AT VIII-1, 17)。

第4节 作为身体性与心灵性存在物的观念:基础与问题

及质料对象的一种特性。笛卡尔并未尝试将诸如"热"之类的表达排除出语言。他的目标只是克服一种观点,即"热"在质料对象中具有一个特殊的指称对象。

也可以用同样方式对能力进行分析:尽管"关于上帝的天赋$_F$观念"并不指称一种作为分明对象的能力,但这个表达还是可以被有意义地使用。它应在如下意义上被理解:它是一种心灵特性,而在特定条件下它可以引起将上帝作为内容的[思维]动作。这个释义指称的只是非质料的心灵实体及其样态。倘若去寻找某种特殊的被指称对象,我们就会犯错。笛卡尔经常谈到各种能力(比如说考量、认识、犯错误的能力),[42][但]他并没有在心灵与质料实体及其样态之外引入特殊的指称对象。

肯尼还指出了另一个困难,[43]说的是并不是每种能力都是天赋的,由此必须准确规定此处讨论的能力是何种类型,比如说法语的能力乃是一种后天习得的能力。因而人们必须准确区分:(a)学习某种东西(比如语言)的天赋能力,(b)在需要时使用已学之物(比如一种特定的语言)的后天习得能力,和(c)已学之物的当下使用(比如在当下说这种语言)。形成心灵动作的能力和(a)相似,但是不同于(b),但笛卡尔并没有对此加以论证。

现在可以说,与亚里士多德传统相反,笛卡尔并没有对能力或潜能(potentiae、habitus 等)的不同种类进行区分。也可以说,正如肯尼强调的,笛卡尔并没有明确解释为什么我们能具有或者能习得那些复杂的,对于说某种特定语言来说是必要的那些能力。然而这个批评涉

---

42 参 facultas judicandi(AT Ⅶ, 32, 53, 54), facultas ratiocinandi(AT Ⅶ, 90), facultas cognoscendi(AT Ⅶ, 56), facultas errandi(AT Ⅶ, 54)。

43 参 Kenny 1968, 103。

及的只是笛卡尔心理学的特定缺陷。它并不构成对如下基本观点的强硬反驳：每个人类心灵拥有着本质性能力，即做出带有特定内容的心灵动作的能力。既然这是本质能力，它应该在(a)的意义上被理解。在这些能力之外是否还存在其他能力，以及这些能力的相互关系是什么，乃是需要区别对待的属于心理学的特别问题。[44]

如果天赋$_F$观念被理解为做出特定思维动作的能力，那么存在天赋$_F$观念这种观点似乎是平庸的。因为谁会去否认人有这样的能力呢？对此伽森狄与洛克已经给出了自己的批评。[45]当天赋$_F$观念的说法无异于参照一种人类学常量，它就不值得进行哲学讨论了；每个人都乐意承认这个常量。关键的问题在于天赋能力是如何激活的。对于激活来说何种刺激是必要的？还有天赋观念在刺激的作用下能形成何种思维动作？只有当笛卡尔的观念论能回答这些问题时，天赋$_F$观念这种说法才会在哲学上值得关注和讨论。

毫无疑问，这里讨论的不是去规定某种刺激。如果人们将思维能力和对象的易碎性作对比，便可以澄清这一点。只有当对象在适当刺激的作用下碎裂成多块时，才能说具有特定物理-化学结构的对象是易碎的。由此我们认为玻璃杯是易碎的，因为当有人将它扔到地上时，它就会碎成许多块。然而我们不会说水泥板是易碎的，尽管当有

---

44 未对语言能力加以讨论的原因在于，笛卡尔看到了言语和思想之间的紧密关联：当某人想要以语词指称某物时，那么他就由此形成了观念，借助它他能够作出同样的指称(请参见第二答辩；AT VII, 160)。言语总是以观念的形成为前提，相应地，言说能力也以形成观念的能力为前提。因而形成观念的能力乃是必须讨论的基础性能力。也请详细参看 Perler 1995a(特别是第 51—52 页)。

45 伽森狄，《形而上学研究》(*Disquisitio metaphysica*)，第 318 页："我不相信你想讨论理智能力，[因为]对它我们既没有怀疑，也没有问题。"洛克，《人类理解论》第 1 卷，第 2 章，第 5 节(ed. Nidditch 1975, 50)："我想，没有人会否认心灵能够知道真理。他们说，这个能力是天赋的，知识却是习得的。然而这种生活格言想要抗辩何种观点呢？"

人用风镐施加于它时，它自然同样也会碎成许多块。用风镐加工并不是适当的刺激。这同样也适用于天赋$_F$观念的激活，人们必须找到适当的刺激，也就是说在正常的感知认知条件下能够激活这些能力的刺激。倘若规定了某种任意的刺激（比如天使，它以奇迹的方式作用于心灵并变幻出思维动作），那么每个生物都可以被赋予心灵能力，并且可以用奇迹的刺激来解释它们的激活。

现在，如果要回答是哪些适当的刺激或者何种刺激激活了天赋$_F$观念，回答如下：这些刺激正是那些心外对象，也即那些作用于感觉且生成感觉感知的东西。然而这个建议性的回答，从笛卡尔的角度来说，至少从三个原因来看是不令人满意的。

第一，只有当可感对象存在时，天赋$_F$观念才能通过这些对象的作用被激活。然而正是这个假设在第一沉思中被质疑了。因为方法性怀疑提出了如下关键问题：应该如何解释我们能够获得关于某个对象的当下观念，尽管这些对象可能完全不存在或者不是像它在观念中向我们呈现的那般存在？如果有人以经验方式简单地求助于感觉感知的对象来解释天赋$_F$观念的激活问题，那么他就跳过了这个疑问。他已经假设了那些对象的存在，即那些我们感知到的且能在我们之中唤起观念的对象。

第二，倘若天赋$_F$观念是通过可感对象的作用而激活的，那么也只有那些对象的当下观念能被获得，即那些同样能真实地被感知的对象。但是笛卡尔反驳道，我们也有关于上帝、天使以及数学对象的当下观念，它们是超越了感知能力的。并且他认为（这当然还需要论证[46]）这些对象不是通过对被感知对象的抽象而认识的。更确切地说，

---

46 详参第12节。

它们是纯粹由心灵把握的对象,也就是所谓的"真的、不变的和永恒的本质"。[47]

第三,天赋$_F$观念也可能是通过感觉(疼痛、快乐等)激活的,即使不存在作用于感觉且造成这些感觉的外部对象。据此,正如上文已经提到的,在幻觉疼痛的情况中,人们可以获得关于手臂上疼痛的当下观念,尽管他没有手臂,也没有外部对象作用于手臂。[48]

这三个论证澄清了,对于天赋$_F$观念是如何被激活的这一问题,不存在唯一解。激活取决于对象的种类,而被激活的观念应当指向它。因而基本的问题是:何种对象能够激活天赋$_F$观念,还有在这些对象作用下能生成何种当下观念?

第三沉思中的一处给出了对这个问题的回答,在那里笛卡尔以区分三种对象的方式,划分了三类观念:

(1) 天赋的观念,通过对抽象对象(比如真理、事物、思想)的领会形成。

(2) 习得的观念,通过对质料对象的感觉感知(比如看太阳)形成。

(3) 虚构的观念,通过虚构对象(比如美人鱼)的想象形成。[49]

但是不清楚的是,这里究竟是否对三种不同的对象进行了分类,而更不清楚的是这种分类基于何种原则。肯尼猜测这里事物的不同种类是杂乱地提出来的:能力(比如把握真理的能力),感知(比如对太阳的感知)以及想象(比如对美人鱼的想象)。[50]此外,这个分类似乎也

47　参 1641 年 6 月 16 日给梅森的信(AT III, 383);关于数学对象,参第五沉思(AT VII, 64)。
48　参第六沉思(AT VII, 76)。
49　参第三沉思(AT VII, 37-38)。
50　参 Kenny 1968, 101。

没有回答天赋$_F$观念是如何被激活的这个问题,因为在分类中又谈到了天赋观念。

如果我们注意到此处的"天赋观念"不再在"天赋$_F$观念"的意义上被使用,那么那种认为此处混杂了过多存在物的批评是站不住脚的。更确切地说,此处谈论的观念是关于完全确定的对象的,也就是关于抽象的而非感觉可感知对象的,比如说真理(是指一般真理,而非特定句子或者特定意见的真理)。天赋观念在此处被规定为了观念的分属,它们不是能力而是动作,而这些动作则指向特定种类的对象。因此我将它们称为"天赋$_O$观念"。

当我们注意到天赋$_F$观念和天赋$_O$观念的区别时,我们也能理解对观念的三分如何解答了天赋$_F$观念是如何被激活的这个问题:每个人从出生起就拥有着天赋$_F$观念,而当他指向对象时,它就被激活。当对象乃是"不变的和永恒的本质"时,天赋$_O$观念便形成了;当对象是感觉可感知对象时,习得的观念便形成了;当对象是虚构时,虚构的观念便形成了。

这个解释澄清了观念的双重规定——作为能力和作为具有内容的[思维]动作——并未在笛卡尔理论中构成冲突或者矛盾。能力和动作的关系十分紧密:仅当认知者指向对象且由此形成具有特定内容的动作时,心灵能力才会被激活。对象可以准确地被划分为三种,以至于动作也可以三分:针对不变本质的纯粹理解(pure intelligere)动作,针对可感知对象的感知(sentire)动作以及针对虚构对象的想象(imaginari)动作。[51]

由于笛卡尔认为能力任何时刻都能被激活,他没有对两种"观

---

51 这些恰好是在《哲学原理》第一部分,第32条(AT VIII-1, 17)中所区分的三种觉知。

念"的使用进行严格区分:"形成心灵动作的能力"和"心灵动作"。当然这个假设不是毫无价值的。莱布尼茨也指出只有当存在激活能力的特定机遇(Gelegenheit)时,讨论作为动作的观念才是有意义的。但是因为并不总是存在此类机遇,所以莱布尼茨认为我们应该只谈论作为能力的观念。[52]

笛卡尔也注意到了如下事实,即动作并不是在任何时刻都自动产生的,而是只当存在现成的对象时。虽然如此,他认为特定的对象(比如上帝或者数学对象)是每时每刻都在场的,[53]由此他假定心灵动作每时每刻都能形成。

然而,将观念规定为指向在场对象的动作,给人的启发不大。它既没有说明心灵动作是如何能够指向在场对象的,也没有说明这些动作是如何通过对象的在场(无论这些对象是什么)来获得特定内容的。因而在研究的下一阶段我们将讨论不同的问题。我想指出四个关键问题:

第一,要考虑的是"心灵动作指向对象"这个说法该如何理解。只要该说法没有被澄清,那么它就只表达了心灵动作是意向性的。但是这种意向性的后果是什么?心灵动作是指向那不同于实在对象的意向对象吗?虽然笛卡尔多次提到动作指向被表征对象,但是"被表征对象"[54]具有两层含义。我们既可以将它理解为一个特殊的对象(即与实在对象不同的单纯被表征对象),也可以就其被表征了而言,将它理解为实在对象自身。在第6—8节我们将进一步

---

52 参"什么是观念"(Quid sit Idea),《哲学文集》,第7卷(ed. Gerhardt 1931, 263)。
53 在第五沉思的开头(AT VII, 64),他认为他具有无数关于数学对象(比如三角形)的观念,其在场是不可置疑的,即便质料对象的存在是可疑的。
54 参《沉思集》前言(AT VII, 8)。

第4节 作为身体性与心灵性存在物的观念：基础与问题

讨论这双重含义。

第二，心灵动作指向何种对象。目前对象的三个类别已经被列明，但是它们的本体论地位依然未被澄清。特别是所谓的"不变的和永恒的本质"必须加以进一步研究。因为心灵是如何能指向这些明显不是可被感性把握的（fassbar）对象的，这并不是一目了然的。指向性（Gerichtet-sein）这个比喻性表达该如何理解，比如说心灵指向数字4，这该如何理解？我将在第12节深入讨论这个问题。

第三，当我们限制了那种情况，即心灵指向一个感觉可感知的对象时，那么此类对象是如何激活天赋_F 观念的。目前已经确认的只是对象必须在场。但是它以何种方式在场呢？它以何种方式作用于心灵呢？既然笛卡尔要克服经院主义观点，即对象通过种相为感知者所接受的观点，那么对象的作用就不能以那种方式被理解，即对象向心灵传递了某种质料的或者非质料的存在物。但是究竟存在何种作用呢？存在身体（通过对对象的感知受到某种刺激）和心灵（在其中心灵能力被激活并做出动作）之间的互动吗？这个问题将在第10节进一步研究。

第四，最后必须注意如下困难：当观念是心灵动作时，即指向对象且由此具有特定内容，那么情感状态便不再是观念了。因为这些状态并不指向对象。某人可以处于悲伤的情绪中，而不需要对某个特定的东西感到悲伤；某人可以害怕，而不需要对某个特定东西产生害怕的情绪。这意味着我们必须区分两种心灵现象，也就是意向性的（观念）和非意向性的（情感）吗？或者笛卡尔是这么理解情感的吗，即它同样也具有意向性成分？如果他是在第二种意义上理解的情感，那么必须澄清的是情感指向的对象是什么。这个问题会在第14节进一步探讨。

除了这些在本研究的下一阶段中必须更精确地加以分析的关键问题，我们可以在此小结一下：

第一，笛卡尔以多种方式使用观念，即（i）身体性图像，（ii）心灵能力和（iii）具有内容的心灵动作。但是无须额外的说明，这些使用方式都无法为将观念等同于在"内在的舞台"中的对象这种观点进行辩护。甚至当我们讨论动作的内容时，它也可以作多种理解：真实的对象，就像它在心灵动作中所呈现的那般（而非内在的复制品），或者为对象而构建的概念，或者一个命题，即当人们理解了对象具有这样或者那样的属性后所把握到的命题。从一开始就强加给笛卡尔这种观点，即动作的内容必须就像内部的对象或者在"内在的舞台"中的对象，这是不合适的。

第二，观念的三种使用方式并不是分离的，而是融合在一个整体理论中。这个理论的基础在于心灵具备天赋的能力。它可以在刺激的作用下以形成心灵动作的方式被激活。既然这些动作是指向对象的，那么它们总是有着内容。当存在物质性刺激时，身体刺激便产生了，它将导致所谓的形象或者"图像"在松果腺中的形成。这个大脑状态（身体观念）又导致了心灵动作的形成。这些动作是如何产生的以及它们是如何获得特定内容的，将在接下来的章节中讨论。

第 5 节　作为意向性思维动作的观念

迄今为止的研究已经表明观念——在严格意义上——乃是指向对象的心灵动作。由此存在两个问题：这些观念具有何种结构？它们是如何表征被指向对象的？要回答这些问题，必须对第三沉思开头笛卡尔在显眼位置引入的观念概念展开进一步分析。

通过区分两类思想(cogitationes)，笛卡尔引入了观念概念：

> 一些[思想]似乎是对象的图像。严格意义上这些才是观念，比如，当我想一个人，思考奇美拉，思考天空、天使或者上帝时。除此以外，与此相对，其他的[思想]包含了其他特定形式；比方说，当我意愿，当我害怕，当我肯定，当我否定时，我总是将对象领会为我思考的根基＜但是在思想中我包含了某种超越这些对象摹写的东西＞。这其中的一些被称作意志动作或者感情，其他的被称为判断。[1]

这里明确区分了两种思想：简单思想(狭义上的观念)，它们指向某些东西，以及复杂思想(广义上的观念)，它们包括了附加的元素(所谓的"形式")。马尔科姆建议说这个区分可以理解为那种

1　第三沉思(AT Ⅶ, 37)。在法语版本中，我用尖括号加以标记的句子被替换为"但关于这个事物的观念，我需要借用此动作补充些其他东西"(AT Ⅸ-1, 29)。这个修改非常重要。因为拉丁语版暗示了简单观念与其所关于的对象存在着一种相似或者摹写关系，而法语版则缺乏对这个关系的暗指。因为笛卡尔在第三沉思的论证过程中明确反对了摹写理论，正如第 6 节还要详细地加以证明的，法语版更为恰当地表达了他的基本意图。

命题内容(=严格意义上的观念)以及具命题态度的命题内容(=宽泛意义上的观念)之间的区分。[2] 举例来说，可以对上帝观念进行如下区分：(a) 纯命题内容，即最高最完满的本质存在，以及 (b) 该内容与命题态度——所谓的附加形式——比如说"我肯定"或"我否定"。

显而易见，这个解释的出发点在于试图将笛卡尔的观念论向 20 世纪的命题理论靠拢。但至少有三个论据反对这样的靠拢：

第一，这个解释认为"思想"(cogitatio)只能在思维内容(Gedanke)的意义上被理解；因为命题内容就是思维内容。并且按照马尔科姆的解释，此类思维内容还能被添加一个命题态度。但是这个解释并不能与上述引用的文本一致，[因为]那里笛卡尔在介绍第一种思想时，他用了个例子：我想一个人，思考奇美拉，思考天空、天使或者上帝等。明显地，这里思想主要是被理解为思考某物(Denken-an-etwas)，而不是思维内容(Gedanke)或者所思(das Gedachte)。当笛卡尔引入这两类思想时，他也区分了两种思考：第一种，单纯地思考某物，第二种，具附加形式(比如说害怕)地思考某物。

第二，第一类思想(即严格意义上的观念)的那个例子是只适用于非命题性思考的例子。当我思考上帝时，无论上帝这个实体是如何定义的，我首先只有一个关于这个实体的观念，而非"上帝是最高最完满的本质"。(当然，根据笛卡尔，我可以说，由我思考上帝，可以推论出上帝存在并且它是最高最完满的本质，因为具有最高客观实在性的观念必须有相对应的原因。但是这个结论预设了关于观念成

---

[2] 参 Malcolm 1972-1973，第 7—8 页。持有类似观点的有 Vendler 1991，第 250 页。他认为笛卡尔将思想理解为(i)命题或者(ii)将命题当作内容的心灵动作。马尔基认为(Markie 1986，第 73—77 页)，思想总是命题性的；"我(确定地)思考某物"应理解为"我(确定地)思考，p"。

第5节 作为意向性思维动作的观念

因的复杂理论——该理论由笛卡尔在第三沉思中详细地探讨了。)在严格意义上的观念显然不是命题内容,而是可以解释为"我思考 x"(ich denke an x)的东西。

第三,在关于第二类思想(宽泛意义上的观念)的例子那里,笛卡尔不仅提到了命题态度,比如说"我肯定"或者"我否定",这些都要求进行命题性补充。他也举了个"我害怕"的例子,这个例子后面不仅可以跟命题对象,也可以接非命题对象。我可以害怕狮子撕了我(命题对象),或者我可以害怕狮子(非命题对象)。在对霍布斯反驳的答辩中他甚至只提了非命题对象:

> 看见狮子并同时害怕它,和只是看见它,显然是完全不同的。[3]

显然笛卡尔认为我们害怕[的只是]狮子,而非害怕狮子是这样那样的。

当然,人们可以立即反驳说每个"害怕……"(Fürchten-vor)都包含了"害怕什么怎么样"(Fürchten-daß)。我害怕狮子,因为我相信它能吃掉我;即我害怕它吃掉我。但是这个反驳首先没有注意到"害怕……"并不是由特定的"害怕什么怎么样"来规定的。我可以害怕狮子,因为我相信它能吃掉我,或者我相信它能践踏我,或者我相信它能向我大声吼叫,等等。其次,这个反驳也未注意到害怕必须与对害怕的合理化区分开来。在一种具体情景下害怕狮子,是一回事,但为此给出理由则是另一回事。还可能存在我无法给出理由这类

---

[3] 第三答辩(AT VII, 182)。

情况，因为我可能不知道，狮子的哪些方面或者哪些可能的行动会使我害怕。因而可以说："害怕……"明显是要与"害怕什么怎么样"区分开来的，并且不允许将前者还原为后者。总而言之，第二类思想（害怕仅是它的一个例子）不仅包含了思考某物，也包含了思考如此这般的事情；非命题类型不允许被还原为命题类型。

这三个论证表明笛卡尔对这两类思想的区分并不与命题内容和具命题态度的命题内容之间的区分一致。[4]更确切地说，笛卡尔区分的是

（1）思考某物

和

（2）思考某物，这个"某物"包含了意志或者情感成分。

这个分类的重要后果是：当存在这两类由之我们可以获得知识——这个观点仍须后续加以验证——的思想时，便不可以仓促地假定每个知识都是命题性的并且因而具有"我知道 p"这种结构。基于存在有非命题性思维的观点，我们只能作如下推论：要么笛卡尔认为知识是非命题性的；那么认识动作就具有"我知道 x"这种形式。要么他认为非命题对象是互相关联的，以至于具备"我知道 x 是 F"形式的命题性知识就是可能的。但是命题是否以及如何形成，还是一个仍须准确验证的开放性问题。[5]

既然涉及的总是"思考某物"的各个事件，那么（1）和（2）谈论的都是单个思维动作——而非思维动作的类型。毋庸置疑，思维动作所指向的对象与事态（Sachverhalt）的形而上学地位还未加以说明。因而不能仓促假定笛卡尔在对象之外另引入了作为特殊存在物的事态。

---

4 此处也不涉及——如人们依据图像的比喻可能会猜测的那般——对动作的两种不同内容的区分；因为如害怕之类的"额外形式"只能附加到动作上，但不能附加到单纯的内容上。

5 在第16—17节中，我将详细讨论这个问题。

第5节 作为意向性思维动作的观念

我们同样也不能仓促地将[思想]与图像的对比解释为思想与图像的完全同一。笛卡尔只认为思想仿佛是对象的图像。仅就它们如图像指向某物且表征某物而言，它们与图像相似。因为它们的独特之处在于拥有内容。但这不意味着它们在每个方面都与图像相似，比如说它们与被摹写之物相似。[6]

如果"Φ"被指定为任意种类的思维动作（基于感觉感知的思想，基于单纯想象的思想，等等）以及"M"被指定为任意种类的心理样态（害怕、高兴等），这两类思想的形式都可以按如下方式加以描述：

(1') 严格意义上的观念：<Φ, 对象 x>

(2') 宽泛意义上的观念：<Φ, M, 对象 x>或者<Φ, M, 事态"x 是 F">

这里显然可以说，无论对观念如何进一步详细说明，严格意义上的观念和宽泛意义上的观念都是关于什么东西的观念。既然(1')和(2')是笛卡尔给出的关于思想的唯二类型，他似乎认为每个思想都是意向性的。[7]

但是现在也可以反驳说：如果每个思想都是意向性的，那么如悲伤或者沮丧的情感状态就并不是思想，[因为]它们乍看之下似乎是非意向性的。但是在思想之外，笛卡尔并未考虑到其他类心灵事件。他强调说，所有心灵事件（不论是意志的还是理智的）都是思想。[8]这意味着他悄悄地将情感状态算作意向性状态了吗？当考量(2')时，我们可以对这个问题部分地加以肯定：情感状态虽然不是独立的意

6　对此，详参第6节。
7　笛卡尔认为他将他所有的思想都进行了分类。第三沉思(AT VII, 36-37)："沉思的顺序似乎命令我现在将思想分成几类。"
8　参本节脚注7和第二答辩(AT VII, 160)。

向性思想，但是作为心理样态（psychische Modalität），它们依然是其组成部分。

然而对此还能反驳说，单纯将情感状态刻画为心理样态，这是不可信的。不可以从一开始就排除存在诸如沮丧之类的、不构成意向性思想组成部分的纯粹情感状态这种情况。难道笛卡尔在没给出明确论证的情况下，从一开始便排除了它们吗？

在我看来，这个说法并不是站得住脚的。因为上文所引用的《沉思集》对思想的详细解释，总是须在更大的论证背景中去理解。在这个背景框架下存在两个重要之处：

（1）第一沉思的出发点在于，沉思者总是完成了指向某物且表征某物的思维动作。问题不在于它究竟是否完成了表征性思维动作，而在于心外世界中的某物是否与表征性的思维动作相应，以及某物是否如其被表征的那般准确地与它相应。在这个一般性设问框架内，在意向性思想之外是否亦存在着非意向性的[思想]这一问题，是无关紧要的。某人可能处在悲伤或者沮丧状态中，[但]他并没有对特定的东西感到悲伤或者沮丧。但是鉴于这个问题，即从表征性思维动作出发关于心外的被表征物是否被意识到了，这个事实是无关紧要的。因而笛卡尔将情感仅仅刻画为"额外形式"，这并不令人惊讶。

（2）第一沉思中的方法性怀疑以及第二沉思中的我思论证得出结论说，沉思者只能对自己的思维动作以及作为动作载体的心灵，具有绝对的确定性。倘若这是唯一的结论，那么笛卡尔的立场必然导向唯我论。随之而来的是，只有关于自身思维动作的知识才是可能的。为了避免这个唯我论立场，笛卡尔在第三沉思中引入了这个观点，即动作指向对象且它总是带着内容（"客观实在性"）来表征这个对象。他

第5节 作为意向性思维动作的观念

也引入了另一个观点,即人们依据内容的特征可以推论出外部的原因。[9] 举例来说,指向上帝的动作把上帝表征为完满的本质。这个动作具有携带特征(即"完满本质"相对于"非完满本质")的内容,并且这个特征允许我们推论出作为外部原因的上帝。

基于特定的特征可以推论出原因,笛卡尔的这一观点是否站得住脚,这里不作讨论。同样不作讨论的还有,从该观点出发是否能够证明上帝的存在。众所周知,这个观点的有效性(以及上帝存在的观念论证明)取决于一些额外假定,而这些假定远远超越意向性观点。[10] 这里关键的只有这个一般性论证方向:只有当笛卡尔认为,(i)思维动作指向对象且(ii)它具有带某种特征的内容,该特征不来自思考者自身,他才能够证明沉思者没有被困在他的思维动作里。这里同样有效的是:可能存在不带精确内容的非意向性心灵事件。但是当涉及要找到摆脱唯我论的出路时,这便是无关紧要的了。

现在可以作个小结:通过区分两种"思考某物"的类型,也就是单纯思考某物以及那些带有附加成分的思考,笛卡尔在第三沉思的开头引入了观念概念。当被问及究竟何为观念时,关键的问题是此种"思考某物"究竟具有哪些特点以及它如何能够被分类。但是这不涉及对命题内容和命题态度的区分。

如果观念首先只是被视为"思考某物",它不可能是错的;因为正确或者错误存在于判断之中,也就是对思想对象进行判断。[11] 比方说,"人是生物"是真的判断,而"奇美拉实际存在"则是错误的判

---

9 参第三沉思(AT VII, 40)。关于"客观实在性",详参第7节。
10 特别关键的是这些假设,(i)在原因那里的"形式实在性"至少与观念有的"客观实在性"一样多,以及(ii)存在不同的实在性等级。对此的简要分析,参 Curley 1978, 135-141 和 Dicker 1993, 89-109。
11 参第三沉思(AT VII, 37)。

断,然而,就我在这两种情况下都确实在思考什么东西而言,不论是关于人的观念还是关于奇美拉的观念都为真。[12]

现在还要避免一种可能的误解。笛卡尔认为观念"就其自身"(si solae in se spectentur: AT VII)不可能是错的,只要它们无差别地是关于某物的观念。但是他没有认为所有观念都正确地(korrekt)表征这个某物——无论它可能是何种对象。因为某人可能完全或者部分不正确地表征了对象。比如某人能思考作为黑色天体的太阳,并且由此将它表征为一个黑色天体。因而必须仔细区分两种观点:

(T1)观念指向某物且表征某物。

(T2)观念指向某物且如其所是那样表征了它。

到目前为止只提到了这个一般性观点(T1)。延伸观点(T2)只有在给出了正确表征的条件时,才能被提出。但这些条件到目前为止还是没有的。[13]

第三沉思中的一处文本看起来似乎是与观点(T1)矛盾的,或者至少是限制它的。在那里笛卡尔认为:

> 尽管之前我认为严格意义上的错误,也就是形式错误,只存在于判断中,但是事实上在观念中也存在另一种特定的错误——质料错误——当把不是对象的东西表征为对象时。[14]

这个引文似乎建议区分两种观念:一方面,质料真观念(material wahre

---

12 当然可以反驳说根据这个原则,判断也无法是错的,因为当我判断时,我真的完成了一个判断动作。只要只有判断动作被考察,那么笛卡尔会赞同这个反驳。他的警告"唯一还剩下的就是判断,我必须小心避免犯错"(AT VII, 37),指的是判断内容。

13 这些条件就是清楚与分明,这将在第18节中讨论。

14 第三沉思(AT VII, 43)。

第 5 节　作为意向性思维动作的观念

Idee)，即将对象表征为对象的观念(正确与否暂且搁置)；另一方面，质料错误观念(material falsche Idee)，即将完全不是对象的东西表征为对象。据此质料错误观念似乎好像是假观念(Pseudo-Idee)。它假装是关于某物的观念并且表征该物，但是事实上它并不指向对象。

然而笛卡尔关于质料错误观念的例子却与上面这种解读相矛盾。他认为冷与热的观念是质料错误的，因为它们是"如此不清楚和不分明"，以至于不能确定是否冷只是热的匮乏(Privation)或者热是冷的匮乏。[15]这个解释可以作如下理解：尽管存在热的观念所指向之物(即冷的匮乏)，并且存在冷的观念指向之物(即热的匮乏)，但是这两个观念是误导性的，因为它们将一种仅为某种属性之匮乏的东西表征为肯定的性质。此外，它们也是欺骗性的，因为它们伪称存在两种属性(热和冷)，尽管实际上只有一种属性，它根据考察视角[不同]可以被描述为冷的匮乏或者热的匮乏。但是尽管这些观念是误导性的以及欺骗性的，它们仍满足(T1)，因为它们指向某物——指向某个特定的属性——且表征了该属性。

然而此种解释假定了诸如热或者冷之类的东西作为实在属性存在于对象中。但是这个假定是错误的，因为根据笛卡尔的本体论方案，物质实体只有几何或者运动属性。热或者冷并不是对象的实在属性，而只是一种在感知者中引发特定感觉的潜能。[16]

那么该如何理解质料错误观念呢？一方面它们不是简单地就是假观念，也就是事实上不指向任何东西的观念；因为热和冷的观念还是指向某物且表征该物的。另一方面它们不可能是那种指向物质世界中

15　参第二沉思(AT VII, 43-44)。
16　参《哲学原理》第四部分，第 198 条(AT VIII-1, 322-323)，那里笛卡尔明确提到了潜能。

某物的观念;因为热和冷不是对象中的实在属性。要解开这个谜题,就得注意到感觉属性是存在于感知者中(且只存在于感知者中)的。[17]笛卡尔认为:

> 尽管当我靠近火焰时,我感觉到了热,当我太靠近它时,甚至[还有]疼痛,但是这不真的就使我相信,在火中存在着某种与热和疼痛相似的东西。[18]

当我有关于热的观念,尽管存在着这个观念指向的东西,也就是我对热的感觉,也存在着某种引发这种热感的东西,也就是火的特定潜能,但要是去相信热感是指向在火中的一种实在属性并且甚至与这种属性相似,那就是不恰当的。

但是为什么这个关于热的观念是质料错误的呢?乍看之下它似乎可以与关于几何属性的观念,比如说关于圆形的观念,进行对比。这两者看起来都表征了某种外在于感觉的东西。但进一步考察的话,这种相似性会被证明是误导性的,因为只有关于圆形的观念才表征了存在于对象之中的圆形这个实在属性。与之相反,关于热的观念表征了一种不存在于对象中的属性,仿佛它真的存在于对象中。乍看之下"它把不是对象的东西表征为对象"(non rem tamquam rem repraesentant: AT VII, 43)这个迷惑性的说法可以这么理解:关于感觉属性的观念表征了某种不在对象自身中的东西,仿佛它在对象之中那样。因

---

17 "感觉属性"(Sinneseigenschaft)这个表达(拉丁语 sensus 或法语 sensation)当然是双义的。一方面它可以用来表示感觉可感知的东西(对象的特定属性)。但另一方面它也可以用来表示感知者中的感觉。笛卡尔只在第二种意义上使用它(参《哲学原理》第四部分,第189—190条;AT VIII-1, 315-318)。他对将感觉属性赋予对象自身的做法提出了警告。

18 第六沉思(AT VII, 83)。

第 5 节 作为意向性思维动作的观念

此它是误导性的。[19]

这种解读也可以通过笛卡尔给阿尔诺的对质料错误的解释而得到确证。他认为只有当冷的观念"向我提供导向错误的材料"[20]时,它才是质料错误的。因为该观念导致我去判断"对象是冷的",就像圆形的观念促使我判断说"对象是圆的"那般。然后我就犯了错误,因为对象自身不是冷的。我仅有一个冷的感觉,因而也只有理由判断说"对象对我显得是冷的"。但是因为对象通过质料错误观念向我如此地表征,就好像冷存在于对象之中那般,于是我错误地判断说"对象是冷的"。

对质料错误的详细解释有助于理解上文引述的观点(T1)吗?质料错误观念首先是被当作对(T1)一般有效性的反驳而被提出的。似乎存在不指向对象的特定观念,它们仅仅假装有这样的指向性。即便这些观念是质料错误的,它们也还是观念;也就是说,不能认为每个观念都指向对象。

现在可以回答这个反驳了。目前已经表明,质料错误观念也是指向某个东西的。虽然它不像那些质料真观念那般指向质料对象中的实在属性。但是它还是指向什么的,也就是指向感觉属性,尽管以误导性的方式表征了它们。[21]因此,质料错误观念这个问题可以被当作正

---

19 这里关键的是,即使是以误导性的方式,这些观念依然是表征了什么的。因而我不同意威尔逊的观点(Wilson 1978, 111),她认为虽然这些观念具有表征性特征,但却没有内容(没有"客观实在性")。对此可以反驳:关于冷的观念具有表征性特征(它指称什么东西),并且它具有内容(即冷这个属性)。它之所以是误导性的,只是因为它引导我们判断说内容乃是对象中的真实属性,而不是感知者中的感觉属性。

20 第四答辩(AT VII, 232)。

21 这个感觉属性(sensation)当然不只是心灵属性,正如许多解读者(比如 Kenny 1989, 8)所认为的。更确切地说,它由心灵和身体的成分构成,因而热感乃是一个复杂状态,它一方面由特定的神经刺激,另一方面由与此关联着的对热的感知构成。所以笛卡尔在其对"感觉的三个等级"(第六答辩,AT VII, 436-437)的区分中坚持认为感觉属性属于第二等级,即一个身体状态与一个心灵状态关联。关于详细的分析,参 Baker & Morris 1996, 70-87。

确表征的特殊问题。当被问及观念是否正确地表征了对象 x，必须考虑两个分问题：(a) 观念正确地将对象 x 表征为了 x，还是错误地将对象 x 表征为了 y？(b) 观念正确地表征了对象 x 及其实在属性 F、G等等，还是它是如此表征对象的，即将那些仅仅是感觉属性的属性也赋予对象了？对笛卡尔来说，这两个分问题都有关键意义，并且二者澄清了在拟定表征模型时，他不是简单地出于信息论（informationstheoretisch）兴趣，而是主要地出于认识论（erkenntnistheoretisch）兴趣。他不满足于这个问题，即为了能够接收并加工任意信息，人们必须形成何种表征观念。对他来说，这个问题更为关键，即为了如其所是地表征真实存在的对象及其真实存在的属性，人们必须形成哪些观念。[22]

目前已经分析了的第三沉思中观念定义表明，观念无差别地具有意向性成分：观念乃是指向某物的思维动作。但是在第二答辩的附录中，还有一个重要的补充：

> 我用"观念"这个表达指的是每个任意思考（Denken）的那个形式，借助对它的直接感知我意识到了这个思考。[23]

这里有两点值得注意。第一，笛卡尔认为观念并不简单地就是思想，也就是对某个东西的思考，而是思考的形式。第二，他认为通过对此形式的直接感知——而不是通过特别的反思动作——人能够意识到思考。但是这里该如何理解形式？既然笛卡尔以多种方式使用"形

---

[22] 当然在这个问题之后还隐藏着一个形而上学问题，即什么是真实的属性以及它如何能与单纯的潜能进行区分。因而我同意菲尔德（Field 1993，特别是第 332 页），与绝大多数解读者相反，他指出了质料错误观念问题的关键的形而上学方面。

[23] 第二答辩（AT VII, 160）。

第 5 节 作为意向性思维动作的观念

式",也没有对这些使用方式进行准确区分,那么评论者们相应地用多种方式回答这个问题,也就不奇怪了。[24] 在我更准确地阐述我认为最恰当的和最有启发性的回答之前,我想首先简短地阐述和讨论一下四个可能的回应。

(1) 在早期的生理学著作中,笛卡尔已经创造了关于"图像"或者"形式"的理论,它由松果腺中的被感知对象所形成。[25] 正如第 4 节所展示的,生理学理论贯穿于他的全部著作,直到晚期的《论灵魂的激情》。因而可以猜测任意思考的形式无异于身体性形式 (körperliche Form)。但如果我们注意到笛卡尔对身体之物和心灵之物的严格区分的话,那么这个猜测就被证明是误导性的。身体性形式虽然是形成思维动作(至少那些表征物理对象的动作)的必要前提,但是身体形式必须与思维动作进行严格区分。在给梅森的信中,笛卡尔强调身体性形式或者种相并不是思想。确切地说,想象着的心灵——指向这些种相的心灵——的活动才是思想。[26]

(2) 在其他地方,笛卡尔沿用了亚里士多德-经院主义的术语,将形式与质料进行了对比,同时认为观念不由质料组成。[27]"任意思考的形式"这个说法因而可以理解为对非质料性的强调:尽管观念仿佛是图像,但并不是身体性图像,而是那种由纯粹形式构成的东西。[28] 然而这个解释预设了笛卡尔在关键文本中再度引入了亚里士多德的形式质料论,但他向来是激烈反对该理论的。为了解释观念(笛

---

24 对最重要的解读和批评的回顾,参 Kemmerling 1993a,第 46—61 页。
25 参《论人》(AT XI, 176—177),那里明确谈到了形式。
26 1641 年 4 月 21 日给梅森的信(AT III, 361)。
27 第四答辩(AT VII, 232)。
28 肯尼(Kenny 1968, 110—111)给出了这个解读:"通过将观念称作'形式',笛卡尔似乎只是意指它们是事物的非质料表征。"然而肯尼强调笛卡尔只是使用了这个经院主义术语,但没有涉及特定的经院主义理论。

卡尔心灵哲学的核心），他为什么要再度接受亚里士多德的理论，而他在形而上学与自然哲学中是拒绝这种理论的？[29] 其次，形式质料论解释也与上述引文不一致，即观念就是"每个任意思考的那个形式，借助对它的直接感知我意识到了这个思考"。既然谈到那个形式，那么可能存在其他不对意识负责的形式。但根据形式质料论模型，每个对象正是由形式凸显出来，形式与质料一道构成了整体。最后，将"每个任意思考的形式"这个说法理解为对非质料性的强调，是令人感到奇怪的，因为思考总归不是质料的。只有松果腺中的代码是质料的，但不是心灵中的思考。如果思考中完全不存在质料成分的话，为什么要将非质料成分和质料成分区分开来？

（3）有时笛卡尔也将"形式"和"特性"（Attribut）在同一意义上使用。在第四答辩中，笛卡尔就是这样认为的：广延性、可分性、具形象性等等都是形式或者特性（formae sive attributa），借由它们人们可以认识到有形实体。[30] 通过认识这些形式，不能自在地被认识的实体就可以被推断为形式的载体。但在这个解释中，形式总是被当作实体的属性来理解的。当涉及"每个任意思考的那个形式"时，它就不能被理解为实体的属性，因为每个任意的思考不是实体，而只是实体（也就是心灵）的特性。

（4）最后，"形式"这个表达也可以在"结构"（Struktur）或者"结构元素"（Strukturelement）意义上被理解。在上文讨论的对思想的分类中，笛卡尔认为，一方面存在简单的思考，另一方面还有具备其

29　因而在我看来伦农的解读是不合适的，他认为（Lennon 1974, 47）："琼斯意识到的是存在于其心灵状态中的立方体形式，我认为这是笛卡尔的观念，而这也是琼斯思想的形式。"这个解释预设了形式质料论，即某人认识立方体的形式（而非质料）并且仅仅意识到了这个形式。

30　参第四答辩（AT VII, 223）。也请参看《哲学原理》第四部分，第 198 条（AT VIII-1, 322）。

他形式的思考(肯定、否定、害怕等)。³¹这意味着他赋予了简单思考以一种结构元素(是关于什么东西的),而对于复杂思考,他则用了两种结构元素进行了刻画(心理样态+是关于什么东西的)。在解释判断时,他强调对于判断的形式(forma iudicii)而言,两种元素是必要的,即感知与肯定或者否定。³²如果借鉴此种说法,那么可以说所谓的每个任意思考的形式指的是思考的那个结构或者结构元素,一个人要借助对它的感知才意识到他在思考。诚然这个解释存在缺陷,因为它引入了结构这个说法,却未对结构在内容上加以说明。这个基于对它的感知意识才得以可能的元素究竟是什么?如果后续没有内容上的详细说明,那么相比起它能够解释的东西,这个解释太模糊了。³³

在这些失败的解释尝试之后,我们必须找寻关于"形式"的其他诠释。对此,值得推荐的做法是对笛卡尔提出这个说法的上下文进行更精确的考察。笛卡尔主张,通过感知每个任意思考的形式,人意识到[他在]思考,同时笛卡尔还补充了如下的条款:

> ……也即以那种方式,除非能确定我拥有关于那个用语词标明的东西的观念,不然我无法用语词表达任何东西,也无法理解

---

31 参第三沉思(AT VII, 37)和第三答辩(AT VII, 181)。
32 《对某通报的评论》(AT VIII-2, 363)。
33 可以反驳说思考的形式不能理解为单纯的形式结构,而是结构与该结构的内容填充。威尔逊(Wilson 1978, 156)在我看来暗示了这个解读:"当笛卡尔说观念是'思考的形式',他似乎只是意指特定思考的确定本质——比如害怕狮子。"这个"确定本质"因而并不简单地就是结构(心理样态+是关于什么的),而是具有具体内容填充的结构(害怕+关于狮子)。然而这个解读引起了如下问题:为了定义观念并将它与单纯的思维动作进行区分,笛卡尔又引入了"思考的形式"这个表达。如果现在认为形式无异于具有完整内容填充的完整结构,那么观念就直接等同于思考某物。那么这个思想与观念的区分也就没有什么意义了。

我所说的。³⁴

当我说出与 x 有关的语词时，并且当我理解我所说的，由此我也就拥有一个与 x 有关的观念。因而确保了(i)该词标记了某个东西(而不是像"buba"那样只是个无意义的音节组合)，以及(ii)该词与一个心灵表征关联起来(而不是单纯无思想内容的喃喃自语)。这里关键的是，语词与对应的观念都与某个东西有关。正是它被我感知为思想的形式。我感知到我的思想(就其自身而言只是心灵动作)与某个东西——与一个确定的对象——相关并由此获得特定的内容。比如说，我感知到思考桌子是一个特定的思维动作(作为思维动作，它与对太阳的思考无异)，即有关于桌子而不是关于其他东西的动作。只有通过我对此进行感知，我才能意识到这个思维动作。我不能将一个不明确的、非结构化的心灵动作意识为一个分明的动作。

基于此上下文，笛卡尔的立场(他将"观念"这个表达当作任意思考的形式)可以作如下理解："观念"被用作思维动作，就其指向某个特定事物且由此获得特定的内容而言。如果有人不能直接感知到思维动作指向某个特定东西，那么他也就无法意识到思维动作。

这个解释澄清了为什么笛卡尔对思考和观念在术语上作了清楚的区分。思考是任意的心灵动作(geistiger Akt)(感知、想象、意愿等)，因而无异于心灵样态(Modus)。³⁵ 与之相反，观念是思维动作(Denkakt)，就其指向某个特定事物而言。这个解释也有第三答辩中的一

34　第二答辩(AT VII, 160)。
35　因而笛卡尔也强调在思想那里涉及的是活动。第二答辩(AT VII, 160)："因而所有意志、理智、想象和感觉的活动都是思想。"

第 5 节 作为意向性思维动作的观念

处文本作印证,在那里笛卡尔再次主张将观念理解为任意思考的形式。接着他立即增加了一个反问:谁没感知到他理解了某个东西呢?[36]借这个问题,笛卡尔强调了正是那个拥有观念的人,是他完成了指向某个东西的思维动作。正是指向某个东西的思维动作——而不是单纯的动作——被直接感知到。

此外,需要注意的是笛卡尔采用了来自传统学院派哲学的"观念"这个表达,正如他所承认的:

> 我使用这个表达,原因在于为了描述神性心灵的感知形式,它在哲学家中已经是常见了的,尽管我们在上帝那里并没有看到想象力;我没有[其他]合适的表达。[37]

从奥古斯丁影响深远的《观念的问题》起,神性观念总是被理解为不变的、永恒的形式,也就是原型或者模板(exemplares),而这个世界的事物只是对它们的摹写而已。[38]尽管关于神性观念的准确地位以及它们与世界事物的关系,在整个中世纪都不存在一致意见,但没有争议的是这个观点,即神性观念不是神性理智的单纯非结构化动作,而是具有内容的动作:指向某个事物且表征某个事物。虽然因为将神性理智中的观念移置到人类理智之中,笛卡尔与这个传统发生了决定性的断裂。[39]但是他一如以往还是借鉴了这个传统,因为他强调人类观

---

36 第三答辩(AT VII, 188)。
37 第三答辩(AT VII, 181)。
38 关于《观念的问题》在中世纪的接受情况,参 De Rijk 1975。
39 然而需要强调的是,早在 13 世纪晚期和 14 世纪早期(比如说根特的亨利[Heinrich von Gent]、阿尼克的威廉[Wilhelm von Alnwick])已经有类似断裂的记录(参 De Rijk 1990)。诺尔莫尔(Normore 1986,特别是第 231—235 页)合理地指出了笛卡尔的这些先行者。

64　念和神性观念一样，是心灵动作的形式，而不是单纯的动作。

当然仍不清楚的是如何理解动作的内容：动作的特定属性，还是通过动作表征的对象，抑或是被表征对象的某种心灵对应物？这个问题亟须深入探讨。也正是这个问题决定了，笛卡尔的观念论是否真的是那种理论，即假设了心灵对象且由此引入了穿插在心灵与外部世界之间的第三者。

第6节 图像与摹写

目前已经澄清的是观念是具有内容的思维动作，且对于观念的定义来说具有决定性的正是这个内容。现在就有两个问题：内容是什么？它与思维动作的关系是什么？

根据之前引述的笛卡尔的说法，即观念"仿佛是对象的图像"，[1] 使人容易想到内容乃是内部图像这个答案。由此人们可以猜测，这个图像仿佛在动作中向心灵呈现出来。图像的存在澄清了为何动作指向某个东西，即指向某个完全确定的东西。因为图像与被摹写之物有着相似关系。由此指向 x 的动作就与指向 y 的动作区分了开来，因为第一个动作向心灵呈现了一幅只摹写 x 的图像。[2]

但笛卡尔的明确表述却与这个解读矛盾：在观念与其对象之间不允许假定任何摹写或者相似性关系。在第三沉思中他承认，早先他出于习惯假定了观念与对象的相似性，但是他马上强调：

> 我们在判断中能发现的最主要的和最常见的错误，是由于我判断在我之中的观念与在我之外的特定对象相似或者相应。[3]

观念"仿佛是对象的图像"，却又不是摹写。这该怎么理解呢？笛卡尔没有给出明确的答案，但是在这个表述中隐含着对两种摹写理论的

---

1 第三沉思（AT VII, 37）；请参看第5节，脚注1。
2 当然此种图像和所有 x 的个例有着相似关系。举例来说，当关于白色房子（无须其他说明）的图像被演示给心灵，那么它与所有白色的房子有着相似关系。因而动作向心灵演示关于 x 的图像这个事实，并不保证形成与唯一的对象的相似关系。
3 第三沉思（AT VII, 37）。

拒绝,即经院主义的种相理论以及霍布斯和伽森狄的质料主义图像论,而他自己也对它们进行了讨论。[4]接下来我将简要阐释这两个理论的主要观点,并且说明那些促使笛卡尔拒绝它们的原因。

种相理论的特点主要在于认知者在自身中接受被认知者的形式。[5]这种对形式的接受通过一个具有三个层次的过程来实现,正如第1节中概述过的。首先,通过将对象的形式刻印于感知器官,它被传递给了认知者。其次,灵魂的感性部分形成了感性种相,它将形式准确地如其在具体对象中存在那般当下化了。最后,灵魂的理智部分抽象出理智种相,它当下化了"纯粹的"形式,无须将这形式与具体的对象绑定。现在关键的是,理智种相之所以[能]当下化纯粹的形式,正是因为它是形式的摹写(similitudo)。[6]

首先不明了的是,这里在何种意义上来谈论摹写。至少存在两种解释。[7](a)摹写可以作为严格字面意义上的图像来理解。这样一来,每个形成种相的人都拥有关于对象的内部图像。这个图像具有被感知

---

4 在历史背景中还存在第三种摹写理论,即追溯到奥卡姆的动作理论:每个心灵动作自在地(即没有诸如种相之类的中介存在物)就是其所指向的对象的摹写;参 Perler 1995b。这个理论直到16世纪依然活跃,如 Nuchelmans 1983,第26—32页所证明的。但是笛卡尔似乎并没有研究过它。

5 更准确地说,这里设计的这个理论的变体,它可以追溯到托马斯·阿奎那。正如在引言中早就强调过的(参第1节),不存在统一的经院主义种相理论。早在13世纪晚期和14世纪早期,阿奎那理论的变体就已被部分地修订了(比如邓·司各脱)和部分地被抛弃了(比如奥卡姆);详参 Tachau 1988 和 Spruit 1994,第256—351页。但是笛卡尔似乎并未研究过种相理论的众多变体。他关于这个理论的知识来自对耶稣会教学大纲(科英布拉注疏)的研究,这个大纲主要——即便不是唯一——受阿奎那影响。或许,他也研究过苏亚雷斯的种相理论(然而无法证明),这个理论的基础部分与阿奎那的理论相似(如要区分,参 Cronin 1966, 76-89)。在下文中要讨论的种相的理解"关于内部对象的形式"由戈克伦纽斯(Goclenius)的《哲学词典》佐证(ed. Olms 1613, 1068)。

6 参 *Summa theologiae* 1, q. 84, art. 3-7 (ed. Caramello 1952, 409-415); Eustachius a Sancto Paulo, *Summa philosophiae quadripartita*, tertia pars physicae, tract. IV, q. 7, 275-278。

7 经院主义种相理论的亚里士多德模型至少能允许这两个解释;参 Sorabji 1992,关于中世纪时期对这个理论的接受,参 Sorabji 1991。

第6节 图像与摹写

对象具有的所有属性。接着,理智可以类比作拍摄这张相片的灵魂照相机。(b)摹写仍可以在同构论的意义上被理解。由此,种相不是图像,也即以质料方式拥有被感知对象所有属性的东西,而是一种具有被感知对象结构的非质料存在物。种相的结构特点都将分配给对象的每个属性。

现在应如何理解笛卡尔要克服的种相理论呢?是字面意义上的图像论还是同构论?这里有个例子(就是那个托马斯·阿奎那和其他经院作家经常引用的)或许能够澄清一二。如果有人去认识一个白色对象,那么通过去看一个具体的白色对象,他就接受了白色的形式。通过这种看,眼睛以两种方式被白色的对象刺激:一方面,质料地(由白色对象反射的光线投射到了眼睛上);另一方面,非质料地(白色的形式传递到眼睛那里)。[8]这两种刺激的方式是紧密联系在一起的,因为正是伴随着白色形式而非其他形式的传递,光线投射到了眼睛上。用现代术语来说:光线传递了一种特定的结构原则(Strukturprinzip)。这个构造对象的结构原则(它将对象构造成了白色的对象而不是其他颜色的对象)通过光线的特殊组合传递给了眼睛。光线的投射是质料过程,与此相对,结构原则的传递是非质料过程。在此——这是关键之处——涉及的不是两个不同的过程。毋宁说是同一个过程,[只不过]它能以两种方式被考察,也就是一方面以其质料特性,另一方面以其功能。光线在眼睛上的投射(质料的考察方式)实现了这个功能(非质料的考察方式),即向眼睛传递构造白色对象的结构原则。

---

8 参 Summa theologiae 1, q. 78, art. 3 corp. (ed. Caramello 1952, 379),阿奎那在那里谈到了一种双重的改变(immutatio)。他明确强调在视觉感知那里,质料地被刺激不应在字面意义上被理解为质料的改变(immutatio naturalis);因为被白色对象(比如光线)刺激的眼睛自身并未变白。

一旦形式被传递了，借助非质料存在物（种相）的形成，它得以保存并进一步被加工。首先，形式会如其在直接的具体被感知对象中存在那般被保存。认知者是这样拥有白色的形式的，就像形式在被感知对象而不是在其他对象中存在那般。接着，认知者是这样抽象出白色的形式的，就像它自在地存在及其在许多其他对象那里存在那般。正是由此，认知者才认识了白色。现在他以非质料的方式拥有该形式，就像它以质料方式存于对象之中那般。

种相乃是对象中形式的摹写（similitudo）这个说法，应在同构论的意义上来理解。认知者中的种相摹写了造就对象的那种结构（或者形式）。如果有人认识白色，那么他不是拥有白色的图像，而是以非质料的方式在自身中获得白色，而白色则以质料的方式存在于对象之中。

笛卡尔对该理论的批评，一部分基于形而上学论证，另一部分则基于认识论论证。首先，他的批评反对这个观点，即在认知过程中认知者被传递了某种东西。他宣称，他曾在经院哲学的影响下出于盲目的冲动去相信：

> 与我不同的特定对象存在，而它们通过感觉器官或者以其他方式向我传递关于它们的观念或者图像。[9]

没有任何东西——没有任何模糊的存在物——从被认知对象向认知者传递。因为对象只是物质粒子的聚集，而这个聚集展现出特定排列与特定运动。物质粒子仅能够反射光线，而这个光线会投射到认知者的

---

9 第三沉思（AT VII, 39-40）。

眼睛上。[10]但它们不传递任何东西。因而不存在认知者以某种方式接受的某种东西,而它借由种相保存或者被进一步加工。

这个批评看起来是依据一种以带有敌意的方式被曲解了的种相理论版本。因为托马斯·阿奎那和其他经院哲学家当然不认为小的图像或者其他神秘存在物穿过空气然后向认知者传递。[11]他们更多的是认为认知对象以非质料的方式传递了某种东西,也就是它的形式或者——现代地表述——它的结构原则。这个形式不是质料存在物,更不是图像。种相理论并未在字面意义上假定图像的存在,而是假定认知者中的形式和对象中的形式之间存在着一种质性同一(qualitative Identität)。

在其简短和带有敌意的论述中,笛卡尔似乎未考虑到种相理论的精细之处。[12]但是就算他考虑到了,依然存在诸多拒绝该理论的理由——主要是来自形而上学方面的。

第一,种相理论基于形式质料论,即被认知的对象由形式和质料组成。认知过程的目标是在去除质料的同时接受形式。笛卡尔断然拒

---

10 参第六答辩(AT VII, 437)和《光学》第二部分(AT VI, 93-105);详参 Garber 1992, 63-70。

11 但是事实上一些晚期经院作者认为,相似物在字面意义上是由空气传递并且刻印在感知器官上的。圣保罗的尤斯塔的《哲学大全》(Summa philosophiae quadripartita, tertia pars physicae, tract. III, q. 2, 219):"举例来说,当眼睛在某个距离看到一种颜色,哲学上来说,在眼睛中存在或者接受到了这个颜色的某个相似物,也就是说,从这个颜色出发,于其间的空气中被传递,并在视觉感觉中被接受,特定质性能够表征这个颜色。"笛卡尔肯定知道圣保罗的尤斯塔的《哲学大全》,正如1641年12月22日给梅森的信(AT III, 470)所证明的。但是不清楚的是他对种相理论的负面批评是否涉及这部著作或者更早的著作(比如阿奎那的)。

12 1640年10月28日给梅森的信(AT III, 212)清楚地表明了这个论战的存在。在此信中他将形式视为纯粹的怪物,或者在1638年3月23日给西尔曼斯(Ciermans)的信中,他说到他被这个模糊的存在物给"吓坏了"。也请参看《光学》第一部分(AT VI, 85)以及1638年9月12日给梅森的信(AT II, 364; 367),在那里他认为形式乃是"一种我不认识的哲学存在物"。

绝了这个形式质料论的出发点：质料对象仅仅是组成它的物质粒子。这些物质粒子具有广延这个本质特性。[13] 不存在形式，也就是以任意方式与质料联结或者位于其中的东西。因此也不可能在认知过程中将形式从质料中分离出来并加以接受。诚然笛卡尔也承认物质粒子具有特定的结构。但是该结构由物质粒子的排列和运动进行规定，而不是由从物质中抽象出来的形式。如果被问及："是什么使得四边形的桌子是四边形的桌子而不是其他对象？"笛卡尔的回答是："是该对象的特定广延，它由物质粒子的排列而规定。"独立于该对象的具体物质粒子而去追问四边形性这个形式（或者结构原则），这是无意义的。同样无意义的是，在认识者方面去寻找一个应与对象的形式质性同一（qualitativ identisch）的四边形形式。

对于种相理论而言，形式质料论不管是在认识对象方面，还是在认知者方面，都具有关键意义。甚至认知者也是由质料和形式构成的，因而可以从两个方面对他进行描述：一方面作为拥有许多器官的身体，其中包括感知器官，另一方面作为灵魂。[14] 灵魂不是作为身体以外的一种特殊实体而存在，相反它是身体的生命与组织原则，而借助该原则，身体才能实现特定的功能。因而在亚里士多德主义模型中的认知者不是由两种实体构成的，而是一具能够执行特定功能的身体。[15] 当现在认知者被什么东西刺激时，那么只有一个实体被刺激了。这个过程可以从两方面进行描述：一方面身体以质料方式受刺激（光线投射到眼睛上），另一方面在特定功能（感知与认知能力）被激活中

---

13 参《哲学原理》第一部分，第52条（AT VIII-1, 24-25）。
14 这里我有意地使用了"灵魂"而不是"心灵"，因为根据亚里士多德-经院主义的模型，灵魂具有三种能力。心灵只是这三种能力之一，即理智能力。参 Thomas von Aquin, *Summa theologiae* I. q. 77, art. 2 (ed. Caramello 1952, 371)。
15 参《论灵魂》(*De anima* II, 1[412a27-28])中的经典定义。

受刺激(Affiziert-werden)。这并不是两个分离的过程，而是单一过程的两个方面。既然笛卡尔认为身体与心灵乃是两个实在地不同的实体，他便拒绝了这个观点，即作为唯一实体的认知者同时以两种方式被刺激。在作为质料实体的身体中，只存在物质刺激(光线投射到眼睛上)。在作为非质料实体的心灵中，只能存在非质料的被刺激(由观念的形成引发认知能力的激活)，如果这里还能谈论被刺激性的话。根据笛卡尔，要是认为唯一实体中存在具有两个方面(质料的与非质料的)的过程，那么就会犯错。既然身体与心灵是不同的实体，那么对于每个实体而言都必须存在对应的过程。尽管在这两种过程之间可能存在一种因果关联，但是它们还是不同的过程。

此外，笛卡尔对种相论的拒绝也与他对共相实在论(Universalienrealismus)的拒绝有关。因为该理论认为唯一形式可以存在于多个不同对象中。由此，四边形这个形式可以——以非质料的方式——于桌子中、书中或者在认知理智中现身。在理智中之所以能够通过种相实现对形式的接受，是因为存在唯一的形式，它能够以两种不同的方式同时存在于桌子和理智中。[16]因而，无须去问在理智中的形式是否真与那个在桌子中的形式一致。共相形式在桌子和理智中的同在保证了它们是同样的形式。

笛卡尔拒绝了此种共相实在论。他是这样解释共相论的：

> 为了思考所有彼此相似的个体，我们使用了同一个观念，唯由此才诞生了共相。[17]

---

[16] 然而种相理论(至少阿奎那所代表的那类)强调形式必须存在于对象中。阿奎那反对柏拉图的理解，即形式能够脱离对象而存在。参 *Summa theologiae* I, q. 85, art. 1 (ed. Caramello 1952, 416–417)。

[17] 《哲学原理》第一部分，第 59 条(AT VIII-1, 27)。

作为一个共相概念论者(Universalienkonzeptualist)，笛卡尔否认共相存于事物之中(in re)。并不存在四边形性这个共相形式，即质料地或者非质料地同时存在于不同存在物中的东西。更确切地说，存在个别四边形的对象，它们由它们的四边形性而彼此相似。只是因为物质粒子的排序，它们才有了四边形性，而不是因为共相形式。如果有人考察这些四边形的对象并且确定了其相似性，那么他就能获得关于四边形的观念。这个观念表征了在各个个别四边形对象中存在的四边形性。

上述论证澄清了笛卡尔对种相理论的拒绝是基于对两种形而上学理论的拒绝，而它们对于种相理论来说具有构建性意义：形式质料论以及共相实在论。只有当假设(a)形式能够从质料对象中分离出来且能被接受，(b)同一形式能够以不同方式在质料对象和认知者那里实例化时，才能认为认知者中的种相乃是被认知对象的摹写。既然笛卡尔不同意这两个假设，那么他就无法赞同种相理论。

除了这两个形而上学原因，还有一个是针对种相理论的物理假设。该理论认为所有通常被认为属于对象的属性，无差别地是实在属性。据此，热或者颜色像四边形一样，同样也是实在的属性。所有这些属性都可借助种相来认知。[18]笛卡尔则反对说，在实在的属性(几何的和运动的)和感觉属性之间必须明确作出区分。在认知对象那里不存在热或者颜色，只存在物质粒子，而它们能够通过造成关于热和颜色的感觉感知来刺激认知者。因而，如果有人认为认知者中的热和颜色是与对象中的热和颜色关联在一起的——或者甚至是质性同一的，

---

18 在阐述种相理论时，阿奎那甚至将关于感觉属性(热和白色)的知识当作典型案例来引用；参 *Summa theologiae* I, q. 78, art. 3 (ed. Caramello 1952, 379)。

第 6 节 图像与摹写

这是不恰当的。认知者中的热和颜色并无外在于心灵的对应物。[19] 由此笛卡尔强调,正如在第 5 节中已经详细讨论了的,关于热、颜色以及其他感觉属性的观念是质料错误的。它们当下化了不存在于心外对象中的属性,就好像它们真的存在于对象中那般。[20] 既然它们未当下化存于对象中的属性,那么它们也就无法成为对象中的某种东西的摹写。种相理论正是忽略了这一点,因为它天真地认为每个种相都摹写了某个真实存在于对象中的东西。

种相理论之所以失败,是因为它由错误的前提推论出了错误的结论。值得注意的是,笛卡尔的批评主要是针对这些前提的。他并没有直接攻击摹写观点(Abbildthese)(每个种相乃是对象属性的相似物),并且他没有批评摹写这个概念。他更多批评的是种相理论的形而上学和物理学前提。他的批评主要针对的是此种观点,即认知者能够从对象那里接受到某种东西。笛卡尔认为,此种观点混淆了认知对象与认知者之间的纯粹因果关系和认知者对认知对象的接收关系或者甚至同化关系。

在拒绝种相理论以及形式质料论这方面,笛卡尔与 17 世纪的许多同代人是一致的。霍布斯、伽森狄等也反对在认知过程中有一个形式从质料对象被释放出来进而被接受。虽然如此,这些作家们认为为了认识对象,摹写是必要的。伽森狄就认为当我们思考对象时,我们考察了关于对象的内在图像:

> 情况如下:只要我们思考人、太阳或者其他对象,我们就能

---

19 至少它没有事物(res)意义上的对应物。在质料对象中存在着特定潜能(参《哲学原理》第四部分,第 198 条;AT III-1, 322-323),但它不能被混淆为事物,即真实的属性。
20 参第三沉思(AT VII, 43)。

体察，这些对象向我们呈上了图像，也就是那些我们仿佛能够观察的图像。[21]

类似地，霍布斯也认为当他思考人时，他认识到了"由外形和颜色构成的观念或者图像"。[22]这幅图像自然不是什么非质料的东西，而是大脑中的质料存在物。由此可以将大脑类比为一面大画布，而图像就绘于其上。如果有人认识到一张四边形的棕色桌子——比喻性地讲——他将目光汇于这个内在的画布上，在这之上他看到了一张四边形的、棕色的桌子。这个"内在的"桌子在形式和形状上正好相应于物理的桌子，因而它便成了一个摹写。正如外在的桌子是四边形和棕色的那样，内在的桌子也是四边形和棕色的。摹写关系可作如下理解：对于被认识对象的每个属性 F，在内在图像上都会有一个属性 F' 被指派给它。

笛卡尔断然拒绝了此种摹写理论。虽然该理论的优点在于它放弃了诸如种相之类的神秘存在物，但是它过于狭隘了，因为它将观念与身体性图像等同了起来。正如在第 4 节中所讨论的，笛卡尔也假设了松果腺中的身体性图像。但是在那里首先谈论的不是字面意义上的图像或者摹写，而是基于感觉印象形成的代码。[23]其次，在形成观念时，此类代码并不总是可用的。如果有人去认识上帝、数学对象或者其他抽象的、非感觉可感知的对象，那么他就不再具有身体性图像。这些

21　《逻辑研究》(*Investivtio logica*) (ed. Lyon 1658, Bd. 1, 91) 前言。
22　第三反驳(AT VII, 179)。
23　笛卡尔虽然有时比喻性地将这些身体存在物叫作"图画"(peinture)，并且他说它们有着"某种相似性"。但是这里"相似性"这个表达应被理解为"归属"：对象中的每个被感知属性都有一个代码归属于它。这里不涉及严格意义上的相似性，因为在《光学》(AT VI, 130) 中，笛卡尔激烈地反对我们具有内在的眼睛，并且借助它我们能够感知到外部事物的摹写。

对象更多的是通过纯粹心灵观念而直接被认知。在这种情况下，认知者激活了本就潜在可用的概念（比如上帝的概念），而不需要去观察任何内在图像。笛卡尔认为，假如观念无异于对象的身体性摹写，就不再有关于上帝的观念了。[24] 因为上帝不是引发感觉印象的对象，而基于此种印象松果腺中的某个图像才得以生成。同样不可能的是关于真理的观念。因为"真理"这个抽象物如何能够生成感觉印象呢？既然它以某种方式摹写了外在的真理，关于真理的内在图像看起来又像什么呢？质料主义图像论的失败之处在于它天真地认为观念乃是外部对象的内部复制品。

支持质料主义图像论的人，通过坚持只存在关于通过身体被感知对象的观念，可以在此批评面前为自己辩护。不可能存在关于所有其他对象的观念。霍布斯认为严格来说不存在关于上帝的观念，[25] 因为上帝不是通过身体可感知的对象。只有运用因果律才能推论出上帝：所有通过身体作用于我们的对象必须有一个原因。这个原因又必须有一个原因等等，直到最终因。这个最终因它自身不再有原因，它就是上帝。

在未给出理由的情况下，笛卡尔生硬地拒绝了此种对关于上帝的知识以及关于非感觉可感知对象的其他知识的解释。[26] 他坚持关于非感觉可感知对象的观念也可以直接形成，进而拒绝了质料主义的图像论。如果考虑到《沉思集》的整个背景的话，我们可以更好地理解他的拒绝态度。因为《沉思集》的论证过程需要表明上帝以及其他非感觉可感知对象是可以不依赖我们的感觉印象而被认识的。倘若只有通

24　第二答辩（AT VII, 181）。
25　第三反驳（AT VII, 180）。
26　参第三答辩（AT VII, 181）。

过追问作用于我们的对象的原因，我们才能够推论出上帝的话，那么这些对象的存在及其对我们感觉的作用就总是已经预设了的。但是在第一沉思中这一预设已经被废除了。按照笛卡尔的假设，我们能够设想感觉可感知的对象不存在并且我们因此不拥有身体性观念。为了保证我们仍然能够获得知识，笛卡尔必须证明我们可以不依赖感觉印象，因而不依赖身体观念，来获得特定观念：关于自我和上帝的观念。第一沉思中的方法性怀疑也早就建议，观念不能被简单地局限于身体性的、通过感觉感知而来的观念。必须要有不依赖于身体性观念的知识之源。

另外还有一个论证反对那种把对象的身体性摹写和观念等同起来的质料主义图像论。倘若观念就是此种摹写，那么关于每个对象都只能有一个观念。因为在内在的图像中，每个属性 F 都恰好有一个属性 F' 分派给它。在第三沉思中笛卡尔对此展开了反驳：对同一对象可以有不同的观念。如果有人基于感觉感知形成了关于太阳的观念，那么他就有了一个关于尺寸微小的对象的观念。与此相反，如果有人基于天文学的考量形成了关于太阳的观念，那么他就有了一个关于尺寸巨大的对象的观念。[27] 因而，对于一个唯一的对象，可以存在两个不同的观念。

此论证澄清了在观念和对象之间不存在一一对应的指派关系。同一对象可以从不同视角以不同方式被表征。因而对于同一对象可以形成不同的观念，虽然是那些不摹写任何东西的观念。因为关于某个大的东西或者某个小的东西的观念并未摹写诸如对象中的巨大或者微小；大或者小只是关系属性。

27　参第三沉思(AT VII, 39)。

第 6 节　图像与摹写

质料主义的摹写理论对关于感觉可感知对象的观念而言并不具有有效性。因为观念由对象所引发这个事实还远未意味着每个对象恰好有一个观念作为摹写与之相应。因而笛卡尔认为：

> 最后：即使[这些观念]来自与我有别的对象，这也不使得这些观念必须与对象相似。[28]

毋庸置疑，该论证不仅仅针对质料主义的摹写理论，而且还针对每个给外部对象恰好指派一个内在摹写的摹写理论。某种东西（无论它是身体性的还是心灵性的本质）由外部对象引起这个事实，还远未意味着这种引起必须是摹写：因果理论并不强迫存在相似关系。同样地，如果有人用假设心灵摹写来替换身体摹写，那么他就必须向此种反驳低头。因为身体作用于心灵并引发特定刺激这个事实，还远未意味着作为对此的反应，心灵产生了一种心灵性摹写。心灵并未摹写对象，而是完成了一种动作，它指向对象并将对象当作内容。根据对象在特定情况下被给出方式的不同，它以不同方式存在于动作之中。

总结来说，笛卡尔详细讨论了历史背景中的两种摹写理论：种相理论与质料主义图像论。这两者都被他拒绝了，尽管原因不尽相同。对本节开头处提出的问题，也就是究竟应如何理解动作的内容，不能给出这个似是而非的回答：此内容乃是外部对象的内在（身体性的或者心灵性的）摹写。但是如果它不是摹写的话，后续该如何理解笛卡尔说观念"仿佛是对象的图像"呢？

现在"仿佛是图像"这个措辞可以这么理解：它强调的是观念

28　第三沉思（AT VII, 39）。

的意向性特征。正如图像总是关于某个东西的图像那般,观念也总是关于某个东西的观念。观念乃是心灵动作,它指向某个东西。正如图像(至少是现实主义风格的图像)总是关于某个东西的图像,它不依赖于这个"某个东西"是否存在,观念也总是关于某个东西的观念,它不依赖于这个"某个东西"是否存在。因而笛卡尔在对图像和观念进行对比之后直接引用了一个例子:关于人的、奇美拉的、天使的或者上帝的观念。[29] 正如图像能够再现人、奇美拉等,心灵动作也能指向这些对象并再现它们,在此,这些对象的本体论地位是无关紧要的。动作是否指向一个物质的、虚构的或者抽象的对象,这不重要。重要的只是它指向了某个东西且由此有一个内容。

当然总还是有一个问题没有解答:动作的内容究竟是什么?它是动作所指向的对象自身(比如有血有肉的人),一个外部对象的内部对应物,还是动作自身的特定面向?这些问题将在下一节中讨论。

---

29 第三沉思(AT VII, 37)。

第 7 节 观念的双重规定：动作与内容

目前已经证明观念不能理解为外部对象的内部摹写，而是只能理解为指向对象的心灵动作。眼下需要更准确研究的是意向性动作和对象之间的关系，以及这些动作如何能有一个内容。

通过关注"观念"一词的二意性，笛卡尔展开了对思维动作及对象关系的讨论：

> 但是我要说，在这里"观念"这个词有模棱两可的地方。从质料的角度来看，它可以被视为理智的活动，在这个意义上，不能说它比我更完满。另外，从客观的角度来看，它可以被视为由这个理智活动所表征的东西……[1]

为了准确区分"观念"一词的两种使用方式，在后文中我会使用观念$_m$（质料意义上的观念）和观念$_o$（客观意义上的观念）。首先我将分别讨论这两个方面，然后进一步探讨它们之间的相互关系。[2]

观念$_m$可以理解为理智的每个活动：感知、想象以及纯粹理解。[3]这个涵盖非常广泛的定义包括了理智的所有动作，无论它们指向什么东西。当我想象奇美拉或者理解三角形的定义时，和当我感知到桌子

1　《沉思集》前言（AT Ⅶ, 8）。
2　这个标记是我从查普尔那儿沿袭的（Chappell 1986）。但我与他的解释在主要观点上存在分歧，后续将澄清这一点（参脚注9）。
3　参《哲学原理》第一部分，第 32 条和第 66 条（AT Ⅷ-1, 17 & 32）。这里笛卡尔将感知（sentire）定义为理智的活动，而不是感觉器官。这个感觉感知构成了理智感知的起点，但是此处涉及的是两种不同的动作：第一种是身体性的，第二种是非身体性的。也请详细参看 Wilson 1991。

时一样，我都同样有一个观念$_m$，因为在三种情况下，我都完成了理智动作。笛卡尔将这些动作都总结为"觉知"(Perzeption)并且对立于意志的活动(比如渴望、拒绝)。理智与意志构成了心灵的两种能力。因为心灵从形而上学角度来说是一种实体，所以心灵的所有动作(不仅理智的动作还有意志动作)都是心灵的样态(Modi)。[4]

这个本体论规定有着关键性意义；因为存在于实体之中的以及由此依赖于实体的东西，相比于实体而言是要不完满一些的。因而笛卡尔认为从质料方面来看没有观念——那个指向上帝的观念也一样——是比心灵更为完满的。尽管上帝，也就是观念$_m$的对象，相比于思考着的心灵来说是更为完满的，但是观念$_m$作为依赖于心灵的样态，比起心灵是不完满的。心灵总是完成思维动作(或者至少在任何时间都能完成思维动作)，并且它总是由此而具有观念$_m$(或者至少在任何时间都能具有观念$_m$)。当然这不意味着它必须形成具有完全确定内容的思维动作。它可以拥有带这个或者那个内容的观念$_m$，也能够在不同时间具有同一类型的观念$_m$，并且甚至还能在同一时间拥有多个观念$_m$。[5]关键不是它有何种以及多少观念$_m$，而是它具有观念$_m$。

因为在任何时间都有新的观念$_m$形成，所以观念$_m$正是使心灵变样(modifiziert)的东西。它们规定了——比喻来说——心灵在特定时刻的形态。在此意义上，乍看之下令人惊讶的关于蜂蜡和心灵的对比

---

4 关于样态的定义，参《哲学原理》第一部分，第56条(AT VIII-1, 26)。在1642年6月给雷吉乌斯的信中，笛卡尔明确将观念称为"存在于人类心灵中的样态"(AT III, 566)。斯宾诺莎也正是在这个意义上使用"观念"一词的，并且坚决反对主张观念是某种心灵图像的观点。《伦理学》第二部分，第43命题(ed. Gebhardt 1925, 124)："当然，没有人能对这个东西有任何怀疑，除非他认为观念是一种无声的东西，就像画布上的一幅画，而不是一种思维方式，或者是理智自身。"

5 关于观念$_m$的同时存在，参《与布尔曼的谈话》(AT V, 150)。

（该对比存于笛卡尔写给梅兰[Mesland]的信中），就变得可以理解了。[6] 正如接受不同形状乃是蜂蜡的遭遇（Erleiden/une passion），接受这个或者那个观念也是心灵的遭遇。这些观念仿佛是被放在心灵之中，尽管是通过作用于感觉器官且在大脑中形成印象的对象。

这个对比令人惊讶之处在于，它十分接近亚里士多德关于心灵作为蜡盘的比喻。[7] 但是笛卡尔在这个对比中不是要去认为心灵在出生时便是白板（tabula rasa），而印象逐步刻印于其上。因为他认为心灵同样能够在没有感觉印象的情况下生成特定观念（比如说那些关于上帝的和关于数学对象的观念），所以他不是简单地重复了亚里士多德的说法。他这个对比针对的仅仅是观念$_m$，并且澄清了心灵在不同的时刻能够接受不同的观念，而在此意义上它是被动的。

与此相对，观念$_o$乃是由观念$_m$表征的对象。该对象具有何种独立于心灵的本体论地位，这并不重要，更关键的是它被表征了。观念$_o$可以是被表征的桌子、被表征的奇美拉或者被表征的天使。然而如何准确理解被表征的对象呢？

首先可以猜测说此处涉及的是心外对象的对应物。虽然该对应物不是在想象力中的身体性图像；正如在第6节中所澄清的，笛卡尔坚决反对此种质料主义观点。同样地，该对应物也不是心灵图像意义上的摹写。然而人们还能争论说观念$_o$乃是外部对象的心灵对应物（"类物"[Quasi-Sache][8] 或者心灵"代表"[Stellvertreter]）[9]。

---

6 参 1644 年 5 月 2 日的信（AT IV, 113-114）。
7 参《论灵魂》（De anima III, 4[429b31-430a2]）。
8 参 Kemmerling 1993a, 63。
9 Kenny 1968, 14: "但是对笛卡尔来说，存在于我心灵中的被思之物（res cogitata），当我所思的太阳并不是太阳自身，而是太阳的代表。" ibid. 16: "外部存在物被精神化入存在。"也请参看 Chappell 1986, 187。

乍看之下这个解释似乎正好符合笛卡尔的意图，因为他认为被表征对象客观地存在于理智中，[10] 而且他解释说"客观存在"就是对象在理智中通常所具有的那种存在。[11] 由此似乎要区分两种对象：一方面存在心外对象，它具有真实存在，而另一方面则存在心灵对象，它具有客观存在（objektives Sein）——作为心灵对象的存在。虽然相对于真实存在而言，客观存在是更不稳定的，因为它仅在心灵对象成为心灵的对象之时才属于心灵对象。但是客观存在是一种分明对象的存在形式。笛卡尔似乎说的正是这一点，他认为客观存在的存在模式虽然比起心外对象的存在要来得不完满些，但是即便如此它仍不是完全的无。[12]

然而此种解释，即通过对两种对象的区分来对"客观存在"进行解释，至少导致了四个疑难：

第一，这两个对象之间的关系是不清楚的。具有客观存在的对象似乎是一种心灵复制品（或者类对象［Quasi-Gegenstand］），虽然它比起具有现实存在的心外原型来说是更为苍白的，但是即便如此它还是存在的。然而，此处与在第6节中讨论的笛卡尔的基本观点相悖，即在观念与心外对象之间不存在相似性或者摹写关系。因为复制品无异于对原型的摹写。[13]

---

10 第三沉思（AT Ⅶ, 41）。也请参看第四答辩（AT Ⅶ, 233）。
11 第一答辩（AT Ⅶ, 102）。早在《沉思集》之前，笛卡尔就在《谈谈方法》拉丁语译本的边注中使用了"客观存在"这个表达（AT Ⅵ, 559）："注意，在这里以及后续中，观念这个词一般指的是所有被思之物，就其具有在理智中的某种客观存在而言。"
12 第三沉思（AT Ⅶ, 41）。也请参看第一答辩（AT Ⅶ, 103）。完满的和非完满的存在模式的区分明显与经院主义有相似之处，第8节中将进一步考察这个问题。
13 人们可以论证说观念必须只是内部代表（参肯尼在脚注9中的说法）；而且并不是每个代表都是摹写。然而这样一来总还是有个问题，也就是如果不存在相似性关系的话，是什么使得内部代表成为关于某个完全确定之物的代表。回溯到因果关系并不能回答这个问题，因为外部对象只引发了心灵动作（准确来说：它们通过特定动作的形成，激活了认知能力）。但是外部对象并未在动作之外额外引发内部代表。

第二个困难在于具有客观存在的类对象，它的本体论地位是未经澄清的。既然这个类对象显然不是外在于心灵存在的，那么它是以某种方式位于心灵之中吗？然而根据定义，心灵乃是非广延之物并且它只由实体及其样态——动作——构成。但是类对象并不是样态。有人可能会反驳说观念$_m$是样态；类对象无异于观念$_m$的内容；那么它们便是样态的内容。然而，笛卡尔并未在任何一处文本中将样态的任何内容作为分明的存在物(distinkte Entität)引入。并且，他根本没有引入第三种实体或者样态。[14] 此外，某种类对象如何能够存于依据定义不具有广延的心灵样态之中，这也是不清楚的。如何能够认为，一方面具有客观存在的对象乃是对象或者类对象，因而它必须具有广延，但是另一方面，它们又存在于心灵当中，由此不能够具有广延？如果人们回答说此处涉及的是一种特殊种类的不具有广延的对象，这是无济于事的。因为对于笛卡尔来说仅存在两种事物(res)：具有广延这个本质特性的身体对象以及具有思想这个本质特性的心灵对象。在类

---

14 一些在笛卡尔那里看到类对象理论的解读者也认识到了这个难题的存在。比如克默林就写道(Kemmerling 1993a, 88)："在其本体论中，关于'观念'这个概念，笛卡尔的意见是收缩性的：不存在第三种实体。但在其与之相关的心理学中，他区分了观念$_m$和观念$_o$。虽然在其本体论中不存在这种区分，但是从哲学上讲这个区分是不可或缺的。"为什么笛卡尔的心理学和本体论是如此分裂呢？在我看来，更为可取的是在其心理学中不存在这两种心灵存在物——动作和类对象——的实在的区分，这样一来在本体论中也不必区分两种不同的心灵存在物。据我所知，并不存在暗示这种区分的文本出处。笛卡尔的说法，即观念$_o$乃是客观存在于心灵中的对象，也能关系性地来理解，这将在后续中加以说明。字面的理解方式——在此涉及的是心灵中的对象——并不是唯一可能的方式。从本体论后果来看，甚至毋宁说它是不太可能的。克默林自己也指出了笛卡尔观念论的"唯名论观点"：与马勒伯朗士不同，笛卡尔规避了将观念$_o$明确地当作特殊存在物来引入。如果我们认真对待这个观点，那么我们不应该在其心理学中区分心灵中的两种存在物。我认为查普尔的解释(具有客观存在的对象乃是"抽象存在物")也是不令人满意的(参Chappell 1986, 194)。笛卡尔在心身存在物之外并未额外引入抽象存在物。如果我们将抽象存在物这个暗含的假设强加给他，那么我们就给他强加了一个柏拉图主义的立场，而这毋宁说是马勒伯朗士的标志性立场，正如乔利(Jolley 1990, 18)合理地指出的。

对象那里涉及的肯定不是思考着的对象(denkende Gegenstände)。

第三，将观念$_o$假设为心外对象的心灵对应物，那么这个解释并未给错误表征留出空间。假设我表征了一张桌子。根据这个解释，那么我在心灵中有了一个观念$_m$，而在其中观念$_o$(心灵中的桌子)以某种方式存在。现在显然只有两种可能性：要么我有这张心灵中的桌子，要么我没有——要么存在心灵对应物，要么没有。然而该如何解释我虽然表征了这张桌子，但并没有如其在实际中那般地将它表征为四边形的，而是错误地将它表征为了圆形的呢？或者该如何解释我将桌子表征为了一张棕色桌子，尽管根据笛卡尔的本体论，棕色这个颜色并不存在于桌子中，而只是存于我的感觉感知中？如果有人依据类对象来解释，那么他能给出两个回答：要么坚持存在唯一的类对象。那么就必须说明诸多属性是如何能够被赋予这个类对象的，以及这些属性的赋予如何能在必要时被修正(比如说当我认为桌子不是四边形的，以及当我由此将心灵中的四边形桌子修正为心灵中的圆形桌子)。要么，得承认存在许多类对象，它们对应于唯一的心外对象；据此就有类桌子$_1$(心灵中的四边形桌子)、类桌子$_2$(心灵中的圆形桌子)等。当我修正表征时，我将一个类对象替换为另一个。但是笛卡尔在解释表征的可修正性时，并没有依据这两个解释中的任何一个。他仅仅认为模糊的观念通过清楚分明的观念进行替换，以及当有清楚分明的观念时，对象就被正确表征了。[15] 为了获得清楚分明的观念，不必变动类对象的属性赋予，也不必将一个类对象与另一个进行置换。必要的只是，关于具有棕色属性的桌子的观念(虽是关于心外桌子的观念)替换为关于具有几何属性的桌子的观念(尽管还是关于心外桌子的观

---

15 关于清楚分明的观念的定义，参《哲学原理》第一部分，第43—45条(AT VIII-1, 21-22)；详参第18节。

念)。如果有人要去修正表征,那么修正的不是类对象的特性,而是心外对象自身在心灵动作中呈现的方式方法。

第四,如果考察更高层级的观念,那么最后一个问题就来了。假设我形成了一个关于卧室桌子的观念(= 观念$_1$)。然后我就有了在心灵中的桌子,而且我首先将我自己指向这张心灵中的桌子,而它以某种方式与心外桌子相应。然而当我形成了一个关于卧室桌子的观念的观念(观念$_2$)时,我指向的是什么?显然不再是心灵中的桌子,因为如果是这样的话,观念$_1$和观念$_2$就是同一的。这里存在两种可能性。(a)要么在观念$_2$的情况下,我指向了某种与心灵中的桌子相应的东西,就像我在观念$_1$的情况中指向了与心外对象相应的心灵中的桌子那般。但是我必须指向更高层级的心灵对象,而它有着无穷倒退的危险。对于每个更高层级的观念而言,必须预设一个相应的更高层级的心灵对象。(b)要么可以尝试避免无穷倒退,去主张我在观念$_2$的情况下并不指向心灵中的桌子,而是指向我在观念$_1$中完成的心灵动作。然而这样一来必须承认,此处并不与任意的一个动作相关,而是涉及那个我用来指向心灵中的桌子而非其他心灵对象的动作。我在观念$_2$中指向的东西,由此似乎就变成了指向心灵中桌子的动作。它是何种对象?它是两个对象的组合,即动作和心灵中的桌子,还是一个特殊的复杂对象?

要避免此种困难,我们可以建议"客观存在"的第二种解释,即笛卡尔没有谈论类对象或者心灵复制品,而仅是存在模式。[16]同一对象,当作为心外对象而被考察时,它具有实在的存在模式,而当作为被表征对象而被考察时,它具有客观的存在模式。比如说,当人们

---

16 在第三沉思(AT VII, 42)和第一答辩(AT VII, 103)中,他明确使用了"存在模式"(modus essendi)这个表达。

谈论在天上的太阳时，谈论的是它的实在存在（或者也是"形式存在"[17]）。相对地，当人们提到被表征的太阳时，谈论的是它的客观存在。客观存在不属于类对象，而属于对象自身，就其是心灵的对象而言。

因为客观存在乃是对象作为心灵的客体而具有的存在，所以心灵的活动是必需的。只有当心灵将思维动作指向太阳时，它才能成为心灵动作的对象。由此"在心中（或者在理智中）存在"可以解释为"作为理智动作的内容而存在"。虽然笛卡尔未明确谈到内容，但是他的说法，即太阳通过外在命名获得客观存在，[18]使人很容易想到这个解释。外在命名可以理解为对一种属性的命名，即对象基于与他物的关系而获得的属性。比如说一张桌子被称为"被看见的"，因为它被某人看见了。被看见这个属性，不存在于桌子之内，而是通过被看见这个动作而属于这张桌子。与此相反，内在命名是对此种属性的命名，即对象不依赖于与其他对象的关系而拥有的属性。桌子被称为"木头的"，因为它由木头构成，这不依赖于是否有人将动作指向桌子。[19]关键的是，外在命名基于与其他存在物的关系且这关系通过动作形成。基于外在命名，太阳获得了客观存在，因为它处在与其他存在物——心灵——的关系中。这个关系由思维动作形成。正如"桌子被看见"意味着"桌子是看这个动作的内容"那样，"太阳有客观存在"就是"太阳是思维动作的内容"。

---

17 参第一答辩（AT VII, 102）。
18 笛卡尔从卡特鲁斯（Caterus）那里沿用了经院主义的表达方式；参第一答辩（AT VII, 102）。
19 这个经院主义区分早在14世纪关于客观存在的讨论中就被使用了；参 Wilhelm von Alnwick, *Quaestiones disputatae de esse intelligibili*, q. 1（ed. Ledoux 1937, 15）。但在近代早期它也是很常见的；参 Stephan Chauvin, *Lexicon philosophicum*, 171-172。

第7节 观念的双重规定：动作与内容

但是针对这个解释依然可以反驳说：倘若实在的和客观的存在无异于心外对象的两种存在方式，那么人们可以基于对象在思维动作中以客观存在的方式被给予了这一事实马上推论出对象的存在。基于我有一个关于太阳的观念这个事实，我可以马上得出结论说太阳"自在地"(an sich)存在。但是这样的结论是不被允许的。第一沉思中的怀疑论证表明，在我无法就心外对象的存在提出论断时，我仍然可以有许多观念。我只能认为我有关于太阳的观念，并且我能描述太阳是如何在观念中向我呈现的。但是我没有理由认为太阳独立于我的观念存在，同样也没有理由认为它如其在观念中向我呈现的那般存在。太阳可能(由于梦或者恶魔的影响)只存在于我的观念中。这个回溯到单一对象的两种存在方式的解释，正是忽略了这一点。

这个反驳合理地指出了基于对象以客观存在的方式呈现这个事实，并不允许假定对象的实在存在。人们仅被允许推论出对象的可能存在。[20]而所有那些在自身中不包含任何矛盾的东西都具有可能存在。当我有一个关于太阳的观念时，我只能认为太阳(那个具有在观念中向我呈现的那些属性的太阳)的存在是可能的。因而笛卡尔在他的正式定义中强调，观念的客观实在性只包含了被表征对象的存在。

> 我将观念的客观实在性理解为由观念所表征对象的存在，也即就其存在于观念中而言。[21]

关于太阳的观念的客观实在性仅包含了太阳的"存在"，但是不包含

---

20 参第二答辩(AT VII, 163)。在这里笛卡尔强调只有在关于上帝的观念那里，才能推论出必然存在。
21 第二答辩(AT VII, 161)。

现实存在着的太阳。难道笛卡尔在这个观点中没有承认太阳的心灵复制品是必需的吗?难道没有必要在真实存在的太阳和可能存在的太阳(太阳的单纯"存在")之间作出严格区分吗?

当然这里必须准确区分真实存在与可能存在。但是这个区分并未暗示两种对象的实在的区分。它更多地暗示了在对象的本质(essentia)与存在(existentia)之间的区分。笛卡尔明确认为观念表征了对象的本质:

> 观念表征了对象的本质,而当观念被添加了什么东西或被拿走什么东西的时候,它马上就变成了关于其他对象的观念了。[22]

关于太阳的观念表征了太阳的本质,而这个本质就是由太阳的定义所表达的。[23]当我现在有一个关于太阳的观念,那么我可以认为:"我的思维动作指向某个从定义上来说是在发光的天体的东西。"倘若我给关于太阳的观念添加某些东西,并且(举个例子)我认为"我的思维动作指向某个从定义上来说是在发光的深蓝色天体的东西",那么我

---

22 第五答辩(AT VII, 371):"Idea enim repraesentat rei essentiam, cui si quid addatur, aut detrahatur, protinus fit alterius rei idea." 英语版译者(Cottingham/Stoothoff/Murdoch 1984, 256)将此处翻译为:"An idea represents the essence of a thing, and if anything is added to or taken away from the essence, then the idea automatically becomes the idea of something else." 在我看来"cui"指的是"idea",而不是"essentiam"。因为笛卡尔不太可能认为本质能被改变。本质就其本性(in natura)而言由上帝创造而产生。人们仅能改变关于本质的观念,但不能改变本质本身。

23 这是本质(essentia)的经典转述。Thomas von Aquin, *De ente et essentia*, cap. 2 (ed. Roland-Gosselin 1948, 7):"从之前谈论的可以得知,本质乃是由事物的定义所表明的。"类似的转述存在于圣保罗的尤斯塔和苏亚雷斯(参 Gilson 1912, 104-106)。显然,笛卡尔承续了这个传统观点,因为在第三答辩(AT VII, 194)中,他简述道:"每个人都知道本质与存在的区分。"在《哲学原理》第一部分,第16条(AT VIII-1, 10)中,他不加说明地写道:"但在其他事物那里我们已经形成了区分本质与存在的习惯。"

第7节 观念的双重规定：动作与内容

的观念马上就指向了另一个对象——指向那个根据定义来说是"深蓝色的、在发光的天体"。但是我不能认为由此定义规定的某种东西存在。我有可能只是在想象那个根据定义是"在发光的天体"，正如我能想象那个根据定义是"深蓝色的、在发光的球体"那般。

至于该如何理解对象的客观存在，现在也能给出一个回答：它可以理解为对象所具有的那种存在，只要对象连带着它的本质（而非连带着它的现实存在）一起成为心灵动作的客体。[24]对象的本质正是由它的定义所表达的。

这个解释能解决这个在引入"客观存在"这个说法时提出的问题吗？因为笛卡尔似乎想用它来假设与心外对象不同的心灵对象。本质和存在之间的区分似乎还加强了这个可能性：本质正是客观存在于心灵中的东西。与此相反，存在着的对象乃是外在于心灵的东西。[25]那么心灵中的这一本质究竟是什么呢？还有它与心外存在的对象之间的关系是什么呢？

这一设问基于一个假设，即本质与存在的区分乃是内在与外在对象的区分。但是正如笛卡尔在他与布尔曼的对话中所澄清的，这个假设恰恰是错误的。本质并不是内部对象，它在存在着的对象之外并无一种特殊形式的存在，而且存在着的对象也不是与本质有别的外部对象。更确切地来说：

24　需要注意的是，笛卡尔在术语上仔细区分了"客观存在"（esse objective）和"客观实在性"（realitas objectiva）。客观存在属于对象（Gegenstand），就其为心灵动作的客体（Objekt）而言。比如太阳作为动作的客体具有客观存在（第一答辩；AT VII, 102）。与此相反，客观实在性属于心灵动作（观念$_m$），就其将对象当作客体而言（第三沉思；AT VII, 40-41）。这个术语上的区分表明，动作-客体关系可以从客体（具有客观存在）角度或者从动作（具有客观实在性）角度来考察。

25　给匿名人的信，未标明日期（AT IV, 350）："我们将本质理解为一种东西，如其客观地存在于理智中，而将存在理解为同一种东西，如其外在于理智存在。"

……在存在之前没有本质；因为存在无异于存在着的本质……²⁶

在这简短的文字中隐藏着一个亚里士多德-经院主义的复杂理论，而笛卡尔显然是承续了该理论的。这个理论由"什么是 x"这个问题出发，并且尝试系统化对这个问题的回答。我们可以指着一张椅子，然后问："这是什么？"这个问题至少可以通过两种方式来理解。一方面可以理解为，它指向具体的、摆在我们面前的椅子。那么回答就是："这是一个木制的、大约 100 厘米高且 3 公斤重的对象。"但是另一方面可以理解为，它指向椅子的功能，针对使得椅子成为椅子而不是其他对象的东西。那么回答便是："这是一个坐具。"第一个回答探讨的是在具体存在中的椅子，与此相对，第二个回答探讨的是椅子的本质。那么这意味着这两个回答指称两个不同的对象吗？不，当然不是。只存在唯一的椅子，[不过]它能以两种方式被描述。存在着的椅子无异于那种本质，即在木制的、大约 100 厘米高且 3 公斤重的对象中显现自身的本质。²⁷

笛卡尔关于存在就是存在着的本质这个论述，应在拒绝存在与本质有实在区分的这个理论语境中来理解。²⁸存在着的椅子不是在椅子本质之外的第二张椅子，而只是在具体的木质对象中展现出来的本质。但是由于不再像中世纪的亚里士多德主义者那般基于形式质料论对本质进行规定，笛卡尔与经院传统划清了界限。他不认为质料对象

---

26 《与布尔曼的谈话》(AT V, 164)。
27 在经院主义术语中这意味着：存在乃是现实化了的本质。参 Wippel 1982, 394ff（他给出了详细的证明）以及 Gilson 1912, 106。
28 这个理论主要可追溯到托马斯·阿奎那并且一直传播至 17 世纪。笛卡尔可能通过苏亚雷斯了解到了它（参 Gilson 1912, 105）。

的本质是由它的实体形式规定的。更确切地说，他依据的是质料对象的广延。椅子的本质无异于特定的质料广延（也就是特定的长宽高），也就是那个对于坐具来说必要的质料广延。[29]

尽管在对象的本质和存在着的对象之间不存在实在的区分，但是一种特定的区别还是必要的。因为即使我们面前并没有椅子，我们也能够回答"什么是椅子"这个问题。在这种情况下，我们只会说"椅子乃是具有那种对于坐具来说必要的质料广延的东西"，而我们无须详细说明何种具体对象展现了这个广延。我们仅仅指的是椅子的本质。我们甚至无须回答这个问题，即当下究竟存不存在一个展现了椅子本质的具体对象。关键只在于我们把握到了本质。[30]

我们必须要把对本质的思考（或者照语言哲学的说法：对本质的指称）与对存在的思考区分开。这一要求显然来自上文引述的笛卡尔关于本质与存在的言论所涉及的背景。当谈到中世纪语言哲学的典型案例时，他这样回复布尔曼：尽管玫瑰的本质和存在着的玫瑰不能区分为两种不同的东西，但是人们可以把对玫瑰本质的思考和对存在着的玫瑰的思考区分开。[31] 由此，笛卡尔延续了一种中世纪的解释，它可以追溯到阿伯拉尔（Abaelard）。经院主义作家们认为一个语言表达可以基于不同的语义功能以不同方式指称一个对象。因此"玫瑰"这个表达基于其自身的说明（significatio）就刻画了玫瑰的本质，无论

29　参《哲学原理》第一部分，第53条（AT VIII-1, 25）。
30　需要强调的是，我们首先只把握本质。威尔逊（Wilson 1994, 40）合理地强调说，某人能够知道关于对象的所有可能之事，而无须知道它的存在。但是这个事实并不像威尔逊所认为的那样支持"感知纱幕"（veil-of-perception）的观点，即支持直接被呈现的对象区别于存在着的对象这个观点。毋宁说，这个事实支持的是（也适用于笛卡尔自己）本质与存在的区分：某人能够知道关于对象本质的一切，而无须从本质上知道对象的存在。从存在两种知识这个事实并不能推论出必须存在两种对象。
31　《与布尔曼的谈话》（AT V, 164; ed. Arndt 1982, 54）。这里我沿用阿恩特（Arndt）的"at solum distingui"，与AT版的"ut solent distingui"相比，它要可信得多。

当下是否存在玫瑰；与此相对，基于它的称呼（appellatio），这个表达又给一朵存在着的玫瑰命名。³² 关键在于"玫瑰"在这两种情况下都未指称两个不同的对象。更确切地说，这个表达以不同方式指称了同一个对象，即玫瑰。笛卡尔将这个语言哲学的区分应用在了自己关于思想的理论上，并且认为人们可以用一种思想以不同方式指称一个对象：要么以指称 x 的本质的方式，要么以指称存在着的 x 的方式。因而不可以仅仅注意指称的是何者（worauf），还要注意指称的方式（wie）。

当笛卡尔认为思维动作指向对象的本质时，这说的不是思维动作指向一个内部对象。思维动作指向一种本质，这个本质总是能够在某个存在着的具体对象中展现。这里关键的是必须仔细区分两个问题：（1）思维动作指向何者？（2）思维动作所指向的东西是否具有现实的而不是单纯可能的存在？第一个问题可以通过说明对象的本质进行回答。与此相对，第二个问题可以如下进行回答，即首先证明对象的存在，其次说明这个对象如何引发思维动作。³³

对象的本质并不意味着与心外对象有别的内部对象，针对这一点，观念论视角下的上帝存在证明可以澄清。笛卡尔论证的目标在于体现出具有极大客观实在性的上帝本质，以使得上帝的存在无法再被怀疑。这里我们不讨论这个论证的确切结构和可靠性。关键只在于这个一般性论证方向。笛卡尔并不认为由"内部的"上帝可以推论出"外部的"上帝，并且他也没认为在这两个存在物之间存在着某种关

---

32 关于这个语言哲学上的区分的产生，参 De Rijk 1967, 190-199。从 13 世纪起，说明（significatio）就与假设（suppositio）（"代表"对象）对立了。题为"术语的所有权"（proprietates terminorum）的对不同语义功能的讨论一直持续到现代。

33 通过首先证明上帝存在，其次表明上帝创造了每个对象并且将其维持在存在中，笛卡尔给出了这个存在证明。而关于思维动作的引发，他则是在身心互动理论框架下解释的。当然这两个步骤都存在许多文本，但此处不作讨论。

第7节 观念的双重规定：动作与内容

系。更确切地说，他认为在上帝观念这里，本质与存在间具有一种完全特定的联结。当我们拥有任意被造物观念时，我们只知晓在心灵动作中所呈现的对象本质具有可能的存在。与此相反，当我们拥有关于上帝的观念时，我们马上就能知道在心灵动作中呈现的本质具有必然的存在。[34]

然而抛弃内部对象的解释似乎并不符合那些文本，在那里笛卡尔强调了具有客观存在的对象存在于理智中。它似乎尤其与笛卡尔对卡特鲁斯反驳的回答不符。卡特鲁斯认为"客观地存在于理智中"这个说法应直接理解为"确定理智动作的终点或者目标点"。在动作的外部指向以外不存在任何其他东西。因而所谓的具有客观存在的对象严格来说什么也不是，它并非什么特殊存在物。[35] 针对这个反驳，笛卡尔答复道，在这里他并不将客观存在简单理解为确定心灵动作的目标。更确切地来说，"客观地存在于理智中"意味着：

> ……以那种方式存在于理智中，也就是以客体通常存在于理智中的方式，就如太阳的观念是存在于理智中的太阳自身，虽然不是像太阳在天上那般形式地存在，而是客观地存在，也就是对象通常在理智中存在的方式。[36]

这里难道没有明确证明被表征对象是心灵中的特殊对象，而且它必须与心外对象区分开来吗？[但]这个结论并不是无可反驳的。笛卡尔

---

34 参《哲学原理》第一部分，第14条(AT VIII-1, 10)。
35 第一反驳(AT VII, 92)。
36 第一答辩(AT VII, 102-103)。

认为太阳自身(sol ipse)客观存在于理智中。[37]也就是说他没有将心外太阳和心内太阳进行对比。毋宁说，他对比的是两种考察方式：太阳要么只能如其为理智的客体那般被考察，要么它可以如其在天上出现那般被考察。对同一个太阳的两种考察方式的区分并不暗示对两个不同太阳的区分。[38]

但是笛卡尔为什么认为当太阳的本质不是心灵的对象时，被表征的太阳却存在于理智中呢？他的意思其实是太阳的本质通过心灵动作而被表征，而动作当然是存在于理智中的。倘若要孤立地、脱离每个心灵活动去考察被表征的本质，这是无意义的。但这并不意味着本质在字面意义上存在于心灵中。"存在于理智中"这里应被理解为"作为客体呈现给理智"。通过对观念和图像的如下对比也能进一步澄清这个解释。[39]（毫无疑问需要强调的是，这个对比不能被理解为观念和图像的等同。正如在第6节中所详细讨论的，观念仿佛是对象的图像。）

在观察图像时，比如说关于凯撒的油画，人们可以问：在这幅图里能看到什么？显而易见的答案自然是：凯撒。确实，我们甚至能说凯撒存在于这幅图像里。这难道意味着严格来说我们只能看到图像里

---

[37] 也请参看本节脚注25，在那里笛卡尔认为理智中的对象本质和外在于理智的存在着的对象乃是同一个对象。

[38] 此处也可以这么理解，即笛卡尔虽然区分了心灵的太阳和心外的太阳，但是他以亚里士多德主义的方式认为此处涉及的是同一个东西：认知者通过认知动作非质料地接受了太阳并且他将它拥有在他那里，正如其在天上存在那般。这样的解释存在于 Lennon 1993, 214-125。但是在我看来，这个解释是不恰当的，因为它预设了亚里士多德主义的形式质料论。这样一来，人们只能认为太阳同时存在于心灵和外在于心灵存在，如果人们认为太阳具有一个一般性的形式的话，它实例化于心灵中和心灵之外。但是笛卡尔不仅拒绝了亚里士多德主义的形式理论，也拒绝了实例化的共相理论。

[39] 在1642年6月给雷吉乌斯的信中(AT VIII, 565)，笛卡尔自己给出了与图像的对比且区分了两个方面，我将在后续中加以解释。

的凯撒，而它必须要与图外的凯撒区分开来吗？这个问题有两个可能的回答。当我们将图像里的凯撒直接理解为一幅物质图像（在画布上以特定方式排列的油画颜料），那么我们当然必须将图像中的凯撒与图外的凯撒进行区分，因为真实的凯撒并不是画布上油画颜料的组合，而是有血有肉的人。但当我们将图像里的凯撒理解为图像的内容（在图像中描绘的、直接可见的东西）时，那么我们不必区分两个凯撒。我们可以说我们在图像里直接看到了凯撒。从这个意义上说，这幅图像没有表征（repräsentieren）凯撒，毋宁说它呈现（präsentieren）凯撒：通过油画颜料的特定排列，它如其所是地表现了凯撒。同样地，我们也可以认为，关于太阳的观念严格来说没有表征太阳，而是呈现了太阳：通过具有特定结构的思维动作，太阳如其呈现的那般向心灵当下化了。[40] 被当下化的是太阳自身，而不是心灵复制品。虽然我们能谈论心灵中的太阳，但是我们指的不是第二个太阳，我们要么指的是呈现太阳的思维动作，它通过特殊的结构跟其他思维动作区分开来，要么指的是被呈现的太阳。[41]

当然我们不能基于凯撒在这幅图像中被描绘这个事实，认为他也是真实存在的（或者存在过）。我们只有特定的历史文件，而它们使

---

[40] 当然，太阳也有可能未如其现实所是般被呈现，即（a）当心灵并未领会太阳的本质（比如当它领会了月亮的本质并错误地将它当成了太阳的本质），或者（b）当心灵错误地给本质添加了某种只存在于感觉感知中的东西（比如当它错误地将诸如热或颜色之类的属性赋予了太阳的本质）。在这两种情况下，由于太阳自身——而不是太阳的内部摹写——被不正确地呈现，导致了错误的产生。

[41] 关键的是我们能够谈论心灵中的太阳，而无须给出一个强本体论假设（即假设第二个太阳）。在我看来，笛卡尔立场的精妙之处在于它规避了这样的假设。虽然人们能够谈论图像中的凯撒或者心灵中的太阳，但是并未由此承担本体论义务。图像中的凯撒无异于如此这般结构化了的颜料，而心灵中的太阳无异于如此这般结构化了的思维动作。倘若人们将图像中的凯撒和心灵中的太阳当作第三者来引入，那么人们必须在本体论中给予它们一个位置。但是笛卡尔并未这么做，他在他的心灵本体论中仅接受了实体及其样态。

我们相信凯撒真的存在过。但是也可能存在一种情况，即突然有其他文件被发现，而它们明确地证明了凯撒只是一个虚构的人物。尽管凯撒在图像中直接向我们呈现，但是我们不能断言他的现实存在，而仅仅能断言他的可能存在。可作类比的是：当太阳在一个具有特定结构的思维动作中向我们呈现时，我们不能断言太阳的真实存在。尽管我们具有使我们推论出现实存在的特定感觉印象，但是我们的感觉印象也能是由恶魔引起的，而且太阳可能被证明不是现实存在的。尽管太阳在思维动作中直接向我们呈现，但是我们不能断言它的真实存在，而仅仅能断言它的可能存在。当然由此不能得出结论说，我们在之后也不能断言它的真实存在。但是只有在证明了正是现实存在的太阳引发了我们的动作时，这才是合理的。关于这个证明，我们需要反驳恶魔假说，也就是证明不是恶魔而是现实存在的太阳引起了我们的动作。

顽固的批评者可能会反驳说：但是当我观察这幅油画时，我指向的仅仅是图像里的凯撒，这难道不可能吗？但是为了完成这种指向，我必须区分图像中的凯撒和图像外的凯撒。难道我不能以类似的方式专注于太阳，就像它在观念中向我呈现的那般？对此我还是必须区分心灵中的太阳和那个心外的太阳。

当然只专注于某物如何被描画或者被当下化，这是可能的。我们可以站在油画前说：我们暂时不去考虑这幅油画呈现了什么，然后只专注于这个对象是如何被呈现的。让我们专注于油画颜料是如何排列的。类似地，我们也可以不去考虑在心灵动作中呈现了何种对象，而只注意它是如何呈现的。我们可以专注于我们心灵动作的结构，正如我们专注于油画颜料的结构那般。但是为了这个目的，我们要完成一个特别的动作。我们不再指向该动作直接呈现的东西，而是以特殊的

第7节 观念的双重规定：动作与内容

动作专注于这个直接被呈现东西的被呈现方式。但是就算这样我们也不是指向一个特别的心灵对象，而是指向具有如此这般结构化了的思维动作。

总结来说，观念总是包含两个方面：思维动作（观念$_m$）和内容或者该动作表征的内容（观念$_o$）。内容就是在心灵动作中呈现的对象。拥有一个关于 x 的观念意味着思维动作指向 x 且 x 由此成为理智的客体。对此不需要摹写和心灵的类对象，因为 x 本身就是理智的客体。诚然并不是真实存在着的 x 成了心灵的客体，而是 x 的本质成了心灵的客体。

肯尼认为观念作为心灵的动作和对象这个双重规定有着致命的后果，因为笛卡尔总是在动作理论和对象理论之间摇摆。[42]我并不赞同这个负面评价。此处涉及的不是两个不同的或者完全对立的理论，而是两个紧密关联的方面，这也是笛卡尔在保持理论一贯性的前提下解释过的。尽管他确实经常只提及这两个方面中的一方面，而不明确指出涉及的是哪一个方面。[43]但是这两个方面互为补充。如果有人完成了一个思维动作（也就是具有观念$_m$），那么他总是将这个动作指向某个东西并且由此也确定了动作的内容；根据定义，思考是对什么东西的思考。而反过来可以说：如果有人将对象的本质作为思维动作的内容（也就是具有观念$_o$），那么他总是需要一个动作，通过它或者在它

42　参 Kenny 1968, 125。
43　缺乏区分有时也会产生模糊性。比如，笛卡尔在第三沉思（AT VII, 37）中认为：这里"观念"可以以两种方式来理解。(a)如果观念被视为单纯的动作，那么它不能为真或为假；因为动作[只]在此意义上为真，即当它实际上被完成时。不论我现在是在思考现实存在着的抑或是虚构的对象，在这两种情况下我都实际上完成了思维动作。(b)但是我也可以将观念理解为动作的内容。因为我现在是否在思考山羊或者奇美拉，在第一种情况下内容——我表征的对象——确实是山羊，而在第二种情况下它确实是奇美拉。只有当我额外地作出存在判断时，例如我认为"我思考奇美拉并且这个对象具有实际存在"，错误才会出现。

之内对象得以呈现；因为被呈现的或者被表征的东西，总是通过某个东西被表征的。

但是顽固的批评者针对这个论断总还能提出如下反驳：观念确实就是指向对象——在通常情况下指向质料对象——的思维动作，并且表征（或者更恰当的：呈现）这个对象。当思维动作的内容被理解为它的直接客体时，那么事实上对象就是动作的内容。但是在此内容以外，人们必须考虑到另外一类内容，即动作独立于它所指向的对象而自在地（an sich）具有的内容。重要的正是这第二种内容。因为有一个问题与它相关：当笛卡尔认为沉思者可以专注于动作不依赖外部对象而自在地呈现的东西时，难道他没有在怀疑处境中引入心灵客体吗？

这个反驳合理地指出了在对动作内容进行分析时，需要考虑到动作的一种特殊成分，并且它不能简单地等同于动作的客体。但是由这个论断出发引出一个强本体论观点，即这个额外成分必须是一个特殊存在物——心灵的客体，就不是合理的了。这可以借之前的动作和油画的对比进行澄清：即使在油画中被描绘的凯撒也许从未存在过，并且即使我们不考虑他的存在，还是存在着某种使得这幅油画自在地成为关于凯撒的油画的东西。这个东西是什么呢？人们可以回答说，就是图像中的凯撒。这个回答是正确的，只要它仅被理解为颜料的特殊排列；因为从本体论角度来看，在这些颜料以外不存在叫作"图像中的凯撒"的特殊存在物。这里必须得谨慎，基于对油画特定成分或者特定方面的描述，并不能仓促地给出本体论推论。如果问到什么使得这个自在的动作成了关于某个特定对象的动作，可以这么回答：这个特定成分或者特定方面仅仅是思维动作的结构，而不是作为特殊存在物的心灵对象。这里不能仓促地给出本体论推论。在笛卡尔的本体论中，除了心灵实体和它的样态，没有给特殊心灵存在物留有空间。

还有一个反驳是：基于笛卡尔对本质和存在的区分，目前的详细讨论表明，(i)对象的本质由思维动作所呈现，以及(ii)这个本质在存在着的对象中显现出来。这两个假设似乎在一些情况下是正确的，但肯定不是在所有情况下都成立。因为我们可以想到很多东西，它们要么不属于对象的本质，要么虽属于本质，却不在存在着的对象中显现出来。当我们思考热的或者有颜色的东西时，就是第一种情况。这是笛卡尔物理学的核心命题，即热或者颜色不属于质料对象的本质，但即便如此，热或者颜色依然可以成为思维动作的客体。当我们想到千边形时，则是第二种情况。因为或许在整个世界上都没有一个千边形，即便如此，我们可以通过对几何的考量把握千边形的本质。这两个例子表明如下观点并不具有普遍有效性：观念是以对象的本质(也包括在存在着的对象中显现出来的本质)为内容的思维动作。

这个反驳合理地指出了目前的解释只适用于一部分情况。思维动作以对象的本质(在存在着的对象中显现出来的本质)作为内容这个论点，事实上只适用于简单的案例，比如桌子的观念和太阳的观念。在反驳中提到的特殊情况必须加以区别对待。然而我们必须考虑到的这些特殊情况，它们并没有使得主要观点站不住脚。相反：笛卡尔的方法的特点在于，他首先从正常情况出发，在这些情况下思维动作将对象的本质作为内容。正常情况的典型案例，一方面是关于上帝的观念(具有必然存在的本质)，而另一方面是诸如关于太阳的观念之类的关于质料对象的观念(具有可能存在的本质)。然后笛卡尔制定了标准，借此来判别是否真的处于正常情况。主要的标准是清楚和分明：只有当观念清楚和分明的时候，它才表征了对象的本质。因而不能仓促地假设每个观念都满足了这个条件。比如关于热或者颜色的观念就不是清楚分明的,正如笛卡尔所强调的。[44] 他的主要诉求之一恰恰在于,我们必须验证观念,好将清楚分明的东西和模糊混乱的东西区分开来。

我们也不可以仓促地假设每个思维动作都具有一个作为内容的、在现存对象中显现着的本质。因为正如千边形这个例子所表明的,这个假设在一些情况下不适用;数学客体也有本质,即使它们没有质料存在。此外,笛卡尔在第五沉思中引入的那些情况也描绘了正常情况之外的情形,它们亟须区别对待。在这些情况中存在一个问题,即对象的本质和其存在的关系是什么。在思维动作方面也有类似的问题,即将虚构对象作为内容的思维动作;因为这些对象显然没有质料存在。然而无论这些特殊情况如何重要和有意思,[45] 它们都不能使得笛卡尔在正常情况中所持的一般性的观点站不住脚。它们只是表明,一般性的观点有时必须加以修正或者限制。它们指出了对不同种类的观念进行区分及区别对待的重要性。本研究的第二部分将致力于这个工作。

---

44 参第三沉思(AT VII, 43-44)。
45 我将在第 12 和 13 节讨论这个问题。

第8节 动作与内容：经院主义的讨论背景

正如之前章节的文本分析所表明的，对于"什么是观念"这个问题不存在简单的答案，因为笛卡尔在双重意义上使用"观念"这个词。观念一方面是心灵动作，一方面却也是动作的内容：某种使得动作是关于某个东西的动作的东西。如果要问这个内容准确来说究竟是什么，从笛卡尔那里能获得的只有这个答案：内容乃是由动作所表征的对象。但是相对于未被表征对象，这个被表征对象是什么呢？我的解释旨在将笛卡尔的回答理解作一种关系性规定：被表征对象不是未被表征对象的复制品，而只是如其向理智呈现那般的对象。因此"客观存在于理智中"应该理解为"作为对象向理智呈现"或者"理智地呈现的"（kognitiv präsent sein）。字面意义上存在于理智中的东西只是动作本身（心灵的样态），它具有特定的结构且由此与其他动作区分开来。

现在我想通过深入经院主义的对话语境来进一步阐明我的解释。正是在这个语境中，笛卡尔发展了关于动作内容的规定。在此，我将限定于考察 14 世纪早期的那些作者，客观存在（esse obiectivum）的理论就是在他们那里萌芽的。当然在这个选择中，我只顾及了中世纪广泛争论中的一个片段。许多概念史的成果已经表明笛卡尔延续了这些争论，并且他的观念论不仅在术语上而且在内容上都必须在经院主义的语境中进行理解。[1]然而去谈论一种统一的经院主义理论，这从历史

---

[1] 克罗宁（Cronin 1966）和韦尔斯（Wells 1990）主要专注于苏亚雷斯，但也考虑到了科英布拉江疏和圣保罗的尤斯塔。利布施（Kubusch 1987, 79-214）探讨了 14 世纪中司各脱理论的接受程度。诺莫尔（Normore 1986）也讨论了 14 世纪的一些作者。但是并未有评论者详细讨论了纳塔利斯（Hervaeus Natalis），我将在后续中呈他的富有影响力的理论。

101 角度来看是不可行的；直到 17 世纪仍活跃着的托马斯主义、司各脱主义和奥卡姆主义之间有着显著的差别。笛卡尔参照了哪位作者，这是无法准确断定的。尽管他曾提到他很熟悉苏亚雷斯的学说（苏亚雷斯则参照了更早期的作家，主要是邓·司各脱），[2] 但是没有说明他所使用的"客观存在"这个术语的来源。因而我的目标不是准确介绍那些笛卡尔使用过的文本。毋宁说，我的目标在于表明，如果人们更为细致地考察这个术语的来源，"客观存在"应该在关系性规定这个意义上来理解。

中世纪的争论主要开始于邓·司各脱。在其《格言录》(*Sentenzen-kommentar*)中他详细讨论了这个问题，即当有人完成认识动作时，他（首先是上帝，其次是人）究竟认识了什么。[3] 司各脱给出了两个重复出现的答案：一个主张认识客体(Erkenntnisobjekt)就是存在着的可感客体，也就是具有实际存在(esse existentiae)的对象。但是这个回答显然是不令人满意的，因为它没有考虑到我们也能认识许多不可感知的（比如一块并不在场的石头）或者完全不具有物质实存的客体（比如奇美拉）。另一个则认为认识客体乃是永恒的、不变的本质，也就是具有所谓本质存在(esse essentiae)的对象。这个回答的优点在于它也能解释关于不可感知的或者不存在对象的知识（即使可感知的石头并不在场且不存在唯一的石头，依然有石头的可认识本质），然而它的

---

2 参第四答辩(AT VII, 235)。然而这个援引并不直接涉及客观存在问题，而涉及观念的质料错误问题。

3 参 *Ordinatio* I, dist. 36, q. u., nn. 26ff. (ed. Vaticana VI, 281ff.) 以及 *Lectura* I, dist. 36, q. u., nn. 23ff. (ed. Vaticana XVII, 468ff.)。我的介绍主要基于 *Ordinatio* 中的论述，也就是司各脱大概写于 1300 年和 1304 年间的著作。对讨论背景的详细介绍参见 Tachau 1988(第一部分)，Perler 1994a, 1994b(引言)。需要注意的是，司各脱主要研究了这个问题，即什么是上帝的认知动作的客体。但是他强调人类的认识可类比于上帝的认识；参 *Ordinatio* I, dist. 36, q. u., nn. 28-29 (ed. Vaticana VI, 281-282)。

第 8 节　动作与内容：经院主义的讨论背景

出发点是一个站不住脚的形而上假设。因为它认为本质乃是独立于质料对象存在且可不依赖于这个对象而被认识的东西。这样极端的柏拉图立场对于司各脱而言有着不可接受的后果，即我们在认识动作中完全没有通向质料对象的渠道，而只是通向某种我们借助上帝的启示而分有的本质。[4]

如果认识客体既不是存在着的对象也不是分离的本质，那么它是什么呢？司各脱认为它是具有"可理解存在"（esse intelligibile）或者说"被缩减的存在"（esse diminutum）或者"客观存在"（esse obiectivum）的对象。[5]这一解决办法乍看之下不具有很大的启发性。此处涉及的是特殊类型的存在物，也就是相对于质料对象以某种方式"缩减了"的存在物吗？这个存在物又是以何种方式"被缩减"了呢？司各脱意识到，"被缩减的存在"这一说法可以这样理解，因而他补充道：被缩减的存在涉及的不是特殊对象的存在方式。毋宁说，此处涉及的乃是仅从认知者方面来说对象所具有的存在方式。也就是说，此处涉及的不是对象的自在存在（esse simpliciter），而是它在与其他对象的关系中所具有的存在（esse secundum）。司各脱通过一个对比澄清了这个关键的区分：[6]一个黑色皮肤的埃塞俄比亚人可以被称作"白的"，但是当然只是在他的白色牙齿方面。在这个情况中，我们将"白"谓述（prädizieren）为具有缩减存在的属性——不是因为我们谓述了一种相对于通常的白色来说缩减了（那个埃塞俄比亚人可以有发亮的白色牙齿）的属性，而是因为我们只是在特定方面对属性进行谓

4　司各脱主要批评了作为该柏拉图主义立场的代表根特的亨利；参 Ordinatio I, dist. 3, pars prima, q. 4 (ed. Vaticana III, 123–172)。

5　参 Ordinatio I, dist. 36, q. u., n. 28 (ed. Vaticana VI, 282)和 n. 47(ibid. 289); Lectura I, dist. 36, q. u., n. 26 (ed. Vaticana XVII, 468)。

6　这个对比承接了 Soph. el. 5 (167a)并旨在避免所谓的"关系性的考察方式与自在的考察方式的谬论"(fallacia secundum quid et simpliciter)。

述。"埃塞俄比亚人是白的"这个说法只有当谓语(Prädikation)从某个特定方面进行理解时才是真的。类似的情况也存在于认识对象的被缩减存在。"这个客体具有被缩减的存在"不能理解为,仿佛它有某种被限制的存在。更确切地说,它应该理解为这个客体仅在认知者视角下被考察,且由此关于该客体的所有谓项都只能在与认知者的关系中被谓述。[7]

对被缩减存在的关系性规定对准确理解"某人遭遇到了认识客体"这个说法具有关键意义。当某人对认识客体 x 断言称它有属性 F,那么这个断言不能理解为"x 就其自身而言是 F",而是只能理解为"x 从与认知者的关系来看是 F"。必须准确区分自在谓述(simpliciter)和关系谓述(secundum quid)。这个区别不仅需要在谓述偶性时注意,而且在谓述存在时也要注意。当某人认识了对象 x 并且断言"x 存在",这个断言不能理解为"x 自在地来看是存在的",而只能理解为"x 从与认知者的关系来看是存在的":

> 但是"在意指中存在"(in einer Meinung sein)这个规定是被缩减了的(根据亚里士多德,情况便是如此,正如上文所提到的),并且正如在意指中存在,被理解、被呈现、被认识或者被表征,所有这些都是这个意思。尽管与其他之物对比的东西,在与其他之物对比时,并未被缩减,但是在其与第三者对比时是缩减了的。因为是-人(Mensch-sein)就其自身而言(而不是像被缩减了)乃是意指的客体,但是这个"存在自身",就其存于意指之中而言,乃是"处于与某种东西的关系中的存在"。因而不能

---

[7] *Ordinatio* I, dist. 36, q. u., n. 33 (ed. Vaticana VI, 284).

第8节 动作与内容：经院主义的讨论背景

认为"荷马是在意指中，所以荷马存在"，也不能认为"荷马存在于意指中，所以荷马存在"；从关系来看的(secundum quid)存在推论出自在(simpliciter)的存在，这是个谬论。[8]

司各脱显然强调，客体并没有因为成为认识客体而自在地被缩减了。荷马不会因某人思考他而自在地被缩减了，因而他在和其他人的对比中，比如说赫西俄德，也未被缩减。之所以能够谈论被缩减的存在，只是因为荷马只在一个特定关系中，也就是与认知者的关系中，被考察。当他在此种关系中被考察时，不可以认为他自在地来看是存在的。[不然的话]这会变成两种考察方式的混合。但是正是荷马自身（而不是内部复制品！）处在这个关系中。

区分对认识客体的规定有什么后果呢？对于司各脱而言，认识客体只能在关系中被规定。它既不是自在地来看存在着的质料客体（也就是独立于认知者），也不是柏拉图式的本质，而是一个就其处在与认知者的关系之中而言的客体。但是在这个答复中，司各脱并未引入任何特殊存在物。举例来说，如果有人问"当某人认识一块石头时，认识客体是什么"，回答如下：认识客体是从关系来看的石头，即如其在认识动作中所呈现的那般，比如说作为硬的东西、圆的东西。只要石头仅被当作认识关系中的关系项，就不可以认为它也自在地存在。当然这也表明石头（与奇美拉相反）也自在地存在。然而为了能够给出这个断言，需要关于石头独立于认识动作存在的证据。人们并不能在每个情况下都找到这类证明，比如说当完全没有可感的石头在场时这就是不可能的。但是当人们能找到此类证明时，就可以说石头

---

8 *Ordinatio* I, dist. 36, q. u., n. 34 (ed. Vaticana VI, 284).

不仅存在于认识关系中，也自在地存在——不仅仅是从关系来看，也可以是就其自身而言。人们没有从外部石头的存在跃迁到外部石头的存在，而是从对石头的关系性考察方式转向了对同一石头的非关系性考察方式。[9]

司各脱仅仅勾勒了关于认识客体的这种关系性规定的草案。与此同时，他或多或少提到了"客体有关系性存在"(obiecta habent esse secundum quid)这个说法和"客体具有客观存在"是同义的，[10]但他没有进一步深入。直到 14 世纪早期，其追随者才开始接受这个草案并加以拓展。第一个对该草案的系统化填充出现在埃尔韦·纳塔利斯(Hervaeus Natalis)的《关系意向论》(*Tractatus de secundis intentionibus*)中(写于 1309 年和 1316 年之间)。

埃尔韦将他的全面讨论完全地致力于这个问题，即究竟应如何理解具有"客观存在"或者"意向存在"——简要地说，在意向内——的对象。[11]为了回答这个问题，他首先继承了亚里士多德主义的基本教条，即只有借助理智种相接受对象的形式，某人才能认识对象。从此观点出发他开启了对意向是否与种相同一这个问题的讨论。[12]借助从司各脱开始就已讨论过的例子，他的问题可以表述为：假设，我去认识一块石头并且由此接受了相应的实体形式。那么被直

9　人们当然可以反驳说关于石头的存在证明自身也是基于一种认识动作的(即来自直接感知的动作)，因此不可能独立于每个认识关系来认为石头就其自身存在。据我所知，司各脱并未讨论这个反驳。可能的原因是他并不要求独立于每个认识关系的存在证明。他仅仅是想要表明从与石头的特殊认识关系出发(比如说那个石头在其中作为某种硬的、圆的东西而呈现的关系)并不可以马上推论出石头的存在。人们需要一种独立于这个特殊关系的存在证明，但可以是基于其他认识关系的证明。

10　*Ordinatio* I, dist. 36, q. u., n. 47 (ed. Vaticana VI, 289).

11　意向性存在与意向等同在 14 世纪早期已经很常见了；关于概念历史，参 Knudsen 1982.

12　*Tractatus de secundis intentionibus* (=*Tractatus*) I, q. 1 (f. 1 ra). 这里我不讨论关于第一和第二种意向之间的关系，因为我从原则上说想要澄清何为意向。

接意向的认识客体是在我理智中的、再现了石头形式的种相吗？

一目了然的是，对这个问题的肯定回答会招致严重的后果。第一，我必须承认认识到了某个只有我能企及的东西；直接被意向的和被认识的客体是私人存在物。因为理智种相乃是那个在认识过程中由我形成的且只存在于我理智之内的存在物。毫无疑问，另外一个人也能认识石头，并且由此形成相应的种相。但这个人就有了他自己的表征性存在物。我不能认为我们俩都认识了同一的对象。毋宁说，我必须止步于这样的看法，也就是我认识我的种相，它向我表征了石头的形式，但另外那个人认识他的种相，这个种相向他表征了石头的形式。

第二，在这个肯定的回答下，我必须承认某物由以被认识的东西，和直接被认识之物是相同的。因为种相，正如已经强调过的，具有表征形式的功能。但是起始问题是：什么是在认识动作中被意向的客体？倘若现在种相和这个客体是同一的，那么在认识过程中的中点（medium quo）和终点（terminus ad quem）就是相同的。

鉴于这个破坏性后果，我们必须小心处理这个起始问题。通过引入一些根本区分，埃尔韦对这个问题作了解答。他认为意向可以从两个方面考察：(1)一方面涉及认知者，(2)另一方面涉及被认识对象。

当从第一个方面考察意向时，它是使得理智通过表征获得知识的东西。如此一来理智种相，也就是按照定义来说的表征性存在物，同时也是动作或者概念。[13] 所有这些存在物都进行表征，因为它们在理智中摹写了被认识对象，并且由此设法让理智通达外在于理智之物。

当从第二个方面考察意向时，需要区分两个方面：(2.1)存在被

---

13 *Tractatus* I, q. 1 (f. 1 rb-va).

认识的对象自身；这是具体和质料意义上的意向。(2.2)此外，存在被认识对象与理解动作的关系；这是形式和抽象意义上的意向。[14] 埃尔韦在这里引入的这个细微差别，最好还是用已经提到的例子来解释。当我认识一块石头，一方面存在——只要我专注于认识对象——被认识的石头。它并不直接就是自在的对象，而是就其为我的理智所意向而言的对象：被认识的石头。但是为了使我的认识动作（一种只发生在我理智中的过程）能够意向某个东西，那么在石头和我的动作之间必须形成一种关系。我的动作必须——比喻性地说——能够介入某个东西。因而在作为被认识的石头的石头（具体意向）之外，还需要一种石头与我的动作（抽象意向）的关系。

当然，马上就有个问题，即在本体论意义上这个具体和抽象的意向是什么。作为被认识的石头的石头是何种存在物，石头与认识动作的关系是何种存在物？埃尔韦的回答是，具体的意向并不区别于具有真实存在的对象。作为被认识的石头的石头无异于具有实际存在的石头，也就是一个硬的、灰色的圆形对象。与此相反，抽象的意向是知性存在物，它不是具有实际存在的存在物。[15] 因为石头与理解动作的关系依赖于理智对石头的指向。那些其存在依赖于理智活动的东西，就是知性存在物。

这个对具体和抽象的意向的本体论规定具有关键意义。显然，为了解释认识客体，埃尔韦并没有引入特殊存在物。他也不认为意向似一个中介那般穿插在真实对象和认识着的理智之间。按照考察方面的不同，意向要么是现实的对象自身，要么是依赖于理智的存在物。这两个方面都可以吸纳到实际存在（ens reale）和理性存在（ens rationis）

14　*Tractatus* I, q. 1 (f. 1 va).
15　*Tractatus* I, q. 1 (f. 1 va-vb).

这两个传统本体论范畴名下。

(1)在认知者中的表征性意向,(2.1)具体的意向或(2.2)抽象的意向,这三个不同意向中的哪一个对于解释亚里士多德主义的基本教条(认知者在自身中接受被认知之物的形式)来说具有相关性呢？埃尔韦确信,要对认知过程展开完整解释,必须考虑所有这三个意向。但是如果我们专注于这个本体论问题,即被接受的形式究竟是什么,那么(1)就不是重要的了。因为每个知识都需要认知者的活动,这是不用绕弯子就能理解的。如果有人想要去认识什么,那么为了能够表征某个东西,他就必须形成动作和种相。然而关于此类心灵存在物的描述,并不能帮助我们理解什么是被认识的对象。此外,我们不可以再犯已经提及的错误,即混淆中点和终点(也就是被认知的对象)。毋宁说,我们必须专注于这个问题,即那个在主体间可被认识的以及每个个别的认识动作仿佛能够介入(einhaken)的对象是什么。

这个问题似乎已经回答过了。这个对象是具体的意向,而认识动作借助抽象的意向能够"介入"其中。具体的意向不是神秘的存在物,而就是具有现实存在的对象自身。

然而现在的问题是具体的意向并不直接是自在的现实对象,而是作为被认识对象的现实对象。也就是说,具体的意向必须以某种方式与自在的对象进行区分,即使它并不是在真实对象之外存在着的存在物。通过断言作为被认识对象的对象乃是以特定方式存于理智中的,埃尔韦就明确了这个区分。然而依照埃尔韦,它并非主体性地存在(esse subjective)于理智中,即它不具有那种在主体中的属性所具有的存在。更确切地说,作为被认识对象的对象客观地存在(esse objective)于理智中。当它作为一个单独的对象直接被认识时,比如说作为单个石头，它直接以客观的方式存在于理智中。为了澄清主体性存在与客观存在的区别，埃尔韦明确解释了"在理智中存在"这一表述的两种使用方式：

> 需要了解的是，人们以两种方式来谈论某种东西存在于理智中，也就是以主体性的和客观的方式。以主体性的方式存在于理智中的东西是在理智中就像在主体中那样存在的东西。以此种方式人们谈论种相、知性动作以及认识潜能，它们是存在于理智中的。人们以另外一种方式谈论某种东西，那是客观地存在于理智中的。人们是从理智的直接认识对象那个方面来说这种存在方式的。以此方式，所有为理智所认识之物——就是从主体方面来说存在于理智之外的东西——都以客观的方式存于理智中。[16]

乍看之下，这个对客观存在的规定是混乱的。埃尔韦难道不是在主张，作为被认识对象的对象与现实对象并无二致吗？某物如何能同时在理智中存在，又与外在于理智的现实对象不相区分呢？当准确注意到主体性存在和客观存在的区别时，这个似是而非的矛盾也就消解了。在这里，"在理智中存在"（im Intellekt sein）不能理解为"位于理智中"（im Intellekt lokalisiert sein）。这种理解只适用于主体性存在。动作事实上是位于理智之中的，因为它是一种只能存在于主体之内的属性。然而客观地存在于理智中的东西，它使得理智朝向某个东西，并由此规定理智的活动，但它自己是位于理智之外的。石头、

---

16 *Tractatus* I, q. 1 (f. 1 vb-ra).

人、动物等能够客观地存在于理智中——不是因为它们在物理意义上聚集于理智，而是因为当理智认识石头、人或者动物时，它们规定了理智的活动。

毋庸置疑，石头、人或者动物只能作为客体在理智中存在，作为客体，它被呈现给理智。当石头是硬的、灰色的和圆的，但只是基于视觉感知才成为理智的客体时，那么这个"客观存在着的"石头就只具有灰色和圆形的属性。但这不意味着现在这两块石头是要进行区分的，也就是具有三种属性的真实石头和只具有两种属性的以某种方式额外存在着的石头。更确切地说，同一块石头或者就其自身而言被视作具有所有属性的实在的石头，或者作为客观存在着的石头，它具有那些理智可通达的属性。正如在邓·司各脱、埃尔韦·纳塔利斯那里也有这个基本观点：客观存在着的认识客体应在关系中被规定。

关于如何区分实际存在和客观存在对象的争论，贯穿了整个 14 世纪并延续到 16 世纪。[17]引人注目的问题总是，以客观方式存在着的对象，如果既不在字面意义上位于理智之中存在，也不被还原为理智中的认识动作，它何以能够存在于理智中。苏亚雷斯那里明显体现出把以客观方式存在着的对象关系性地加以规定的意图。他回顾了这场持续了将近两个世纪的论辩，并且确信有一种广泛流行的对形式的和客观的概念的区分：

> 首先，必须从普遍流行的对形式的和客观的概念作出的区分出发。形式概念被命名为动作自身或者——就是同一个东西——

17　请参见 Cronin 1996, Appendix II 和 Kobusch 1987, 141-214。

语词，凭借着它，理智领会了对象或者一般性的规定。它被叫作"概念"，是因为它好似心灵的后代；但是它被称为"形式"，或者是因为它是心灵的最终形式，或者是因为它向心灵形式地当下化了被认识的对象，或者是因为它事实上是心灵理解的内在或者形式目标。为了如此进行表述，它将自己与客观概念区分开来。客观概念被命名为在严格意义上直接通过形式概念被认识或者当下化的那个对象，或者那种规定。举个例子来说，当我们去领会一个人，为了领会这个人，我们在心灵中完成的动作就被叫作"形式概念"。但是由此动作而被认识和当下化的人叫作"客观概念"……[18]

正如对邓·司各脱和埃尔韦·纳塔利斯而言的那样，之于苏亚雷斯，具有客观存在（或者客观概念）的对象也不是第三个存在物，也就是在心灵动作和心外对象之外存在的东西，而是那个如其在动作中被呈现为认识客体的对象自身。

为了评估笛卡尔的理论我们才展开了的对经院主义讨论背景的简短考察，我们从中能得到什么结论呢？正如已经强调过的，笛卡尔并未参阅直接的原始文献，以至于从历史视角来看无法得出绝对确定的结论。[19]但是至少我们清楚地知晓：笛卡尔承续了一种传统，在其中对象的客观存在是关系性地被规定的，并且对立于

---

18 Suárez, *Disputationes Metaphysicae* II, section 1(opera omnia 25, 64-65).
19 笛卡尔直接知道的很可能只有苏亚雷斯。然而他还是通过西班牙的晚期经院主义了解到了14世纪的作者。正如斯普鲁伊特（Spruit 1995, 267-289）的研究所表明的，邓·司各脱和埃尔韦·纳塔利斯的理论为16世纪的西班牙作者们激烈地讨论。在萨拉曼卡（Salamanca）甚至还存在过"司各脱教席"（cathedra Scoti）。这些讨论也影响了西班牙耶稣会的教学大纲（科英布拉注疏），而笛卡尔从其在拉弗莱什度过的学生时代开始便熟知了它们。

绝对的存在。[20] "客观地存在于理智中"可以在"理智的认识客体"这个意义上被理解，而不是在"位于理智中的心灵客体"意义上。"拥有具有客观存在的对象"在这个传统中总是意味着"以认知方式在当下拥有作为认识对象的对象"，而不是"拥有一个内部对象"。

人们考虑到这个关系性规定时，就至少可以使笛卡尔理论中的两个要点得到更好的理解。首先澄清了的是，为什么笛卡尔在给卡特鲁斯的答辩中认为关于太阳的观念乃是太阳自身，它存在于理智中，虽然只有客观存在，也就"并非什么也不是"。[21] 以关系性规定为理论背景意味着：在理智中不存在太阳的复制品，而是太阳作为认识客体向理智呈现自身。在这个关系中考察太阳时，尽管它相对于自在的太阳有着较为不完满的存在模式(modus essendi imperfectior)，[22] 它总是依赖于第二个关系项，也就是认识着的理智，然而它不是纯知性存在物或者什么也不是。

其次，以关系性规定为理论背景，也可以理解笛卡尔如何能在不引入内部客体的情况下构建方法性怀疑。怀疑的出发点落脚于对象首先只被关系性地考察这个状况。沉思者知道对象向他呈现为具有如此这般属性的对象，但他不知道它是否独立于该关系也能存在。因而他

---

20 这当然不意味着他不受限制地承续了这个传统。正如第6节所澄清的，他抛弃了种相理论。在回答究竟对象如何称为理智的客体时，笛卡尔便将自己与此传统划清了界限；他只回溯到了身体状态以及心灵动作，而未额外地接受种相。但是在回答究竟什么是理智的客体时，笛卡尔又承续了这个传统；那个正如其向理智所呈现的那般的对象（而不是特殊存在物），就是这个理智的客体。

21 请参见第一答辩(AT VII, 102-103)。笛卡尔就是这样来回复卡特鲁斯的观点的，即"理智中的客观存在"无异于"通过客体对动作进行规定"，并且这也无异于对动作的外在命名，但并不是事物的命名；也就是说客观存在严格来说是无（第一反驳；AT VII, 92）。因为卡特鲁斯只提到了动作，所以他忽视了认识关系中的第一个关系项，即认识对象。正是它具有客观存在，而不是动作。

22 参第三沉思(AT VII, 41)和第一答辩(AT VII, 103)。

不能轻易地从"作为向我呈现的对象的对象存在着"这一论断过渡到"对象存在着"这个论断。用邓·司各脱的术语来说的话，这是从关系性的考察方式推导自在的考察方式的谬论（fallacia secundum quid et simpliciter）。为了断言"对象存在"，沉思者只有在这种情况下才是合理的，即当他能够保证向他呈现的对象也能独立于他存在，并且正是这些对象引起了在他那里的心灵动作。沉思者首先需要证明对象存在，其次证明对象和他的心灵动作之间的因果关系。在第三沉思中笛卡尔完成了这两项工作。在此，"我如何能以某种方式从我的内部对象推论出外部对象？"这个问题对他来说并不是核心问题，"我如何能够确保首先只在认识关系中向我给出的对象也能独立于这个认识关系存在？"这个问题才是。

第9节 结论与批判性评论

至此对笛卡尔观念概念的分析表明，观念并不是心灵对象或者——罗蒂的隐喻中所表达的[1]——内在舞台中的客体。更确切地说，它是总是具有特定内容的思维动作。这个内容不是图像，即某种仿佛穿插在心灵和对象之间的东西，而是如其在思维动作中呈现的那般的对象。此处需要仔细区分

观点(1)心灵指向了表征着对象的观念

和

观点(2)在将它的动作指向对象以及由此把对象打造为动作的内容时，心灵在观念中表征了对象。

根据(1)心灵首先指向观念，其次才指向对象。观念就是心灵与对象之间的存在物，并且它阻碍了心灵直接通达对象。与此相反，根据(2)心灵首先指向对象。观念作为动作发挥作用，而心灵借由这些动作指向对象。关键的区别在于，根据(1)观念是心灵的终点，根据(2)则是中点。如果笛卡尔的立场在(2)的意义上理解，那么正如我的解读所建议的那样，他的观念论必须被理解为关于意向动作的理论。

意向动作的说法暗含了对意向对象的讨论。人们可以论证说，虽然意向动作直接指向对象，但是只指向意向对象，它必须与实在的对象进行区分。《沉思集》的论证风格乍看之下似乎印证了这个考虑。虽然我们绝对确信我们有心灵动作，它们表征特定对象或者一定数量

---

1 参 Rorty 1980, 50。

的对象，但是我们不知道现实是否与这些被表征的对象相符。也就是说，必须区分意向对象和单纯被臆测着却又不直接被认识的实在对象。

于我而言，这个解读与笛卡尔的文本不符，实事求是来说也是错误的。意向动作这个说法并不包含对两种对象的区分。毋宁说，意向动作指向着实在对象自身，如果作为动作的客体来考量的话，它也就是意向对象。胡塞尔早年已经完全明确地注意到这个问题，他和笛卡尔一样抛弃了对内部摹写的假设：

> 人们只需要说出它，每个人就必须承认的是：表象的意向对象和表象的现实对象（在给定情况下，是外部对象）是同一个对象，区分这两者乃是荒谬的。[2]

倘若有人假设意向对象和实在对象乃是两个不同的对象，那么他必须承认只有意向对象是直接可及的。那么实在对象仿佛隐藏在意向对象背后。只能通过分析它与意向对象的关系，才能将它推论出来。然而此处谈及的是何种关系呢？正如第 6 节中所澄清的，这种关系肯定不是摹写关系。人们或许会建议说，此处涉及的必然是因果关系：外部对象经神经刺激和大脑图案造成了心灵对象。但这个解释同样也是错误的。外部对象的作用只产生了心灵动作（所谓的心灵样态）。当然这个动作具有特定的结构并且由此与其他动作区分开来。但是这个结构是属于动作自身的东西。如果我们——正如在第 7 节结尾时——将动作和油画对比，那么这意味着：在画布上的油画颜料具有特定的结

---

2 Husserl, *Fünfte Logische Untersuchung*, Beilage zu den §§ 11 und 20（Husserliana XIX/1, 439）.

构，基于该结构它呈现了特定对象。但这不意味着在油画颜料之外还存在诸如图像中的对象这类东西。如此这般排列的油画颜料就是字面意义上在图像中的所有东西。同样地，动作在字面意义上也是心灵中的所有东西。但是该动作具有意向性结构并且基于该结构呈现特定对象。既然对象由此变成了心灵的客体，那么它就能够被称为"具有客观存在的对象"。

笛卡尔的主张，即具有客观存在的对象"并非什么也不是"，[3]当然容易使人猜测，除了实在对象或者在这个对象之外，还必须存在具有特殊存在方式的对象。然而这个猜测是误导性的。"并非什么也不是"的那个东西，它并非一定得是一个不同的存在物。这一点将在后续的意向对象问题与事态问题的对比中加以澄清：[4]

如果我们问一个完整的句子表达了什么，一个可信的回答是：一个事态。"我卧室的桌子是圆的"表达了这个事态，即这张桌子是圆的。一方面，这个事态不是桌子自身，也就是说它不是质料的桌子。因为即使桌子不是在物理意义上在场的，这个句子也能表达这个事态。另一方面，事态也不是这个句子本身，因为它不是纯粹的声音序列或者字母顺列。人们也不能认为事态什么也不是。显然它是某种东西，准确来说是由这个句子所表达的东西。那么这意味着事态构成了具有特殊存在方式的不同存在物———一种似乎穿插在句子和质料对象之间的存在物吗？答案是否定的。事态仅仅是具有特定属性的对象，正如它在句子中被展现的那般。当被问及"'我卧室的桌子是圆的'这个事态究竟是何种存在物？"时，答案如下："仅仅是这张圆形的桌子，正如它在句子'我卧室的桌子是圆的'中被展现的那样。"为了

---

3 参第三沉思（AT VII, 41）和第一答辩（AT VII, 103）。
4 这个对比受帕齐希的思考（Patzig 1981，特别是第 55 页）启发。

解释事态并不需要引入任何神秘的存在物。对于此类解释而言，关键仅在于考虑这个具有如此这般属性的对象和特定句子之间的关系。不存在在质料对象和句子之外的作为存在物的事态。仅仅就具有如此这般属性的质料对象在句子中被展现而言，我们才能谈论事态。

在意向对象方面现在也可以展开类似的论证。[5]当被问及"意向动作表达了什么，或者这样的动作呈现了什么？"时，一个可信的回答如下："一个意向对象。"一方面，这个意向对象并不直接地就是自在的质料对象。因为即使没有质料对象（比如说不存在可触碰的桌子）在场，我也能形成指向桌子的动作。另一方面，意向对象也不是动作自身；动作没有呈现自身（不考虑反思性动作这种特殊情况）。毋宁说，它呈现了具有特定属性的对象。在动作中被呈现的对象也"并非什么也不是"。这意味着被展现对象是具有特殊存在方式的不同存在物——一种似乎穿插在句子和质料对象之间的存在物吗？答案是否定的。意向对象乃是质料对象，正如它在动作中被展现的那般。不存在在质料对象和心灵动作之外的意向对象。更确切地说，关键在于动作与质料桌子之间的关系。只有在动作指向质料对象的情况下，才能够谈论意向对象，不管这个对象现在是在场的还是不在场的。

但是现在还有一个问题，也就是由第一沉思的怀疑论证所提出的问题。尽管我们知道我们的心灵动作指向对象，并且描绘或者呈现它们，但是我们不知道这些被呈现的对象是否也真的存在。如果笛卡尔没有区分两种分明对象的话，他如何解释仅仅被呈现的对象和现实存在着的对象之间的区别呢？

---

5 当然可以认为笛卡尔自己并未将事态问题和意向对象问题进行对比。他主要基于不具有命题结构的观念，正如第5节的开头所表明的。

第9节 结论与批判性评论

正如第7节所表明的，他是基于本质与存在的区分来给出他的解释的。当我们拥有关于对象的观念时，我们就领会了它们的本质，而无权同时推论出它们的存在。只有在证明了我们之所以有观念乃是因为它们是由作用于我们的对象所产生的之后，我们才能断言存在。[6]

然而这个解释还可以如此被反驳：虽然笛卡尔没有引入不同的意向对象，而是引入了所谓的本质，但他在实质上并没有大的推进。通过关于本质的说法（就像通过意向对象的说法），一种存在物不是同样地被引入了吗？而它既不能还原为存在着的质料对象，也不能还原为心灵动作。

对这个问题必须断然给予否定回答。正如第7节中已经确认了的，对象的本质无异于存在着的对象的广延。[7]但是如果我们要研究认识对象的方式，那么就必须区分本质和存在。因为只要我们将自己限制于那个在心灵动作中直接向我们呈现的东西，那么我们只能认为我们面向的是对象的本质。本质不一定显现在存在着的对象上，它可能只是由于我们在做梦或者因为恶魔展示给我们才在场的。只有当我们获得了存在保证时（对于笛卡尔而言，这意味着：只有当我们能够证明不骗人的上帝存在时，也就是那个保证了质料对象存在的上帝存在），我们才有理由认为我们的心灵动作指向了在存在着的对象那里显现出来的本质。这里涉及的不是将本质和存在区分为两种存在物。

---

6 这当然不意味着每个观念都由作用于我们的对象直接产生。比如，我们能够拥有关于奇美拉的观念，而无须在现实中存在此类动物。然而存在诸如狮子和山羊之类的各种动物，它们作用于我们且基于它们我们才能形成关于奇美拉的观念。对象的存在证明本质上取决于对象的观念如何——通过直接感知或者通过关联早巳存在的观念——形成。

7 这个观点仅适用于一般情况。虚构对象或者数学对象的本质当然并不是广延。

更确切地说，需要区分的是认识过程中的两个步骤。[8]我们必须先确定在认识动作中直接向我们呈现的东西。只有到了第二个步骤，我们才能证明直接被呈现对象的质料性存在（或者没有质料性存在）。只有在这个第二个步骤中，我们才能将桌子直接向我们呈现这个情况，和奇美拉直接向我们呈现这个情况区分开来。

而在这个解释之外还存在一个困难，即笛卡尔认为具有客观存在的对象乃是在动作中呈现的。某物如何能够在动作中呈现而不构成心灵对象呢？[9]

我在第 7 至 8 节中给出的解释旨在将"心灵动作中的本质"理解为"本质乃是心灵动作的客体"。显然这个解释的目的在于关系性的规定。然而笛卡尔在任何一处都未作出如此清楚的陈述。众所周知，他止步于那个相当混乱的说法，即对象自身（比如说太阳自身）存在于心灵中并且具有"客观存在"。从在他那个时代常用的经院术语角度来看，这个说法在他看来似乎是无须进一步解释的。但是正是这个说法促使大量近代的解读者去区分心外对象和心灵对象。正是这个说法引导许多评论者将动作和内容理解为两个不同的心灵存在物。但是阿尔诺在其书《论真的和假的观念》(*Des vrayes et des fausses idées*)中反对了马勒伯朗士并为笛卡尔的观念论作了辩护，他指出可以将动作和内容的规定理解为不同的关系性规定：

---

8 这里不涉及在本体论研究中去区分不同的步骤，比如通过先将本质与存在规定为对象的不同方面，然后进一步考察这些方面如何相互关联。在《沉思集》中，笛卡尔并未基于此种物质顺序(ordre des matières)（这是经院主义作者的标志），而是基于论证的顺序(ordre des raisons)。研究的起点总是在认识过程中首先被给出的东西。之后必须逐步澄清，通过对这个认识过程的分析能获得何种关于这个认识对象的知识。关于这个方法路径，参 Gueroult 1968, Bd. 1, 15–29。

9 克默林(Kemmerling 1993a, 77)认为笛卡尔"一清二楚地"说被表征对象乃是心灵中的东西。

第9节 结论与批判性评论

我曾说，我认为觉知和观念是同一个东西。但是需要注意的是这个东西具有两个关系：一个是与心灵的，它是心灵的样态；另一个是与被认识之物的，就其客观地存在于心灵中而言。"觉知"这个词直接澄清了第一个关系，与之相对，"观念"澄清了第二个。[10]

觉知与观念是两个不同关系中的同一个东西。觉知作为动作处于与心灵这个动作承载者的关系中。与此相对，观念是处于与认识对象关系中的同一个动作。正是这个对两种关系的区分构成了笛卡尔这个说法的基础，即"观念"这个表达乃是双义的，因为一方面它能被当作动作自身来使用（=阿尔诺的觉知），另一方面则作为由动作所表征的对象（=阿尔诺的观念）。[11] 但是这个双义性不是无害的，它至少引发了两个问题：

(i) 首先需要注意的是，"观念"在两种关系中作为互不相同的关系项使用。在第一种关系下（动作-心灵），"观念"代表第一种关系项：观念仅仅是心灵的样态。与此相对，在第二种关系下（动作-认识客体），"观念"代表第二种关系项：观念无异于被表征的对象。笛卡尔理论（同样也包括阿尔诺的理论）的一个主要困难就在于无法一以贯之地对这两种关系以及各自关系项的不同重要性作出清楚的区分。

(ii) 另一个困难在于，这里涉及的是两种结构上不同的关系。第一种关系——用亚里士多德主义的话来说——是一种在其内存在（in-esse）关系：动作存于心灵之中就像质性（Qualität）存于实体。它不具有独立的存在，因为它不能自在地，而只能在实体中存在。第二个关

10　*Des vrayes et des fausses idées*, ch. 5 (ed. Frémont 1986, 44).
11　参《沉思集》前言（AT VII, 8），在第7节脚注1中被引用。

系则相反，它是指向存在(ad-esse)关系：动作指向认识客体。在这个关系中动作具有独立的存在；因为无论认识客体当下是否存在，动作的存在都不受其影响。[12]一旦这两个关系不能清楚地区分开来，显然就会出现问题。当假设在认识客体和心灵之间同样有在其内存在关系时，就会出现灾难性的后果。因为事实上它使人容易想到将认识对象规定为在实体中存在的"内在对象"。正是当我们假设了此种在其内存在关系时，我们才助长了认识客体的具体化。这个客体被选为心灵中的特殊存在物，它不仅区分于动作，也区分于心外客体。

除了这个问题之外，还有另一个：即使被表征的对象无异于处于与思维动作关系中的对象(更准确地来说，对象的本质)，始终还是有一个存在问题(Existenzproblem)。我们想要的不单纯是我们把握本质的确定性，还包括关于被把握本质的存在保证(Existenzgarantie)。这个存在保证是如何可能的？笛卡尔对此问题的回答十分明确：上帝保证了质料对象的存在。因而只有当上帝的存在被证明之后，我们才能知道我们在心灵动作中把握了存在着的质料对象。[13]因而只有在上帝存

---

12 倘若人们依照亚里士多德主义的范畴表对这个动作进行分类，那么基于在其内存在关系，它会属于第四范畴(参 Cat. 8, 8b-11a)，但是基于指向存在关系它则属于第三范畴(参 Cat. 7, 6a-8b)。

13 第五沉思(AT VII, 71)。也请参看第六沉思(AT VII, 79-80)。在我看来，鉴于此处文本，一种"世俗的"解释，如艾伦·豪斯曼和戴维·豪斯曼所谋求的那种解释，是不恰当的。该作者论证说，无中不能生有这个原则早就保证了观念必须由某种东西产生，质料对象因此必须存在。回溯到上帝进而是不必要的(Hausman & Hausman 1992, 91)。对此可以提出两个反驳：(1)即使观念总是由某种东西产生，它们能够——正如第一沉思所表明的——由心灵自身或者由恶魔产生。无中不能生有这个原则只保证了每个观念必须由某个x产生，但是它未保证x必须是一个具有质料存在的对象。(2)无中不能生有这个原则必须被证明它有有效性。既然笛卡尔认为所有永恒原则和规律都由上帝所制定(比如1630年5月6日给梅森的信；AT I, 149-150)，那么这个原则显然只因为上帝的制定才有效。倘若上帝不存在，那么这个原则就没有有效性。因而上帝存在证明总是先于这个原则的有效性证明。

在的证明完成之后,质料对象的存在才在最后的沉思中被证明了,这也是不令人惊讶的。

笛卡尔通过引入上帝作为存在保证——不仅是质料对象的一次性创造的保证,而且是维持其在任意时刻的存在的保证[14]——他上溯到了神学论题。毋庸置疑,这里并未涉及启示神学(Offenbarungstheologie)的观点,而涉及自然神学(natürliche Theologie)的观点。笛卡尔在第三沉思和第五沉思中的上帝存在证明旨在以纯粹理性的论证证明上帝存在,而不用基于权威或者基于个人信仰的方式。但不变的是,对上帝的仰赖(Rekurs auf)发挥着核心作用。一旦不再能仰赖上帝,那么笛卡尔也无法证明,被我们把握到的本质在存在着的质料对象那里展现出来。

然而对上帝的这种仰赖必然遭到怀疑,因为上帝存在证明采纳了稍许可疑的假设。[15]但同样也不可以高估对上帝的仰赖。[16]不骗人的上帝并不保证在任何情况下我们都认识存在着的质料对象的本质。同样,对上帝的仰赖也无法保证这个本质总是被正确地认识了。笛卡尔强调的是,正确的认识只有当认知者按照理性的正确用法,也就是当他只专注于清楚分明的观念并排除模糊的观念时,才是可能的。对他来说关键在于这个问题,即在具体情况下心灵如何必定具有对象以及意向动作必须具有哪些属性。上帝只保证了认知者原则上可以将意向动作指向存在着的质料对象。

那么,如果上帝只保证了这类知识而非真正的知识的可能性的

---

14 关于这个持续创造(creatio continua),参第三沉思(AT VII, 49-50);第二答辩(AT VII, 168-169);《哲学原理》第一部分,第 21 条(AT VIII-1, 13)。

15 关于批判性的讨论,可参 Kenny 1968, 126-171; Curley 1978, 125-169; Dicker 1993, 87-176。

16 格罗和威廉姆斯合理地指出了这一点(Gueroult 1968, Bd. 2, 14-18 和 Williams 1978, 234)。

话，心灵如何能认识质料对象呢？要回答这个问题，我们需要考察身心的交互。质料对象只有当它作用于认知者的身体、引起刺激以及由此引发心灵活动时，才在事实上被认识。此种身心交互是否以及如何可能，仍然亟须证明。

第二部分
表征性观念是如何形成的？

第10节 关于质料对象的观念：身心互动问题

当观念不外乎是具有内容的心灵动作时，随之而来的问题是为什么它能具有内容。为什么我能形成动作，而这个动作指向太阳且由此将太阳而不是其他东西作为内容？首先容易想到的是基于第六沉思的答案，这在第9节结尾时也已经表述过了：上帝赋予了我此种感知与思维能力，以使得我能感知太阳并且在心灵中表征它。

但是由此还有许多[问题]未得到解释。回溯到上帝仅解释了对我来说表征质料对象在原则上是何以可能的。但是关键的是这个问题，为什么事实上我能够从诸多对象中选取特定对象并在心灵中表征它。为什么我能从在身体中获得的感觉印象出发形成心灵动作，而它又能表征太阳而不表征其他东西？笛卡尔似乎未重视这个问题。他认为身体和心灵是"最紧密联结在一起的"[1]，因而能够相互影响。身体中的神经刺激被传递到松果腺，然后在心灵中引起观念。而观念反过

---

1 第六沉思（AT VII, 78）。

来又作用于松果腺，由此引起身体行为。不仅存在身-心互动，也有心-身互动。毋庸置疑，这类互动不是对每种情况来说都是必需的；当我形成关于上帝或者数学对象的观念时，仅有心灵便足够了，而不用与身体互动(interagieren)。但是当我有关于感觉可感知的或者纯粹想象的对象时，便存在互动。正如笛卡尔比喻性地解释的，心灵转向了身体。²

但是如何理解这个比喻呢？身体和心灵如何互动呢？他同时代的人早就提出了这个问题，但是笛卡尔似乎——当他探讨这个问题时——只是回避性地回答了它。他只给了他的谈话对象布尔曼(也就是那个明确地提出心灵和身体如何相互作用这个问题的人)如下简短的答复：

> 这很难解释。但是在这里经验已经足够了，因为它是如此清楚，以至于它无法以任何方式被拒绝。³

同样追问解释的阿尔诺，只得到了笛卡尔的这个回答：

> 但是这个非身体性的心灵能够使身体运动起来，这不是通过论证或者与其他东西的对比向我们表明的，而是通过最可靠的和最明见的日常经验。它是不言而明的那些事情中的一件，而当我们通过其他事情来解释它时，我们就把它们弄模糊了。⁴

2　参第六沉思(AT VII, 73)。
3　《与布尔曼的谈话》(AT V, 163)。
4　1648 年 7 月 29 日的信(AT V, 222)。

第10节 关于质料对象的观念：身心互动问题

面对克莱尔色列(Clerselier)和伊丽莎白公主时，笛卡尔也总是强调，身心的紧密联结及其互动最好能在日常实践——而不是在理论考察中——确定下来。[5]

这些说法造成了一种印象，仿佛笛卡尔由于缺乏理论根据而转向了一种无法进一步说明的实践经验。因而莱布尼茨认定笛卡尔完全没有深入身心互动问题和心身互动问题，这并不令人惊讶。只有他的学生才认识到了这个问题，并且借助偶因论(Occasionalimus)来尝试解决它。[6]当代的评论者也反复强调说，互动问题乃是笛卡尔系统的主要困难之一，[7]正是这个未解决的问题使得笛卡尔主义倒塌了。[8]按照威廉姆斯，笛卡尔的互动主义构成了一个真正的丑闻。[9]

为什么笛卡尔没有认识到这个对于其他人来说显而易见的关键问题呢？[10]要回答这个问题，必须先解释这个问题究竟处于什么位置。然后，我将讨论这个问题的三种表述并且解释为什么笛卡尔不赞同这些表述以及为什么他由此不觉得自己要解决这个问题。在第11节中，我会接着说明笛卡尔自己对互动的解释能够以何种方式被理解，并且将详细探讨这个解释的一些困难之处。在此，我主要将专注于身-心互动，因为它(而不是心-身互动)在关于质料对象的观念方面具有决定性作用。

---

5 参给克莱尔色列的信(AT IX-1, 213)和1643年6月28日给伊丽莎白的信(AT III, 693)。

6 Leibniz, „Systeme nouveau", *Die philosophischen Schriften* (ed. Gerhardt 1880, Bd. 4, 483)。

7 参 Ryle 1949, 66; Kenny 1968, 222; Radner 1985。

8 参 Watson 1987, 149-152。这里明确提到了"笛卡尔主义的倒塌"。克拉默指出互动问题在18世纪早期也构成了笛卡尔主义的基本问题之一(Cramer 1991)。

9 参 Williams 1978, 287-288。

10 只有在最近的研究中一些评论者才尝试表明为什么所谓的互动问题不是问题(并且完全不是什么显而易见的问题)。参 Loeb 1981, 134-149; Richardson 1982; Bedau 1986。

互动问题的第一种表述，早就存在于 17 世纪诸如亨利·摩尔 (Henry More) 的批评者那里，针对的是互动的定位 (Lokalisierung)：要能够相互作用，身体和心灵必须互相联结。然而它们能在哪里相互联结呢？根据定义，心灵乃是非广延之物 (res non extensa)，与此相对，身体乃是广延之物。非广延之物如何能够位于广延之物中，或者与此相对，广延之物如何能够位于非广延之物中？笛卡尔似乎未认识到这个难处，因为他认为松果腺就是"灵魂的处所"（Sitz der Seele）。[11]因而他显然给非广延之物在广延之物那里指派了一个位置。然而无论是将这个腺体还是将其他某个身体器官规定为灵魂的处所，这样的举措从原则上来说都是失败的。[12]

倘若笛卡尔在字面意义上将松果腺规定为"灵魂的处所"，那么他的立场事实上是站不住脚的。但是对文本的进一步考察表明，他只在灵魂的功能方面回溯到了松果腺。在《论灵魂的激情》中，他强调：

> 人们必须知道如下这些：尽管灵魂与整个身体联结在一起，但是在它那里还存在一个部分，在那里（相比起在其他部分）灵魂更为频繁地发挥了它的功能。[13]

严格来说，松果腺并不是灵魂（或者心灵）的处所。它只是那个负责

---

11 1640 年 1 月 29 日给梅索尼耶（Meyssonnier）的信（AT III, 19）。也请参看 1640 年 4 月 1 日（AT III, 47-48）、1640 年 7 月 30 日（AT III, 123）和 1640 年 12 月 24 日（AT III, 263-265）给梅森的信。

12 因而亨利·摩尔认为一种相互的关系和互动只有在同种类的实体中才是可能的。因而所有的实体，也包括心灵，都必须是广延的。参 Enchiridium Metaphysicum I, 27 (opera omnia II. 1), 307。

13 《论灵魂的激情》第一部分，第 31 条（AT XI, 351-352）。在《哲学原理》第四部分，第 189 条中笛卡尔也给出了类似论证（AT VIII-1, 315）。

第10节 关于质料对象的观念:身心互动问题

协调心灵和身体的器官。它使得心灵能够在出现特定身体刺激时完成特定活动。[14]因为身体刺激是不可能直接作用于心灵的。毋宁说,它必须从神经管道传递到松果腺,而在那里精气(小物质粒子)将会运动起来。当这些粒子处在特定状况中时,心灵将因协调而活动起来,同时完成特定活动。当这些在松果腺中的粒子处在状况 X 中时,心灵则会,举个例子来说,产生疼痛感,与此相对,当它们处在状况 Y 中时,那么心灵会产生愉悦感。

然而经松果腺产生此种协调这个事实,并不意味着心灵被安置于松果腺中。笛卡尔强调的是,心灵与整个身体联结在一起。[15]身体和心灵构成一个统一体,不只是偶发地(akzidentell),而且是自在地(per se)。[16]这意味着身体和心灵不是以这种方式构成统一体,即像桌子和四边形这个样态构成了统一体那般;因为样态只是以偶性的方式属于桌子,并且,即便没有这个样态,桌子还是桌子。与此相反,身体和心灵自在地构成统一体:每个鲜活的人类身体在任何时刻都与心灵联结。如果不存在这种联结,那么身体就完全不再是鲜活的人类身

---

14 既然笛卡尔在其松果腺乃是"灵魂的处所"主张中只是指出了这个功能,那么他并未陷入威尔逊强加给他的困境中(Wilson 1978,特别是第205—129页)。威尔逊认为笛卡尔同时持有两种互不兼容的理论,即"自然制度理论"(natural institution theory)(根据自然的任命,灵魂存在于身体的某一个部分中,即在松果腺中,并且只能被这个部分直接刺激)以及"共外延理论"(coextension theory)(灵魂作为一个整体在身体的每一个部分中在场)。毫无疑问,笛卡尔持有这两种理论,但它们是在一个融贯的系统内部解释两种不同问题的理论。"自然制度理论"从如下设问出发:心身如何相互作用,以及哪些身体器官对于此种互动来说是必要的,以形成一个功能性统一体?与此相反,"共外延理论"从如下设问出发:身心关联具有何种形而上学地位?

15 参本节脚注13和第六答辩(AT VII, 442),第六沉思(AT VII, 81)。

16 1642年1月给雷吉乌斯的信(AT III, 493):"无论何时,是在公开场合还是私下里,你都应该宣告说你相信人类乃是一种真正的自在的存在物(ens per se),并且不是一种偶发的存在物(ens per accidens),还有心灵以实在的和实体的方式与身体统一起来。"霍夫曼给出了一个对此文本的详细分析(Hoffman 1986)。霍夫曼证实了笛卡尔这里并不只是给出了一个策略上的建议(即雷吉乌斯如何能够在亚里士多德主义者的攻击下为自己辩护且无须事实上同意他们的这个建议),更多的是透露了他自己的想法。

体了，而是纯粹的物质粒子的聚集。[17]

但是由此解决定位问题了吗？目前弄清楚的仅有，松果腺只是类似于协调处的东西。心灵并不位于这个器官，而是在整个身体中在场。但是这样一来，定位似乎[只是]简单地从单个身体器官扩展到整个身体上。究竟非广延之物如何能够存在于广延之物中这个基本问题，依然存在。

事实上，倘若我们把心灵在整个身体中在场这个观点理解为心灵以某种方式分布在整个身体中（就像调料分布在菜肴中，由此它在整个菜肴中在场那般），定位的问题仍将继续存在。然而笛卡尔反对这种解读。他通过（乍看之下是令人惊讶的）回溯到亚里士多德的形式质料论来解释心灵与身体的联结：心灵乃是实体形式，它与身体（质料）一起构成了统一体。[18]这个统一体不是简单地构成一个集聚（Aggregat），就像在两个广延实体的联结那里那般。它也不能被理解为具有等级结构的联结；因为心灵不是简单地使用身体，并且它与身体的关系不像舵手与船只的关系。[19]形式-质料统一体更多的是形成了一个功能性统一体（funktionale Einheit）。因为当我们指着一个人，然后问"这是什么？"时，我们至少能给出两个答案。要么我们描述质料属性，并回答说："这是由肌肉、骨头和头发组成的东西。"要么我们对

---

17 反过来的话，即心灵在任意时刻都与鲜活的人类身体联结在一起，并不是无限制地有效的。因为笛卡尔假设了心灵的不朽性（至少根据《沉思集》第一版的副标题是这样的，但是如埃伯特所证实的[Ebert 1992]，其真实性是存疑的），那么自在的统一体只在尘世存在期间有效。

18 1645年或1646年给梅兰的信（AT IV, 346）："人的身体的数量同一（l'vnité numerique）并不依赖于其质料，而是依赖于其形式，即灵魂。"1642年1月给雷吉乌斯的信（AT III, 505）："灵魂乃是人的实体的真正形式。"

19 第四答辩（AT VII, 227）。关于对舵手隐喻的拒绝，参第六沉思（AT VII, 81）和《谈谈方法》第五部分（AT VI, 59）。

功能进行描述，即这个由肌肉、骨头、头发等构成的有序聚集（geordnete Ansammlung）所具有的功能，并回答说："这是能够思考的、说话的等等的东西。"在第一种情况下我们提到的是质料，与此相对，在第二种中则是形式。通过给出这两个回答，我们指的不是两个彼此独立的客体，而是两种成分，它们一道构成一个统一体。因为质料只是不同身体部分的有序聚集，即一道——虽然只是按照它们各自的秩序——具有特定的能力。正是这些能力使得身体超越了单纯物质粒子的聚集（Ansammlung）。

现在，如果要追问心灵在身体中的位置，就不可能存在答案，因为问题提错了。此处并不涉及说明心灵在身体中的准确处所，就像人们能够说明个别调料分子在菜肴中的准确位置那般。毋宁说，必须要追问的是这个身体部分的有序聚集具有哪些能力或者功能。回答这个问题最简单的办法是，人们观察一具鲜活的人类身体，并且基于它所完成的活动推论出特定的能力。当我们看见会说话的、创造音乐的等等的人时，我们可以推论出语言能力、音乐性等等。而他具有这些能力，只是因为基于实体形式被观察的身体部分乃是组织好的身体部分。

然而这个亚里士多德-经院主义式的回答是令人吃惊的，因为它显然与笛卡尔对实体形式的拒绝相矛盾。正如第6节所表明的，笛卡尔反对对象由形式和质料组成的观点。根据机械论物理学，对象只是物质粒子的组合。如果有人引据实体形式，那么他只是引入了不具任何解释效力的神秘存在物。

如何将对形式质料论的拒绝与对身心统一体的形式质料解释统一起来呢？存在着如下两层解释：

（1）笛卡尔反对质料实体构成了形式质料统一体。但他不反对作为质料和非质料实体联结的个人构成了一个形式质料统一体。根据他的观点,经院作者们的错误在于他们仓促地将形式质料模型应用在了所有复杂对象上,[虽然]他们是合理地用它来解释心身联结的。上述观点可以通过对比存在于质料身体中的重量与存在于身体中的心灵加以清晰化。因为笛卡尔把传统的理解,即重量作为质性或者形式存在于质料对象中,当作一个严重的错误给抛弃了,同时他这样解释了这个错误的产生:

> 由此特别清晰的是,关于重量的观念大部分是从我关于心灵的观念中提取出来的。因为我相信,重量将身体牵引向地心,仿佛它在自身中有着关于地心的知识那般。[20]

在经院作者们的影响下,笛卡尔曾经错误地相信重量是一种神秘而微小的灵魂,它如此地与质料身体联结,正如人类灵魂与人类身体联结那般。这个错误的类比将他导向了一种心理学化的物理学,据此各个身体通过自身的灵魂进行引导,并且以目的论方式前往一个特定的"自然位置"。为了避免这样荒唐的解释,笛卡尔致力于将物理学非心理学化,并且仅仅凭借几何和运动属性,而不是凭借形式或者灵魂来解释质料对象。但是物理学改革并未阻碍他在心身联结方面对传统的形式质料模型的部分坚持。

(2)另外需要注意的是,正如已经强调的那样,笛卡尔将心身统一体理解为功能性统一体。当他为了解释这个统一体而借助形式质料论模型时,他并未因此而赞成亚里士多德主义的整个形而上学前提。这里必须清楚地区分两个设问。当被问及身心如何互相联结时,笛卡

---

20 第六答辩(AT VII, 442)。也参 1643 年 5 月 21 日给伊丽莎白公主的信(AT III, 667-668),这里给出了相同的论证,以及 1648 年 7 月 29 日给阿尔诺的信(AT V, 222-223)。

第10节 关于质料对象的观念：身心互动问题

尔的回答是：正如质料和形式，因为心灵是身体的组织原则，以至于身体不只是无生命的广延。与此相对，如果追问什么是身心的联结，笛卡尔的回答是：两个实体的联结。因而当他借助形式质料模型作出一个纯粹功能性的解释，又在作出形而上学解释时拒斥这一模型并采纳一种二元论立场时，并不存在任何矛盾。

鉴于这个论证策略，笛卡尔并未在心灵的定位中注意到问题的存在，是并不令人惊讶的。尽管他认为身体对心灵的每个影响或者心灵对身体的每个影响都借助松果腺而得以实现，他也并未在字面意义上将松果腺规定为"灵魂的处所"。[21]毋宁说，心灵与整个身体联结为了一个功能性统一体。如果人们尝试规定心灵，那么就必须回溯到那些能力，即鲜活的人类身体在其活动中证实了的那些能力。因而人们能够将心灵指派给其他人，而不需要把心灵在字面意义上定位于身体的某一处。他人的心灵可以单单通过对特定的能力（比如说语言能力，表达情绪的能力）的识别进行规定并且由此推论出其他人不只是物质粒子的聚集。[22]

截至目前的讨论认为，作为功能性统一体，身心互动在原则上是可能的。正是这个假设使得互动问题的另一个表述成为问题，即针对心身异质性（Heterogenität）的表述：根据笛卡尔的实体二元论，身心乃是两种不同种类的实体，它们有着不同的本质属性，也就是广延和思维。这两个实体如何相互影响呢？只有当广延实体的样态以某种方式转换成思维实体的样态时，互动才是可能的，反之则是原则上不可

21　正如许特指出的（Schütt 1990, 96-98），笛卡尔清楚地区分了字面意义和转义意义（"通过类比"[per analogiam]）。关于非广延之物只能"通过类比"来说明，它存在于广延之物中；参1649年2月5日给莫鲁斯（Morus）的信（AT V, 270）。

22　参 Perler 1995a（有详细的论证）。当然对于关于自我心灵的知识来说，关于这些能力的知识并不是必要的。正如我思论证表明的，自我心灵单单通过对自我心灵动作的不可怀疑的意识就能被认识。

能的。鉴于两个实体的此种异质性，笛卡尔的实体二元论是与形式质料论不相容的，即使笛卡尔在其关于形式和质料的说法中假装他的立场是形式质料论。因为亚里士多德-经院主义立场的标志在于，它总是将心灵规定为依赖于身体的；心灵不能作为分离的实体存在，而只能作为所有那些能力的聚集，即来自特定身体部分的有序聚集的能力。与此相反，笛卡尔的实体二元论认为心身具有不同的属性并且是实在地不同的。因而心灵可以独立于身体存在且具有特定样态。

要对该反驳进行讨论我们必须进一步考察身心统一体。因为笛卡尔确实将这两种实体规定为不同种类的且是实在地不同的。由此他将自己与传统亚里士多德主义的形式质料论划清了界限。[23] 为了能够认为身心在存在实在区分时依然形成统一体，笛卡尔必须解释某种具有两种不同属性的复杂体（etwas Komplexes）是如何可能形成的。

在写给伊丽莎白公主的信中存在着一个解释路径，在那里笛卡尔作出了如下区分：

> 首先我确定某些基础概念存在于我们之中，也就是像蓝本（Vorbild）一样的东西，以它们为模板我们形成了所有其他认识。这些概念数量不多。因为在那些最普遍的（关于存在、数以及持续等），属于我们能够理解的一切事物的概念中，关于身体，我们只具有广延的概念并由此形成了形状和运动的概念。对于灵魂我们只有思维的概念，在其中包含了理智的觉知和意志的倾向。对于灵魂和身体我们只有统一体的概念。力的概念依赖于此，而

---

23 但是其与经院亚里士多德主义的区别并不是如此显著的，因为此种主义亦认为心灵——更确切地说，灵魂的理智部分——至少在死后是与身体实在地不同的。参 Thomas von Aquin, *Summa theologiae* I, q. 75, art. 6（ed. Caramello 1952, 355-356）。

第10节 关于质料对象的观念：身心互动问题

灵魂用它来促使身体运动，并且身体用它来作用于灵魂，当身体形成感觉感知和感受时。[24]

笛卡尔明显区分了四个基础概念（在后来给伊丽莎白的一封信中他没有再提这些最普遍的概念，并且只谈到了三个基础概念），[25]而其他所有概念都依赖于它们。这里的关键在于关于身心统一体的概念，它无差别地支持了关于身体的概念和灵魂的概念。如何理解关于这三个基础概念的区分，当只存在两种实体时？为什么笛卡尔不尝试将关于统一体的概念还原为关于身体和心灵的概念？

只有当笛卡尔在这里只采用一种本体论分类时，一种还原论的方法才是合适的。但是他没有这么做；他谈到了基础概念（Grundbegriff），但未谈及基础存在物（Grundentität）。他仔细地区分了本体论的和概念的分类。因为对于本体论问题"存在多少种存在物？"，答案必须是："正好两种，也就是具有各自样态的广延和思维实体。"在本体论设问框架内，心身统一体可以用还原方式加以解释。这个统一体无异于两个实体的联结，但不是第三个实体，也就是与其他两个实体是实在地不同、具有自身样态的实体。与此相反，如果是概念问题"存在多少种基础概念，借助于它们我们能够正确把握且描述实在？"，答案必须是："至少三种，[26]也就是身体的基础概念、心灵的基础概念，以及二者的统一体概念。"在此设问框架内不允许采用还原方法。因为通过将所有的属性和状态或者单独指派给身体，或者单独

24　1643 年 5 月 2 日给伊丽莎白的信(AT III, 665)。
25　参 1643 年 6 月 28 日给伊丽莎白的信(AT III, 691)。
26　这些最一般性的概念，就是那些关于"真的和不变的本质"的概念，这里不作考虑，在第 12 节中将详细地考察它们。关于它们的地位和功能，笛卡尔似乎并不是完全清楚的；在 1643 年 5 月 2 日给伊丽莎白的信中，他将它们算作了基础概念，而在 1643 年 6 月 28 日的信中则没有。

指派给心灵，我们甚至无法正确描述自己。举个例子，当我们感觉到痛，如果我们说"一方面在身体中我有某种神经刺激，另一方面在心灵中有某种感觉"，那么我们并未正确描述它。因为我们不仅仅是观众，也就是一方面确定神经刺激（就像医生检查身体那般），另一方面思考纯粹心灵的感觉（就像为了以一种完全不参与的方式考察感觉而暂时与人类身体联结的天使）的人。[27] 我们并没有观察在身体和心灵中的疼痛的各个成分。更确切地说，我们拥有疼痛，虽然是把它当作某种同时触及身体和心灵的东西。对疼痛的客观观察和疼痛的主观拥有之间的关键区别，最好是通过两个问题来澄清。[28]

首先我们可以提出"什么是疼痛？"这个问题，它至少可以通过两种方式来理解。一方面它可以被理解为对疼痛这个词的意义的追问，也就是在"什么是'疼痛'？"这个意义上。每个掌握了德语的人都能通过解释这个词的使用方式来回答这个问题，不论他自己是否感到疼。但是这个问题也可以这么理解，即它针对关于疼痛的描述，并且可以理解为："疼痛这个复杂现象具有何种结构？"这样一来每个详细描述神经生理学过程的医生（按照笛卡尔的思想游戏，每个与身体暂时联结的天使也可以）都可以回答这个问题，不论他自己是否感觉到疼。

但是我们也可以提出"感到痛是怎样的？"这个问题。它只有那些现在或者曾经感到过疼痛的人能够回答。尽管他能够尝试转述他的疼痛感觉并且回答说"这是在背上的刺痛感"，但是当被反问"在背上的刺痛感是怎样的？"时，他只能说："关于这个我无法给出更准确的描述了。我现在经历的就是这样的疼痛。"这个回答澄清了"感到

---

27 参 1642 年 1 月给雷吉乌斯的信（AT III, 493）。
28 后续论述受到内格尔的启发（Nagel 1979）。

第10节 关于质料对象的观念：身心互动问题

痛是怎样的？"这个问题针对的是疼痛的主观特性，并且无法从客观立场(也就是从医生或者天使的立场)来回答。那些感到疼的人感到疼的方式总是一种完全特定的、无法客观描述的方式。

笛卡尔在第六沉思中正是注意到了疼痛的这种主观特性，他断定我们不能直接用纯粹理智来确定疼痛，并且不能简单地评估我们自己的身体，就像舵手评估他的船只那般。[29]当我们感到疼时，我们不是单纯的客体(就好像在医生和天使看来我们是客体那般)，而总是主体。只有当我们将自己理解为身心统一体时，也就是理解为一种生物(它基于特定神经刺激具有不可彻底地以客观方式去描述的特定感觉)，我们才是主体。

当我们想要正确地描述自己时，我们必须因此区分三种属性和状态的指派：

(1) 将纯心灵的属性和状态指派给心灵(比如说纯粹想象、数学思考)

(2) 将纯身体的属性和状态指派给身体(有金色头发的、有神经刺激的)

(3) 将复杂的、主观感觉到的属性和状态指派给身心统一体(比如说疼痛感、饥饿感)

笛卡尔并不打算根据这三种指派的区分来区分三种实体。[30]在心

29　参第六沉思(AT VII, 81)。
30　需要强调的是这与霍夫曼相反，他认为"统一体的产物自身就是个实体"(Hoffman 1986, 346)。类似地，施马尔茨也认为笛卡尔持这个观点，即身心统一体乃是"包含了心灵和身体的实体"(Schmaltz 1992, 286)。据我所知，并不存在文本能够证明笛卡尔引入了第三种实体。他只是谈到了复杂存在物(komplexe Entität)(参本节脚注31)。因而我赞同科廷厄姆，他只在认识论意义上而不是在本体论意义上谈论了这个三分。科廷厄姆："哪怕是在他最三元主义(trialistic)的论述中，笛卡尔所说的也没有表明这里存在三种分明的本体论范畴。"(Cottingham 1985, 229)

灵和身体之外，不存在叫作"主体"或者"身心统一体"的第三种实体。形而上学地来看，我们由心灵和身体组成，但是当我们想要正确地描述自己以及回答"处在特定状态之中是怎样的？"这个问题时，我们必须将自己理解为主体。

然而还是可以针对上述观点提出反驳：即使笛卡尔只谈到了两种实体，对三种指派的这种区分以及对这三种概念的基础性区分难道没有致使我们必须区分三种存在物？但是本体论的考察总是追问存在物的种类，并且对此问题的解答总在于澄清一种理论所允许的那些概念或谓词，以及它们的外延。当笛卡尔在其理论中采纳基础概念，即（i）它与关于纯心灵的和纯广延之物的概念是不同的，以及（ii）它以特定事物（也就是人类主体）为外延，那么即使笛卡尔并未明确谈及第三类实体，也必须承认存在第三类存在物。脱离于概念分类去采取某种本体论分类，这是错误的。

在我看来，这个反驳有一部分是合理的。概念的与本体论的分类确实不能被假设为是独立于彼此的。如果有人在其理论中将身心统一体的概念假设为第三种基础概念，那么他必须承认——明确地或者是隐含地——这个概念属于特定种类的存在物。当本体论问题是究竟是否存在某种该概念从属的东西（也就是该概念的外延）时，答案必须是肯定的。但这不意味着这个"某种东西"乃是一种在另两个基础概念所属的存在物之外的存在物。这一点可以通过如下的比较进行澄清：

当我们想要恰当地描述牛津大学时，第一，我们需要关于各个学院的基础概念，第二，需要关于学院的教员和学生的基础概念。但是第三，我们也需要关于大学的基础概念，因为只有这个——而不是各个学院——能够执行特定的功能（比如说学术书籍借阅）。那么这意味着这个第三个基础概念是属于第三种存在物的吗，即在学院和学院中的人员之外的额外存在？不，因为众所周知，牛津大学仅由学院和在那里的教员和学生组成。在参观完所有学院之后去追问，大学究竟在哪里，这是没有意义的。尽管不存在额外的存在物，我们仍然需要第三个基础概念来理解特定功能，即那些只有所有学院的统一体才能执行的功能。类似地，这也适用于关于身心统一体的概念：尽管为了解释特定功能（诸如疼痛感觉的主观体验），我们需要这个概念来作为第三种概念，但是这个概念并不属于一个额外的存在物。身心统一体不外乎两种实体的联结。

　　人们可以反驳说，这个对于本体论和概念分类的解释，尽管对于正确描述人（特别是自我描述）具有意义，但它没有回答心身异质性问题，而这个解释的出发点也是这个问题。因为无论我们如何描述身心统一体，事实上这里总还是涉及两种具有完全不同属性的实体。那个问题，即在互动情况下一种实体的样态必须以某种方式转变为另一种实体的样态，也还是存在着。本质上为广延的东西必须转变为某种本质上为思维的东西。

　　倘若仅存在具有唯一属性的简单实体，事实上这个问题也还会继续存在，只是互动变成了从广延物向思维物的过渡。然而笛卡尔通过区分简单物（Einfache）和复合物（Zusammengesetzte），拒斥了这个观点：

> 　　我还想在这里确定的并非简单物和复合物的区别。复合物是在其内出现两种或者更多属性的东西，在这些属性中，一种属性可以无须另一种属性而被分明地理解。[……]但是那个我们在其中同时考察广延和思维的东西，是复合物，也就是由灵魂和身

体组成的……[31]

人由两种实体组成，但是不是单纯的聚合，而是复合的存在物且同时具有两种属性。因而我们必须采用如下的分类：

(1') 心灵实体：简单存在物，它具有纯心灵属性和状态
(2') 身体实体：简单存在物，它具有纯身体属性和状态
(3') 身心统一体(＝人)：复合存在物，它具有复杂的和主观可感的属性和状态。

尽管笛卡尔谈到了复合物，他——为了再次强调这一点——未引入任何第三种实体。[32] 身心统一体仅是两种实体的联结。当我们将这个统一体视为承载着特定复杂属性和状态的东西时，我们不能简单地将它还原为两种实体。更确切地说，我们必须将它视为融合了广延和思维属性的复合存在物。这样一来，在互动情况中也不再需要解释范畴性转变了。我们不用再解释简单实体的样态究竟如何转变为另一种简单存在物的样态。我们仅需确定在复合存在物之内两种样态是以如下方式互相联结的，即我们能够将复杂属性或者状态指派给整个复合存在物。[33]

---

31 《对某通报的评论》(AT VII, 350-351)。
32 但是在 1643 年 6 月 28 日给伊丽莎白的信中(AT III, 694)，笛卡尔说道："……个人是身心的统一体(ensemble vn corps & vne pensée)……"因而我们可以猜测说个人乃是某种特殊存在物——第三种实体，而它具有身体和心灵。但是这个解释肯定与实体二元论相悖。正如克默林所表明的，笛卡尔在术语上并未严格区分"具有身体和心灵"(Körper und Geist haben)和"是身体和心灵"(Körper und Geist sein)(Kemmerling 1993b, 300)。一个人可以在此意义上具有身体和心灵，即他由身体和心灵组成。
33 根据霍夫曼，此时不存在两种样态的联结，而仅存在一种"骑墙式样态"(straddling mode)，即一种样态，它同时存在于身体和心灵中(参 Hoffman 1990，特别是第 313 页)。霍夫曼观点的重要证据乃是如下文本(《论灵魂的激情》第一部分，第 2 条，AT XI, 328)："接下来我注意到我们没有意识到那些主体，相比于与灵魂联结的身体，它们更为直接地作用于我们的心灵。因而我们应该认识到灵魂中激情的东西通(转下页)

第10节 关于质料对象的观念：身心互动问题

这样一来问题解决了吗？至少那个作为本讨论出发点的问题已经被解决了。异质性论证提出的问题，即：两种如此不同类的诸如心灵和身体的实体如何能够互相影响呢？只有当样态的范畴转变发生时，互动才是可能的。但是这样的转变如何可能呢？

现在已经证明，对笛卡尔来说这个问题完全不存在。一种实体的样态并未转变为其他实体的样态，而是两种样态共同存在于身心统一体(复合存在物)中。因而不存在任何需要解释的转变。

然而还能反驳说：到目前为止，问题仍未解决，而只是被转移了而已。虽然不再需要解释范畴转变究竟是如何可能的，但是取而代之的是，必须解释在复合存在物之内两种样态的联结究竟是如何可能的，也即一种如此紧密的联结，以至于由此产生了属于复合存在物的特定属性(或状态)。这个联结的机制究竟是什么？

事实上，对于这个问题笛卡尔并未给出答案。他只断定在复合存在物之内两种样态紧密联结，但他未解释它们是如何联结的。[34] 所以他的立场是站不住脚的吗？要对此给出评价取决于我们对解释的要求。因为笛卡尔强调身心统一体的概念乃是基础概念(notion primitive)，也就是一个不能再回溯到其他基础概念的概念。因此，当他在解释互动中回溯到身心统一体时，他就也回溯到了某个不能再被解释

(接上页)常是身体中的动作。"但是笛卡尔在这里并未给出那种霍夫曼相信被确证的形而上学观点：存在一种唯一的样态，它同时存在于身体和心灵中。毋宁说，笛卡尔认为的是：如果我们考察身体如何作用于心灵，那么我们就看到了一种紧密的联结，以至于我们认为在心灵中作为遭遇的东西，在身体那里是一种活动。我们将人这个复合存在物视为一种身心的紧密联结，以至于我们不再区分心灵中的样态和身体中的样态。但是这并不意味着仅存在唯一的样态。因而在我看来谈论两种样态是具有关键性意义的。在两种不同种类的实体中有一个唯一的样态这个观点，从根本上与笛卡尔的本体论相悖。

34 在1643年6月28日给伊丽莎白的信中(AT III, 692-694)，笛卡尔认为人们只能通过日常经验才能确定身心相互作用，而不是通过哲学思辨来探究它们如何相互作用。

的东西。这个解释到达了终点且不能再回溯到其他更为基础性的东西了。如果有人在这个终点还想要继续追问:"但究竟为什么这个统一体具有这样的属性,即不同实体的样态可以紧密地联结在一起?"可以回复说:"统一体就是具有这样的属性。我们关于它的概念是一个不可继续解释的基础概念。"这个回答虽然听起来不令人满意,但是它并不荒谬或反常,这可以通过与物理学的对照来表明。

当被问及为什么每个身体都有形状时,笛卡尔的回答是:"每个身体是广延的,而这个广延规定了其形状。"虽然具体的形状能被改变,但是即便如此,基于广延每个身体总是拥有某个形状。现在继续追问:"但是为什么每个身体都具有广延呢?"笛卡尔的回答是:"这是身体的本质,即广延。"广延的概念乃是基础概念,它无法继续被解释或者回溯到其他更为基础的概念。在这个概念这里,物理学的解释到达了它的终点。

正如在物理学中广延概念是基础概念那般,在形而上学中,身心统一体的概念,之于笛卡尔,也是基础概念。毋庸置疑,人们可以在物理学中索求对这些基础概念的论证或者进一步的阐明,并且人们也可以——当人们抛弃笛卡尔的物理学时——推进到其他基础概念。但是即使人们使用其他物理学理论,依然会到达某个基础概念,而这个概念无法再被回溯。人们不能批评笛卡尔说当他回溯到作为基础概念的关于心身统一体的概念时,他持有一种不一致的或者荒唐的立场。人们也不能如此来批判他,说他未进一步阐明这个基础概念。基础概念的特点正在于它无法被进一步阐明。人们最多可以这么批评他,说他停留在一个显得是基础概念的概念,而这概念还能回溯到更为基础的概念。但是这样的话,人们必须表明什么是更为基础的概念(那些不再能够被回溯到更基础概念的概念),以及对更基础的概念的此种

第10节 关于质料对象的观念：身心互动问题

回溯是什么样的。这个批评无须出现在身心互动问题中，而应该在身心统一体的形而上学基础概念那里被提出。

最后，关于互动问题的第三种表述，即针对关于因果性的解释。笛卡尔认为原因"给予"效果或者向效果"传递"实在性。[35]当身体过程导致了心灵观念时，身体显然必须向心灵传递其实在性。然而这是如何可能的？笛卡尔自己也承认连具有广延的身体都不能向其他身体传递样态。[36]那么具有广延的身体向不具有广延的心灵传递样态又是如何可能的呢？莱布尼茨早就提出了这个问题并且认为它在原则上不可解答。没有实体能够向另一个实体传递某种东西。[37]也就是说，在严格意义上互动是不可能的，最多一种同时的、协调的身心动作是可能的。

对这个反驳进行检验需要更进一步分析原因向效果传递了某种东西这个观点。倘若这里谈论的是字面意义上的传递，那么笛卡尔的说明确实是古怪的且几乎不能理解的。人们可以建议说正如一些之前的评论家（比如富歇[Simon Foucher]）早就做过的那样，传递可以在广义上被理解：身体向心灵传递了某种东西，就其在心灵中形成了观念而言，而这类似于一种身体过程。[38]也就是说并没有样态从身体传向心灵，而仅仅是建立了一种相似性关系。这个相似性关系只有当身体中的原因和心灵中的效果至少共同具有一种属性（在完全的相似性条

---

35 参第三沉思（AT VII, 40），在那里他使用了动词"dare"，而在法语译本中则是（AT IX-1, 32）："car d'où est-ce que l'effect peut tirer sa realité, sinon de sa cause? & comment cette cause la luy pourroit-elle commumquer, si elle ne l'auoiten elle-mesme?"

36 1649年8月给莫鲁斯的信（AT V, 404）："你正确地注意到作为身体样态的运动，并不能从一个身体传递到另一个身体。但是这不是我写的。"

37 参在 Opuscules et fragment inédits（ed. Couturat 1903, 521）中的"第一真理"（primae veritates）。在最近的研究中，拉德纳再次提出了莱布尼茨问题（das Leibnizsche Problem）（Radner 1985, 47）。

38 详参 Watson 1987, 57-77（有文本证据）。

件下,甚至所有属性)时,它才能存在。尽管原因和效果具有不同的本质属性,但是在某种视角下,基于共同的属性它们能够拥有相同的实在性。

然而至少[可以]从两个原因的角度来说,这个解释是失败的。第一,在身体中不存在那种能够被摹写的存在物。正如在第4节中所表明的,笛卡尔将身体过程仅仅理解为神经刺激,而它能够向松果腺进一步传递。在这个腺体中通过精气(esprits)的状况,诸多形象得以形成。但是这些形象不是身体图像,也就是以某种方式在心灵中被复制的东西,而仅仅是代码。用在第4节中已经提到的例子来说,这意味着:当我看到一张圆的、硬的和棕色的桌子时,代码 ABC 在松果腺中形成。这不是质料桌子的身体性图像——不是可以为心灵所复制的东西。[39]

第二,正如第7节所表明的,心灵中也不存在图像,而仅仅只是具有内容的动作。这个内容由对象规定,而心灵动作指向这个对象。当我形成一个关于桌子的观念时,这个观念不是关于桌子的图像,而是一种动作,它指向心外的桌子且不指向其他任何东西,由此将桌子当作内容。在动作和心外的桌子之间,在动作和处于松果腺中的形象(或者代码)之间,都不存在相似性关系。[40]

富歇解释的基本错误在于假设了作为身心互动的因果性暗含了相似性。[41]但笛卡尔正是反对这一点的。因果性在此种情况下仅暗含了

---

39 关于代码问题,详参 Marion 1981, 231-263。
40 《哲学原理》第四部分,第197条(AT VIII-1, 320)。也请参看《论光学》第六部分(AT VI, 130-131)。
41 这个假设也存在于当代的评论者中,比如说威尔逊提到了"'类似原因,类似效果'原则"(Wilson 1978, 215),克拉特博引据了"因果相似原则"(Clatterbaugh 1980, 379),还有科廷厄姆认为"对笛卡尔来说,在原因和效果之间必须存在某种相似性"(Cottingham 1989-90, 235)。科廷厄姆从《与布尔曼的谈话》中引入了一处文本作为证据,在那里笛卡尔确实认为(AT V, 156):"因为这个公理是普遍的且正确的:效果类似于原因(effectus similis est causae)。"但是这个说法必须在上下文中进行解 (转下页)

第 10 节 关于质料对象的观念：身心互动问题

一种明确的从属：当松果腺中的特定粒子排列（我们将它命名为 x）生成了心灵中的特定观念（我们将它命名为 y）时，那么 x 是 y 的原因，因为 y 只有当 x 同时存在时，它才能存在。但是这并不需要 x 和 y 在任一视角下的相似。

这个解释表明，笛卡尔没有借助相似性来解释身心互动，而是更多地借助相应（Entsprechung）或者从属（Zuordnung）关系。此外，这个解释也澄清了身心关系不能理解为字面意义上的相互作用，或者某种东西的传递。当人们进一步考察笛卡尔用来刻画此种关系所用的词汇时，也能澄清这一点。只有在《沉思集》的法语译本中（它不是出自笛卡尔之手），才在一处谈到了传递（communiquer）。[42] 但是在亲自撰写的书稿中他回避了这种表达。他甚至经常回避"引起"（causer）这个表达。他在《哲学原理》和《论人》中就是这么写的：

> 但是心灵的这些不同的冲动或者思想，它们直接跟随着这些运动而来，被称作感觉觉知（Sinnesperzeption）或者，就像我们经常说的，感觉感知（Sinneswahrnehmung）。[43]
>
> 这表明，我们的心灵具有这样的本质，即单单身体中的特定运动就促使它产生了某些思想，它们并未传达这个运动的图像。[44]

（接上页）读。笛卡尔在此处并未探讨身心互动问题，而只是探讨了造物主和被造物之间的关系。正如克雷格证实的，在这个关系中必须存在一种摹写关系，这个观点直到 17 世纪依然是广为流传的神学基本命题（Craig 1987, 13-68）。笛卡尔所依据的相似性只能从被造物与造物主的存在视角加以理解：既然被造物乃是某种存在物，那么上帝作为其造物者，也必须是某种存在物；存在物不可能由非存在物创造。相似性不能理解为被造物分享了上帝的一个属性或者多个属性。因为这样的话我们必须承认，正如布尔曼所注意到的，石头也分享了上帝的属性。

42 参 AT IX-1, 32，在本节脚注 35 中被引用。
43 《哲学原理》第四部分，第 189 条（AT VIII-1, 316）。
44 《哲学原理》第四部分，第 197 条（AT VIII-1, 320）。

正是这些小的振动[空气对耳膜的振动]经过神经管道传递到了大脑,且给了心灵形成关于声音的观念的时机(donneront occasion)。[45]

这三处文本表明笛卡尔并不认为身体向心灵传递了某种东西或者在字面意义上作用于它。[46]特别值得注意的是第三处引文,在其中笛卡尔只谈到了时机(occasion)。[47]形成关于声音的观念显然需要这样来理解:当一种作用于耳膜的压力通过神经管道引发了大脑状态 x 时,心灵就有了形成观念 y 的时机。

毫无疑问,笛卡尔也在一些地方谈到了身体向心灵呈现了(exhibet)某些东西或者它给了心灵一些信号(signum dat)。[48]然而这一说法不必作如下理解,即身体向心灵呈现了某种东西,而这种东西为心灵所接受或者复制。身体呈现的所有东西,都是在松果腺中的粒子状态。正是当存在特定状态时,心灵才形成了特定的观念。但是这并不暗含对某种存在物的传递,正如以下对照所展示的:

假设被试者被某人指派,在红灯亮起时抬起右臂,并在绿灯亮起时抬起左臂。那么在灯和这个人之间就存在一种互动,尽管这里涉及的完全是两种不同存在物。对于这个互动来说,这个人不必复制灯向他传送的东西。只有明确的从属关系才是必要的:当(且仅当)红灯亮起时,这个人才抬起右臂。正是这个而不是其他从属关系,为实验设计者所确定。为了使这个从属关系能够起作用,灯自然必须得亮起

---

45 《论人》(AT XI, 149)。
46 因而不应否认也存在笛卡尔谈到了"造成"(causer)的文本,正如威尔逊证实的(Wilson 1991,特别是第 21—22 页)。但是这些文本鉴于上述引用的文本段落可以在一种弱意义上加以理解。"在心灵中造成观念"意味着"给予心灵以形成观念的时机"。
47 关于这个表达的其他用法,参 Specht 1972(特别是第 21—22 页)。
48 第六沉思(AT VII, 86)。

第10节 关于质料对象的观念：身心互动问题

来；倘如它无法亮起，那么被试者也就不会执行任何手臂运动。但这不意味着灯向被试者传递或呈现了某种由被试者来摹写的东西。灯的亮起只是那个人完成特定手臂动作的一个条件。

借助于这个解释我们可以明白，如何在不造成荒谬后果的情况下，来理解原因"给予了"效果以实在性或者向它"传递了"实在性这个说法。[49] 就其为特定效果的发生创造了条件而言，原因在此范围内"给予了"某种东西。如果用在身心互动问题上，我们可以说：当身体通过粒子排列的图像 x 为心灵能够形成观念 y 创造了条件时，它"给予了"心灵某种东西。但是身体并未"给予了"心灵或者向心灵传递了某种存在物。

本节的结尾我想简要总结一下重要的结论。我讨论了三种互动问题的表述并解释了笛卡尔为什么不赞同这三种表述。(1)对于笛卡尔来说，并不存在互动的定位问题或者只是以限制性的方式存在。因为他并不认为心灵在字面意义上位于松果腺中且在那里展开互动。毋宁说，他认为心灵在整个身体中在场且松果腺只是一个诸如身心状态的协调处一般的存在。(2)根据笛卡尔，心身的异质性并未妨碍互动的可能性。因为对于互动来说，身体状态无须转变为心灵状态或者相反。必要的只是，这两种状态共同存在且相互协调。这是可能的，因为心灵和身体构成了复合存在物且能够拥有不同种类的状态。(3)最后，较强意义上的因果性也是不必要的。对于互动来说，身体不必向心灵传递某种东西，反过来也一样。仅仅特定的从属是必要的。只有当身体通过状态 x 的图像为此创造条件时，心灵才能够形成观念 y。

---

49 参本节脚注35。

第 11 节　互动观点的后果

目前的讨论已然澄清，那些通常被当作笛卡尔互动主义的标准疑难的问题（定位问题、异质性问题以及因果性问题），从笛卡尔角度来看都不构成问题。因而笛卡尔并不觉得自己需要解决这些问题。但这不意味着互动观点是全然没有问题的。因为在笛卡尔对互动的解释中，他依据了某些基本原则和假设，它们有着深远影响并引发了新的（笛卡尔自己很大程度上未考虑到的）问题。

在对因果性的解释中出现了一个关键问题。正如已经表明了的，身心互动不能依照两个物体之间的互动模型来解释。它必须理解为一种具有自身风格的且不受辖于机械论规律的互动。[1]如果追问身体状态究竟如何引发心灵状态，那么这个问题不能通过回溯到身体的运动、碰撞或者压力的方式来解释。同样也不能通过回溯到身体与心灵状态之间的相似性关系来回答这个问题。只有借助特定的从属才能回答它。原因的作用（Verursachung）可以作如下理解，即心灵状态 y 从属于身体状态 x：当 x 不存在时，y 也不能存在。在写给沙尼（Chanut）的一封信中，笛卡尔注意到了这种从属：

> 某些心脏运动以如此自然的方式与某些思想联结在一起，且不与之相似，这并不令人惊讶。因为我们灵魂的特点是它能够与

---

[1] 笛卡尔强调的是在两个身体之间的互动和身心之间的互动乃是两种完全不同的、无法类比的情形。第五答辩（AT VII, 390）："这样一来，如果您想要对身心的混合和两个身体的混合进行比较的话，我只要这样回答就够了，即我们不应该对这类事物进行比较，因为它们完全是不同种类的……"加伯简明地澄清了身体-身体互动和身体-心灵互动之间的区别（Garber 1993）。

身体联结在一起,所以它也具有这样的属性,即它的每个思想能够如此与一些身体的运动或者其他潜能关联起来,也就是说:当在身体中存在相同的潜能时,它促使心灵展开相同的思想;反过来,当相同的思想再次出现时,身体能够具有相同的潜能。[2]

值得注意的是,笛卡尔强调了身体和心灵的状态(或者潜能)只是互相"关联的"。他强调在两种状态之间存在着明确的从属关系:一种身体状态明确地对应于一种心灵状态,以至于每当固定类型的个例(token)在身体中形成时,在心灵中也形成了一种对应类型的个例。但是身体和心灵并不是这样互相作用的,就像动力因(causa efficiens)作用于某个东西并造成某种改变那般。

当然,这个回答意味着因果性被解释为一种身体和心灵状态的单纯对应(Korrelation)。那么问题来了,究竟如何保证此种对应的规律性。因为如果心灵状态 y 和身体状态 x 只是凑巧同时存在,那么就不能说这是因果关系。有时当出现这种情况时,即左脚大脚趾被刺激且我同时想象了马特洪峰,我肯定不可以推论出大脚趾中的刺激引发了关于马特洪峰的想象。身体与心灵状态的单纯对应还不构成因果关系。毋宁说,必须是这样,即每一次当身体状态 x 存在时,心灵状态 y 也同时存在。只有当阐明了对应关系的规律性究竟如何可能时,回溯到对应关系对因果性进行解释,才是令人满意的。

在概述这个问题的答案上,笛卡尔只是起了个头:

> 我给您说一下:当上帝将理性的灵魂和这个机器[人类身体]

2　1647年2月1日给沙尼的信(AT IV, 603-604)。

联结时，正如我在后续的说明中想向您展现的，它将大脑中的主要位置给了灵魂。它用这个本质塑造了灵魂，即对应于内部大脑皮层中小孔通过神经而被打开的不同方式，灵魂具有不同的感觉。³

对应的规律性显然是因上帝的指示保证的。上帝安排了不同的身体状态去对应不同的心灵状态。⁴因而笛卡尔断言，对应关系乃是"通过自然的任命"（durch natürliche Einsetzung）所给予的。他在《光学》和《沉思集》中写道：

> 正是那些由自然任命的[大脑的]运动，通过这些运动直接作用于我们的灵魂（只要我们的灵魂与身体是联结的），心灵具有那样的感觉。⁵
>
> 当它们[神经]在脚内收紧时，它们也作用于大脑最内在的部分，而它们跟这些部分处在联结之中，并且在那里产生了某种自然所任命的运动，即它以疼痛感刺激了心灵，仿佛它位于脚中那般。⁶

特定的大脑状态并非基于其结构才与心灵状态联结起来形成了对应关系，而是只因为上帝通过"自然的任命"而支配了它。因为上帝支配着不受限的行动自由，但是它也能支配他者并形成其他的对应关系：

3　《论人》(AT XI, 143)。

4　这里要强调的是笛卡尔只提到了对应关系（本节脚注3："对应于不同方式……灵魂具有不同的感觉"），而没有提到由上帝确定的对某种存在物的传递或者传送。

5　《光学》第六部分(AT VI, 130)。

6　第六沉思(AT VII, 87)。

但是上帝本来也能这样确定人类的本质的,即大脑中的同一个运动向心灵呈现了不一样的东西。[7]

那个左脚大脚趾中的刺激,也就是通常情况下与疼痛对应的刺激,可能会因上帝的指示在未来与关于马特洪峰的想象或者其他心灵状态对应。

这个被有着意志论烙印的神学所启发的思路,很容易变成怀疑论:既然上帝每时每刻都能改变对应关系(虽然无须告知人们),那么我们便不知道,左脚大脚趾中的疼痛感是否真的和从大脚趾出发的神经刺激以及对应的大脑状态相互对应。我们单纯地相信存在这种对应,但是可能我们每时每刻都是错的。因而我们必须局限于直接向我们呈现的东西,也就是心灵状态。关于它与身体状态的对应,我们最多只能作出猜测。

然而,笛卡尔并没有提到这个怀疑论。基于上帝的善,笛卡尔认为上帝建立的正是对于生命的维持和健康来说必要的对应。[8]因为倘若特定的感觉——尤其是疼痛——不再经由大脑状态和神经刺激与特定的身体部分联结在一起,那么我们就完全不会注意到这个身体部分的损伤,因而我们也无法对损伤做出反应。就算撇开这个论证不谈,依然存在这个事实,即身体和心灵状态的必然对应并不存在,并且这些身心状态并不内在地要求一种完全确定的对应。这种对应是偶然的并且可以被上帝在任意时刻改变。

这个观点——完全不考虑其神学内涵——在哲学上影响广泛。身体状态和心灵状态的对应如若是偶然的,那么心灵状态就具有任意的

---

7 第六沉思(AT VII, 88)。
8 参第六沉思(AT VII, 87-88)。

特性。它具有这样的特点,就像它本来就是这样的;对于拥有它的那些人而言,它感觉起来就像它本来感觉起来的那样,因为上帝就是这样规定的,而不是因为它出于心外原因而具有特定的结构。莱布尼茨也早就注意到这个重要的观点了:

> 笛卡尔主义者将我们关于这些质性的觉知理解为任意的,也就是仿佛上帝依照自己的判断把它们授予了灵魂,而不顾在觉知和其对象之间的本质关系——这个观点,令我惊讶,在我看来,也没有尊敬那位以和谐与合理方式创造万物的造物主的智慧。[9]

莱布尼茨特地指出了觉知的任意性。当心灵觉知(或者观念)和外部对象的从属单纯是通过"自然的任命"赋予的,而它在任意时刻都能被改变并且——莱布尼茨在其批评中强调的——不遵从一种和谐原则,那么在觉知和外部对象之间就完全不存在必然关联。同样,作为心灵状态,感觉和其外部原因之间也不存在必然关联。举个例子来说,当我感觉到左脚大脚趾中的疼痛,然后被问道:"为什么疼痛以一种完全特定的样式被你感觉到?"我不能直接回答说:"疼痛感觉起来就是这样而不是那样,因为它是由左脚大脚趾的刺激引发的。"毋宁说,我必须这样回答:"我无法解释为什么疼痛感觉起来就是这样而不是那样。"能确定的只是,借助"自然的任命",这种疼痛处于与左脚大脚趾中神经刺激的对应之中。但是疼痛也能与其他神经刺激对应。疼痛的特点不是通过与左脚大脚趾中神经刺激的对应来规定的。用近代术语来说,这意味着:[10]特定感觉的呈现模式不是由此感

9　Leibniz, *Nouveaux essays sur l'entendement* (Akademie-Ausgabe 1962, 56).
10　参 McGinn 1983, 57-72。

觉的原因所规定的，并且因此也不可借助这一原因来解释。毋宁说，它的呈现模式乃是无法被进一步解释的事实。感觉感受起来就像它被感受的样子；它特殊的如是存在(So-sein)无法被进一步解释。

毋庸置疑，在呈现模式中不存在完全的任意性。笛卡尔认为"自然的任命"对所有人而言都同样适用。当我感觉到了左脚大脚趾中的疼痛，它借助上帝的指示与左脚大脚趾中的神经刺激对应，而当另一个人认为，他同样感觉到了左脚大脚趾中的疼痛，那么我由此可以认为对那个人而言，疼痛感觉起来和在我这里是一样的，并且在他那里，它同样与左脚大脚趾中的神经刺激对应。上帝已经如此安排好了，即在所有人那里存在相同的对应关系以及特定感觉的相同呈现模式。(呈现模式准确来说是怎样的，每个人却只能自己判断。我只能假设，在其他人那里的疼痛和在我那里的疼痛是相似的。)此外，通过依据上帝的善来确保对应关系的确定性，笛卡尔避免了完全的任意性。上帝不是随意地将身体状态与心灵状态时而这样、时而那样地对应起来。毋宁说，上帝指定一个特定的身体状态总是与一个特定的心灵状态对应。[11]

笛卡尔对基于上帝指示而形成了身心状态的对应这个事实的坚持，构成了——乍看起来如此——偶因论的基础。因为自然的任命这个观点只能这样理解，即身体状态自在地并不是心灵状态的原因。只有基于上帝的命令才产生了这两种状态的关系。由于上帝时时刻刻维

---

11 在1646年5月给伊丽莎白公主的信中(AT IV, 408)，笛卡尔明确认为这样的对应"从我们出生起"便存在："在我们的灵魂和身体之间存在着这样的对应，以至于从我们出生起便伴随着某些身体运动的思想到现在仍伴随着它们，以至于如果相同的运动被某些外部因素重新刺激的话，它们就在心灵中形成了相同的思想；反过来，如果我们有相同的思想，那么它们就产生了相同的运动。"这里值得注意的是，笛卡尔只提到了"伴随"(accompagner)(而不是"造成"[causer])。这个术语表明了心身状态的联结只能理解为一种对应。

持着一切实体的存在,[12]上帝就总是作为着的,那么他也必须每时每刻保证这些实体状态的对应。上帝不只是在过去某个时刻创造了我的身体和心灵,而是在每个时刻都将这两个实体维持在存在中,并且他也每时每刻维持着我身体的特定状态(比如说在左脚大脚趾里的神经刺激)和心灵的特定状态(疼痛感)之间的对应。但是这样一来,上帝必须积极地参与到每个身心状态的对应中。并且严格来说,这样一来,上帝是身心互动的根本原因,因为他保证了这两个实体的两个状态之间的对应。外部对象对我的感官的作用以及由此而来的身体状态,对上帝来说只构成了一个时机(occasio),也就是去生成这个对应的时机。

事实上,人们很容易这样去想,并且因此许多解读者认为偶因论(尤其是马勒伯朗士的偶因论)从根本上说只是笛卡尔草案的一种合理深化而已,这也并不令人惊讶。[13]然而,我认为这个解释至少从两个原因来看是不可行的:

第一,偶因论不是一种意在解释身心状态之间的因果关系的理论。毋宁说,它是一种旨在通过回溯到上帝的行动来解释每个因果关系的理论。[14]依据偶因论,两种物体状态的因果关系(比如说当滚动的石头推动另一块石头)或者两种心灵状态的因果关系(比如说我去执行某个行动的决定使我感到高兴)在没有上帝行动(干涉)的情况下都

---

12 参《哲学原理》第一部分,第 21 条(AT VIII-1, 13)。
13 参 Lennon 1974, 29; Radner 1978, 10-11; Cottingham 1989-1990, 239。正如罗迪斯-刘易斯所证实的,17 世纪和 18 世纪早期的许多解读者(比如丰特奈尔[Bernard de Fontenelle])已经认为笛卡尔乃是偶因论的发明者(Rodis-Lewis 1993, 特别是第 406—407 页)。
14 参 Malebranche, De la recherche de la vérité VI, 2, 3 (Oeuvres complètes II, 314);关于偶因论的因果概念,参 Nadler 1995, 4-5。

第 11 节 互动观点的后果

是不可能的。[15]这个解释肯定不符合笛卡尔的意图。他只在因果关系的一种特殊情况中——就是在身心互动的情况中——才借助由上帝所指示的自然任命。

第二，这更加关键，笛卡尔并不认为上帝是特定心灵状态的直接原因。他明确强调身体状态直接推动心灵产生相应的状态，以至于身体和心灵状态直接对应。[16]通过自然任命，上帝只是创造了对应关系得以可能的一般性条件。通过如下对比，这个思路还能被进一步澄清。

如果我将一部电力设备接入电网并且让它运行起来，那么我就是这部设备运行的原因。当然只是因为我有个电网可以使用并将这部设备接入电网，我才能使它运行起来。现在有人可能会问："难道在严格意义上不是发电厂才是这部设备运行的原因吗？你将设备接入电网只是给了电网机会去供电并使这部设备真正运行起来。"对此可这么回复：发电厂对于设备的运行来说确实是必需的；如果它不提供电力，那么我也不能使这部设备运行起来。但是发电厂只是创造了我使设备运行起来的一般性条件。它不是设备运行的直接原因。当然，还可以继续追问："但是你是否至少不得不承认存在两个原因，即发电厂和你？这两个原因对于设备运行来说是同时必要的。"但是这个建议并不令人信服。假设我将正在运行的设备丢进洗澡水里并且由此杀死了某个正在洗澡的人。这意味着存在两个谋杀的元凶，也就是我和发电厂？不。发电厂只是给我创造了让这部设备运行起来以及将它扔

---

15 Malebranche, *Entretiens sur la métaphysique et sur la religion* IV, 11 (*Oeuvres complètes* XII-XIII, 96).

16 参 1647 年 2 月 1 日给沙尼的信（见本节脚注 2），在那里笛卡尔说身体状态可以"促使"（induisent）心灵形成特定状态。在《光学》第六部分（AT VI, 130）中，笛卡尔甚至认为大脑粒子的运动直接作用于我们的灵魂（"agissans immediatement contre nostre ame"）。

进洗澡水里的机会。但是设备运行的唯一原因以及谋杀的唯一元凶都是我。

我希望这个例子澄清了笛卡尔的观点,即上帝通过自然任命使得身心状态的对应变为可能,不可以简单地被理解为直接的上帝的因果性(unmittelbare göttliche Kausalität)。上帝不是心灵状态的直接原因,并且他没有直接地将身体状态(或者引起感觉印象并由此生成身体状态的外部对象)作为时机来使用。毋宁说,他通过身心的联结给身心状态的对应创造了条件。[17]当然上帝本来也能创造其他条件。(发电厂本来也能创造其他条件,比如说它本来也能以其他电压输送电力。)但是基于现实条件的偶然性并不能论证这些条件的创造者乃是直接的原因。只有当笛卡尔的观点,即上帝只创造了一般性的条件,为了更强的观点——上帝直接参与到了每个心灵状态的产生中——而被放弃时,偶因论立场才会出现。

尽管笛卡尔认为上帝使得身心互动得以可能,但他也不是偶因论者。尽管他有时说在互动时某种东西被传递给了心灵,他也不认可任何神秘存在物的传递理论。他只认为上帝给身心状态的规律性对应创造了一般性条件。但是规律性条件对于区分因果性和纯粹的偶然性来说是足够的吗?假设在左脚大脚趾的神经刺激跟关于马特洪峰的想象

---

17 但是在1645年10月6日给伊丽莎白的信中(AT IV, 314),笛卡尔的说法似乎与这个解释相悖。那里他认为:"单单哲学就能发现没有上帝的意愿以及上帝在永恒中如此意愿了的话,最微小的思想都是无法进入人们的心灵中的。"查普尔依据此处文本认为,上帝显然是每个思想的直接原因(或者至少对于每个意愿性思想如此)(Chappell 1994b, 184)。这样一来上帝仿佛不仅仅是一个机关,也就是给心灵状态的形成及其与身体状态的联结创造条件的机关。但是在我看来,这个解读方式并不具有说服力。我们也可以这么理解此处文本:如果上帝本来未曾想要人们形成思想,那么事实上也不会存在任一思想。但是既然上帝意愿了,那么他也给思想的形成创造了条件,即身心的联结。在此意义上,上帝是"总体因"(cause totale)(AT IV, 314),正如笛卡尔在同一封信中所说的,因为它给思想的形成创造了所有条件(在身心联结之外,当然还有思想所指称的外部世界的存在)。

规律性地相互对应。难道我就必须承认，这个神经刺激引发了关于马特洪峰的想象吗？这个问题不能直接用简短的评价来驳回，即脚趾中的神经刺激跟马特洪峰的想象无关。笛卡尔恰好强调了（正如莱布尼茨不乐意确定的）不存在那种内在于身心状态的且规定了它们的对应关系的东西。如果出于假设，规律性的对应已然存在，我们如何能够拒绝脚趾中的神经刺激引发了关于马特洪峰的想象呢？

在我看来，在笛卡尔的视角下，只有两个论证是可行的。第一，可以基于已提及的那个论证，即上帝正是以尽力维持生命和健康的方式来安排对应关系的。因此脚趾中的神经刺激必须总是与疼痛感相互关联。倘若它与关于马特洪峰的想象相互关联，那么我就完全不会注意到我的脚趾受伤了并且也不会对受伤做出反应。

这个问答将之前提出的问题作为不容许的问题予以驳回了：脚趾中的神经刺激和关于马特洪峰的想象之间规律性对应违反了目的论的基本原则，而这个原则对于每个对应而言都具有规定性意义。然而这个回答并不完全令人满意，因为它并没有给出身心状态的明确从属标准。假设我同时有多个神经刺激（比如说一个在左脚大脚趾，另一个在右脚大脚趾）以及多个心灵状态（比如说在左脚大脚趾里的疼痛感觉，在右脚大脚趾里的疼痛感觉，还有关于马特洪峰的想象）。根据上述原则，我能排除这个可能性，即两个神经刺激之一与关于马特洪峰的想象对应。然而，该原则没有给我可用的标准来确定左脚大脚趾中的神经刺激和左脚趾中的疼痛感相互对应，以及右脚大脚趾中的神经刺激和右脚趾中的疼痛感相互对应。因为在互换时也能满足这个原则。即使右脚大脚趾中的神经刺激和左脚趾中的疼痛感相互关联，我也能对身体部分的损伤进行反应，同时采取措施维持我的健康。我如何能够确定不存在此种互换呢？在我看来，笛卡尔没有展开论证回答这个问题。[18]他指出，尽管有上帝的善，仍总是会出现感觉错觉或者幻觉疼痛，[19]他的这一做法反而增强了对明确从属的认识可能性的怀疑。我能感觉到左脚大脚趾中的疼痛，尽管我的左脚大脚趾已经切除了，并且我只有右脚大脚趾。那么我错误地相信了右脚大脚趾中的神经刺激和我的疼痛感之间存在着一种对应。不存在内在于疼痛感的、阻止我产生这个错误信念的东西。

对于为什么右脚大脚趾中的神经刺激不能是关于马特洪峰的想象的原因（假设存在一种规律性的对应），还有第二个论证，它能依据一种笛卡尔在第三沉思中引入的原则：[20]想象的原因必须至少有如此多的形式实在性，正如想象所具有的客观实在性那般。具体来说：关于马特洪峰的想象具有客观实在性"马特洪峰"；它表征了马特洪峰这个实体。现在这个想象的原因必须至少有如此多的实在性，也就是它必须至少具有实体的实在性。由此脚趾中的神经刺激这个原因被排除了。

用于排除脚趾中的神经刺激和关于马特洪峰的想象之间的对应，这个答复肯定是足够了的。但是为了保证一种明确的对应，它仍有欠缺。因为它只要求想象的原因至少得是个实体。但是马特洪峰之外肯定还有大量其他实体。我如何能够确定正是我之前看到了马特洪峰，而不是看到了埃菲尔铁塔（它同样是实体），构成了我关于马特洪峰的想象的原因呢？

这个显而易见的问题（然而在笛卡尔那里并不存在对这个问题的明确回答）可以依据因果史来解释：看马特洪峰以特定方式刺激了我

---

18 虽然在第六沉思中（AT VII, 87），笛卡尔认为必须存在心身状态之间一对一的对应："最后我想指出每个发生在大脑部分中的给定运动，它直接影响了心灵并仅造成了一个对应的感觉。"但是他没有给出任何原则来判断哪个心灵状态与身体状态对应。

19 第六沉思（AT VII, 88）。

20 第三沉思（AT VII, 40–41）。

的眼睛。这个视觉神经的刺激将进一步传递给大脑,在那里完全确定的精气结构将会形成。正是这个结构——而不是那个由去看埃菲尔铁塔形成的——与我关于马特洪峰的想象相互关联。也就是说存在一种明确的从属,因为存在一个明确的因果史。(当然因果史本来也可以以另一种方式展开。上帝本来能够实现将由看马特洪峰而来的大脑状态与关于埃菲尔铁塔的想象关联起来。但是上帝并不骗人,因而那种在原则上可能的互换便在事实上被排除了。)

截至目前的讨论强调,身心互动要理解为身心状态的规律性对应,而不能理解为某种存在物的传递。但是还有个问题是,心灵状态究竟来自哪里。当我有关于马特洪峰的想象时,虽然确定的是我只有这个想象,因为当下存在着一个特定的大脑状态,而它通过(现在或者之前的)对马特洪峰的观看而产生。但是这个关于马特洪峰的想象不是由大脑向我的心灵所传递的。那么这个想象来自哪里呢?

人们可以回答说想象当然来自心灵;因为想象是心灵的样态。但是这个回答是不令人满意的,因为它只解释了作为样态的想象(作为样态它并不与其他样态区分开来)来自哪里。这里关键的是这个问题,即关于马特洪峰的想象,而不是关于其他东西的想象——也就是具有特定内容的想象——究竟来自哪里。对此可以简要地回答说:这个想象当然来自马特洪峰,也就是来自那个外在于心灵的原因,它确定了内容。但这个回答同样也不令人满意。马特洪峰虽然是确定内容的东西,但是既然马特洪峰未曾向心灵传递任何东西,那么它也不能成为关于马特洪峰的想象的来源。[21]那么来源在哪里呢? 对这个问题,

---

21 因此,布劳顿恰当地建议对来源(origin)和原因(cause)进行区分(Broughton 1986, 117)。马特洪峰只是关于马特洪峰的想象的原因,因为它确定了表征内容,但是它并不是这个想象的来源。

笛卡尔在《对某通报的评论》中给出了一个简要的回答：

> 谁若准确地注意到了我们的感觉的边界，并准确地认识到从它们那里到达我们思维能力的东西之所是，他就必须承认，感觉并未向我们如此地呈现任何关于事物的观念，就像我们在思维中形成观念那般。也就是说在我们的观念中不包含超出心灵或者天赋的思维能力的东西，仅有一个例外是涉及经验的状况。[22]

鉴于这个阐述，之前提出的问题也可以回答了。我关于马特洪峰的想象（不仅仅是作为心灵样态的想象）来源于心灵。这个完整的想象总是早就潜在地存在于我的心灵之中。心外的马特洪峰和由观看马特洪峰导致的大脑状态，提供了导致观念的现实形成的外部情境（或者外部契机，如笛卡尔所言[23]）。

这个说法突出了笛卡尔旗帜鲜明的理性主义的计划（Ansatz）。每个观念，不仅仅是那些关于上帝的或者关于数学对象的，都在特定意义上是天赋的并且来源于心灵。每个大脑状态对观念的现实形成来说只是一种情境或者触发因素。我想借第 10 节中已经引用过的对比来阐明这个重要观点。

假设某人每当红灯亮起时都抬起了他的右臂，而在绿灯亮起时则抬起左臂。那么显然在特定颜色的亮起和特定的手臂运动间存在着对应。当被问及，为什么被试者在特定颜色亮起时执行特定运动，可以这么回答：原因不在于灯光向被试者传递了某种东西，并使被试者处在执行特定运动的状况之中。在灯亮起前，这个被试者就能够抬起右

22　《对某通报的评论》（AT VIII-2, 358）。
23　参《对某通报的评论》（AT VIII-2, 359）。

第 11 节 互动观点的后果

臂或者左臂。被试者只需要(a)一位实验引导者,他原则上确定了哪个灯光颜色与哪个运动相互关联,以及(b)一个触发因素,它促使被试者在特定时间真的抬起右臂或者左臂。

这同样也适用于身心互动:心灵之所以能够形成观念,不是因为身体向它传递了什么东西。毋宁说,它自在地就能形成观念。它只是(a')依靠上帝,上帝在原则上确定了哪个观念从属于哪个身体状态,以及(b')有赖于具体的身体状态,它促使心灵在特定时间现实地形成一个特定观念。

虽然如此,这个解释的症结在于认为身体促使心灵在特定时间形成特定观念,就像被试者由于红灯亮起而被促使去抬起右臂。可如果身体不向心灵传递任何东西并且不在字面意义上作用于它,它如何能够促使[心灵去做]某事呢[24]?正如我在第 10 节中提到的,笛卡尔有时认为身体给了心灵一个征兆或者信号。他在第六沉思中就是这么认为的:

> 比如说,当脚中的神经被剧烈地和反常地刺激时,它的运动(通过脊髓到达大脑的最深处)给了心灵一个信号以感觉某种东西。[25]

心灵能够将潜在地存在于它之中的东西现实化,因为它获得了征兆。可如果没有任何存在物向它传递,它如何能够实现这个现实化呢?以及它如何能够解读这个征兆呢?据我所知,笛卡尔并未回答这个问

---

24 在给沙尼的信中(参本节脚注 2),笛卡尔明确说身体状态"促使"(induisent)心灵形成特定思想。
25 第六沉思(AT VII, 87-88)。

题。他似乎认为借助自然的(上帝的)任命，心灵成功地完成了对征兆的解读。但是，其确切机制依然是个谜。

依据《对某通报的评论》，人们可以答复说，这个机制并不完全是个谜。因为在那里，笛卡尔认为所有观念(那些关于疼痛、颜色等的观念，还有那些关于几何属性的观念)都是天赋的，而心灵只需要外部契机来激活它们。[26]因而可以说：无论何时身体向心灵发送了征兆，比如说脚趾受伤的征兆，心灵都能解读这个征兆，因为它具有关于疼痛的天赋观念。这个观念仅仅是一种特殊的能力，即解读征兆——比如那个表示受伤的征兆——的能力。

这个答复虽然肯定与文本相符，但是它并没有解决上述问题。因为还可以继续追问：心灵如何不仅能够激活天赋能力，而且能借这种能力来解读征兆呢？这个解读的机制该如何理解呢？笛卡尔的回答可能是上帝给心灵安排了这个特殊能力，并且因此借助上帝的指示，征兆能够被解读。但即便这样，解读的机制仍如之前一样还是个谜。

---

[26] 《对某通报的评论》(AT VIII-2, 359)："因而可以认为，关于运动自身和形象的这些观念都必须是天赋的。关于疼痛、颜色、声音和诸如此类的观念更加必须是天赋的，如果(在某种特定的身体运动情境下)我们的心灵要能够向自己表征它们的话，因为在这些观念和身体运动之间没有相似性。"

第 12 节 关于非质料的对象：对本质的把握

到目前为止的讨论只涉及了关于质料对象的观念。在考察这些观念时还存有一个问题，即何以从身体感知出发形成非身体性的表征。然而笛卡尔并未将他的观念论限制在由感觉感知所习得的观念上。众所周知，他认为在习得的观念（ideae adventitiae）之外，也存在所谓的关于非质料对象的天赋观念（ideae innatae）。这个观点至少引出了两个问题，而对它们的回答之于理解笛卡尔的表征理论具有关键意义。第一个问题：为什么天赋观念是必需的？为什么笛卡尔不满足于将所有观念刻画为习得的观念并且只区分不同种类的习得（比如说通过直接的感觉感知、通过回忆、通过抽象等）？第二个问题：笛卡尔如何区分天赋观念与习得观念，以及他又如何解释这个区分？他是否从这两种观念中发展出了两种不同的表征模型？还是说他在统一的模型下解释它们？

在逐步回答这两个问题之前，必须先讨论术语上的注意点。正如第 4 节已经澄清了的，笛卡尔在多重意义上使用"天赋"这个表达。在第一种，即非常宽泛的意义上，天赋观念仅被理解为心灵能力或者潜能（在第 4 节中称为"天赋$_F$观念"）。每个人都拥有这样的潜能，而它们根据刺激的不同以不同方式被激活。习得的观念也以天赋$_F$观念为前提。因为只有当某人具备可通过对象作用来激活的思维能力时，他才能获得关于质料对象的现实观念。

在更狭隘的意义上说（也就是第 11 节的结尾澄清的），天赋观念不是单纯的一般性潜能，即不是构成了形成习得观念前提的潜能。毋宁说，每个习得观念在特定意义上都是天赋的。因为当心灵形成一个这样的观念时，它并没有通过感觉或者大脑向它传递某物而习得这个观念。身心乃是两种不同实体，在这两者之间不可能存在某种存在物的传递。毋宁说，心灵潜在地拥有一切，并且感官只是作为触发因素起作用。天赋观念并不纯然是去执行思维动作的普遍潜能。它更多的是一种特殊潜能，也就是某种形成具有特定内容（比如说关于马特洪峰而不是其他东西的想象）的思维动作的潜能。

接下来将在第三种意义上谈论天赋观念，尽管是在第 4 节中以"天赋$_0$观念"的名义所引入的意义上。因为笛卡尔认为存在现实的天赋观念，并且它们指向特定对象。这些对象可以分为三组：(1) 普遍性概念（比如说"事物""思考""真理"[1]），(2) 上帝，(3) 数学对象。为了将这些对象与质料对象进行区分，笛卡尔将它们全部称为"不变的和永恒的本质"。[2]

现在就可以提出之前的那些问题：为什么天赋$_0$观念是必需的？为什么笛卡尔不满足于天赋$_F$观念，也就是通过不同种类的刺激以不同方式被激活的观念？他完全可以（如在他之前的中世纪亚里士多德主义者，还有在他之后的英国经验主义者那样）援引每种知识都建立在感觉经验之上这个基本原则。

这个问题不可以宽泛地引据笛卡尔观念论的理性主义基本准则来进行回答。它恰好提出了这样一个问题，即这个理性主义基本准则[也]需要论证。同样地，这个问题也不能通过对笛卡尔所借鉴的柏拉图-奥古斯丁传统的历史回溯来回答。[3]这里也存在一个问题，当笛

1　参第三沉思（AT VII, 38）。
2　参 1641 年 6 月 16 日给梅森的信（AT III, 383）。当然质料对象也有本质，即广延。但是此处涉及的总是在质料实体中实例化的本质。与此相反，"不变的和永恒的本质"并不在（或者至少并不必然地）质料实体中实例化。
3　科廷厄姆止步于这个角度（Cottingham 1986, 144）。当然不应否认的是存在对此传统的借鉴。在 1643 年给沃提乌斯（Voetius）的信中（AT VIII-2, 167），笛卡尔自己通过引用《美诺篇》（81c）中著名的奴隶例子，指明了这个柏拉图传统。

第 12 节 关于非质料的对象：对本质的把握

卡尔认为所谓的"不变的和永恒的本质"可以独立于经验而被把握，他为什么会借鉴这个传统。为什么他不认为我们以如下方式直接形成关于这些本质的观念呢，即我们观察具体的、存在着的事物，将它们进行比较，并且抽象出具共同性的东西？

为了回答这个问题，我们必须更进一步考察笛卡尔举出的诸多天赋。观念的例子。首先必须进一步考察引入这些例子的讨论语境。正如已经提及的，天赋。观念可以分成三组：

第一组天赋。观念指的是诸如"思考"或者"真理"的普遍概念。正如笛卡尔在给梅森的信中所提到的，我们无须借助感觉经验便能把握这些概念，仅需借助"自然之光"。因为所有人都拥有同样的自然之光，于是所有人都具有同样的概念。[4] 显然在这里，自然之光应被理解为理性，也就是所有人出于其本性而被给予的东西。然而为什么笛卡尔认为这些一般性概念仅仅通过理性来把握呢？这个问题可依据"思考"的概念这个例子来回答。[5]

在第一沉思中，怀疑论证澄清了沉思者虽然在关于自己的观念方面——或者更一般的表述，关于自己的意识状态——具有不可置疑的知识，但却没有对心外对象的不可置疑的知识，这些意识状态据称是表征了这些对象。众所周知，由这个论断出发，笛卡尔在第二沉思中认为只有先针对诸多意识状态、针对它的承载者我，我们才可能有无可怀疑的知识。怀疑论证没有表明，通过具有关于自己意识状态的无可怀疑的知识，沉思者也能对这种意识状态的特殊结构形成无可怀疑的知识。首要的是，它未表明沉思者具有关于如下事实的不可怀疑的

---

[4] 1639 年 10 月 16 日给梅森的信（AT II, 597–598）："因为所有人都有着同样的自然之光，所以似乎他们都应该有相同的想法。"

[5] 关于"真理"概念，请参看第 16 节。

知识，(i)每个意识状态都是单独的心灵事件，以及(ii)每个意识状态都需要载体。由怀疑论证出发，人们其实还能主张存在唯一的意识流，而每个意识状态都是它的一部分（虽然无须存在这个意识流的一个载体），或者也可以主张各个意识状态都有一个载体。因而，我思论证总是遭到批评，这并不令人惊讶，因为它基于不明确的前提，也就是并非由怀疑论证而来的前提。这些前提是：

（P1）每个意识状态都需要载体。

（P2）对于一个人的所有意识状态，恰好存在一个载体。

然而为什么笛卡尔认为我思论证是有效的并且是一目了然的呢，更何况他没有明确提到和论证这些前提？为什么他认为可能存在没有载体的意识流（正如之后休谟所认为的），或者存在很多我（正如安斯科姆[Anscombe]所建议的）这一思路是错误的呢？天赋。观念理论要回答的正是这个问题。在第三沉思的开头，笛卡尔引入了天赋。观念并给出了如下说明：

> 因为我能理解对象是什么，真理是什么，思考是什么，这对我而言只能来自我的本性，而不是来自其他地方。[6]

这里明确涉及的问题是人们如何能够理解什么是一般意义上的思考，也就是人们如何把握"思考"这个概念，而不涉及诸如人们如何能够理解什么是这个或者那个具体的思想（cogitatio）这一类问题。根据笛卡尔，正是因为这个概念总是以天赋。观念的形式存在于我们的本

---

6 第三沉思（AT VII, 38）。也参第六答辩（AT VII, 422）："但是这就足够了，如果我们通过内在的思想知道的话，它永远先于反思性的知识，并且对于所有人而言都是天赋的，尽管[……]我们能够假装我们没有它，然而事实上我们却不可能不拥有它。"

第12节 关于非质料的对象：对本质的把握　　　　　　173

质中了，此种对"思考"概念的把握才是可能的。我们只需激活这个天赋₀观念。当我们正确地激活它时，我们就能洞见到，"思考"概念乃是关于特定种类的实体之本质或本性的概念。[7]但是它——在这里很关键——绝非独立于实体存在的诸多属性或者状态的概念。

由此，对沉思者状况的准确理解将带来的后果是：沉思者具有"从他自己的本性而来"的关于"思考"的概念，并且洞见到（假设他以正确的方式激活了这个概念），"思考"总是"实体的思考"；不存在"自在的"思考或者"自存的"广延。当沉思者现在具有一个具体的、隶属于"思考"这个概念的意识状态，那么他也能洞见到，它是实体的意识状态，而实体作为状态的载体起作用。沉思者压根就不在那样的情境中：他虽然具有关于自己意识状态的不可怀疑的知识，但是并不具有关于该意识状态结构的知识。因为他总是具有"思考"这个概念，而每个意识状态都隶属于它，那么他也能够具有关于意识状态结构的知识。进而，他具有关于前提 P1 和 P2 的知识。[8]

这表明了关于天赋₀观念的理论构成了我思论证的重要的、不可或缺的组成部分。因为倘若人们仅基于在经验中所通达的东西，那么他只能确定某个意识状态被给出了。但是他不能提出这个论点，即心灵以不可怀疑的方式被认识到了。于是，关于天赋₀观念的理论转变

---

[7] 在《哲学原理》第一部分，第53条（AT VIII-1, 25）中，笛卡尔简洁地认为："思想构成了思维实体的本质。"

[8] 至少他具有关于 P1 的知识。为了具有关于 P2 的知识，他也必须能够认识意识状态的统一体。但是这似乎是通过关于"思考"的天赋观念来呈现的。因为如果有人把握住了这个概念，那么他总是把握到从属于这个概念的意识状态具有唯一的载体。因为在《哲学原理》第一部分，第52条中（AT VIII-1, 25），笛卡尔强调了："由此，如果我们觉知到了某些属性的呈现，那么我们也能够推论出某个存在着的事物，或者实体，也就是属性能够附着于它的东西，必须必然地呈现。"对于笛卡尔而言，这似乎是非常清楚的，即我们能推论出某个存在着的事物（aliquam rem existentem），而不是任何存在着的事物（aliquas res existentes）。

成了关于如下内容的理论,即沉思者独立于经验(无论这是感觉经验还是纯粹的心灵经验)必须具有何种概念,以使得他能够将他的意识状态当作具有特定结构的状态来认识。

第二种天赋观念是关于上帝的观念。针对这个观念也可提出一个问题,即为什么笛卡尔没有借助经验来解释它。正如霍布斯建议的,他其实能够展开如下论证:[9]我们具有关于大量事物的感觉印象,并且找寻这些印象的原因。当我们总是回溯到对原因的追寻,那么我们最终能找到第一因,而这第一因正是上帝。

注意《沉思集》的讨论背景将表明这个论证对于笛卡尔来说是不可接受的。因为霍布斯的思路依据一种假设,即我们的感觉印象由真实存在的事物造成。在此之后就只有一个问题,即在这长长的因果链条中,这些存在物的最终原因是什么。但是由于第一沉思中的怀疑论证,我们无法对外部事物的存在作出假设。沉思者只具有他的意识状态,他必须寻找一种论证,以说明为什么这些意识状态关乎真实存在的外部事物。为了完成这一论证,他不可以直接依据存在着的外部事物;不然的话就导致了明显的循环论证(petitio principii)。他需要的是这样的论证,即无须借助外部事物,它便能为意识状态指称真实存在的外部事物这个观点创造基础。天赋观念理论正是提供了这个论证。因为基于关于上帝的观念是天赋的这个事实,沉思者便能从他的意识状态中独立地形成关于上帝的现实观念。因为这个观念总是关于存在着的、全能的上帝的观念,他就能够在后续中表明上帝保证了外物的存在。如此,在最后便能证明意识状态关乎真实存在着的事物。

这个论证在其各个步骤中是否有说服力,这里不作讨论。在这个

---

9 参第三反驳(AT VII, 180)。

第12节 关于非质料的对象：对本质的把握

因果关系中关键的只是其一般性的论证策略。当霍布斯从存在着的事物出发，以从漫长的因果链条中推论出上帝存在，笛卡尔则受怀疑论证逼迫，必须反向操作。他必须在不依赖于外物的情况下证明上帝的存在，并且只能依据对上帝属性的某些假设去推论出外物的存在。这个论证策略对他来说是可能的，只是因为他回溯到了关于上帝的天赋观念。这里也再度表明，天赋观念理论是不可或缺的。倘若不存在任何关于上帝的天赋观念，那么沉思者也无法超出关于自己意识状态的知识；由怀疑论证制造的场景将不可避免地导致唯我论。

最后必须考察第三组天赋观念，也就是数学对象的观念。这里人们可以再次采用经验主义并展开如下论证：我们形成关于数学对象的观念，比如说关于三角形，是通过观察大量描绘出来的三角形，并准确抽象出它们共有的东西，即一个特定形象。然而笛卡尔并不采纳这个论证。他认为我们形成关于三角形的观念，是通过把握三角形的"本质或者形式或者实质"；即使不存在任何外在于我们的具体的三角形，我们也能够这么做。[10]

对抽象理论的这一拒绝至少有两个支撑性论证。首先，笛卡尔认为，根据抽象理论，我们只能获得那些我们实际感觉感知到的以及事实上对之进行抽象的东西的观念。但显然，我们能够形成那些我们从未见过的数学对象的观念（比如说千边形的观念）。因为我们能够通过理解它的定义来把握它。[11]

这个论证并不旨在表明，如人们在乍看之下就能够猜测的那般，我们的感觉的能力是有限的，以至于我们从感觉感知出发只能领会有

---

10 第五沉思（AT VII, 64）。也请参看《谈谈方法》第四部分（AT VI, 36）。
11 参第五沉思（AT VII, 64）。在第六沉思（AT VII, 72）中，他因此将对千边形的领会称作"纯粹理解"（pura intellectio）。

限数量的数学对象。这个论证更多地挑明了在认识质料对象和认识数学对象之间的原则性区别。数学对象不能借助感觉来认识(就像我通过观察或者触摸这张桌子来认识在我面前的这张桌子)。更确切地说,人们通过把握它的定义来认识它,而定义总是以句子的形式来表达。[12] 我认识一个三角形,是通过我把握"三角形是个几何图形,它的内角之和为两个直角之和"这个定义。人们可能想向我展示许多描绘出来的三角形;只要我不把握到这个定义,那么我就不认识三角形。由此,笛卡尔挑明了数学知识在地位上完全不同于质料事物的知识。在数学知识这里总是涉及对定义的把握,也就是说不依赖于我们是否看见了这个定义的具体实例。我们能够拥有这样的知识,是因为我们支配着天赋观念。

在给伽森狄的答辩中,还存在对此观点的论证,即数学对象不是直接通过对感觉感知到的对象进行抽象来认识的:

> 当我们以前小时候第一次看到在纸上所画的三角形图案时,这个图形很难教会我们如何理解一个真正的、如在几何学家那里被观察的三角形;因为真的三角形包含在这个图形中,就像水星的形象包含在未经加工的木头中那样。然而因为之前已经有关于真的三角形的观念存在于我们之中,并且相比起被描画的三角形的组合图形,它能够为我们的心灵轻松地把握,所以当我们看到这个组合起来的图形时,把握的不是这个图形,而是真的三角形。[13]

---

12 笛卡尔未明确表述这些句子。他在第五沉思(AT VII, 64-65)中只说了人们可以通过表明或证明数学对象的属性来领会它们。但是如果我们要证明对象 x 的属性 F,那么我们肯定总是要形成关于"x 是 F"这个形式的句子。

13 第五答辩(AT VII, 381-382)。

第12节 关于非质料的对象：对本质的把握

在这里，笛卡尔不仅仅认为对于领会数学对象而言感觉经验是不足够的。他坚持的是一种更强的观点：感觉经验对这样一种把握根本没有任何贡献。因为按照他的论证，只有当具有 F 的概念时，我们才能把对象 x 作为 F 来认识。在纸上描画的线条只有当我们已经具有关于三角形的概念时，才能被当作三角形（而不是作为涂鸦）来理解。我们之所以具有这个概念，是因为我们有关于三角形的天赋。观念。

现在可以提出如下反驳：虽然确实只有当我们具有 F 的概念时，我们才能将 x 理解为 F，但是这绝不意味着 F 概念必须是天赋的。我们也可以习得这个概念，比如说通过对比不同的被感知事物，确定共同的属性，然后形成一个所有属性都隶属于它的概念。这个概念就是纯心灵构造物；因为在现实中仅存在各个事物和它的属性。然而借助概念的帮助，我们能够将一个对象（我们在将来感知到的对象）和其他对象关联起来，并且我们能够在对象中建立这样一种秩序。

对于这个反驳——晚期中世纪概念论者的标准反驳——笛卡尔虽然未作深入讨论，但是他可能会通过如下论证进行反驳：概念论策略假设我们早已能够感知特定属性，并且只能确定相似性和共同性。但是当我们不具有这些属性所隶属的概念时，我们又如何能够感知这些属性呢？所有在感觉感知中向我们呈现的东西，乃是非结构化的印象。只有当我们具有概念时，才能规定和区分属性，而借助这些概念的帮助，我们能够结构化这些属性。在结构化感觉印象之前，我们必须拥有这些概念。

在笛卡尔给伽森狄的答辩中还暗含了一个反对概念论者的论证。[14]倘若我们从被感知的属性出发形成概念，那么我们只能形成实

14　参第五答辩（AT VII, 381-382）。

际被感知事物的概念。但是当我们观察描画出来的三角形时，严格来说，我们只看到了不规则的或者扭曲的线条。我们无法形成关于扭曲这一属性的概念。这个论证强调了概念的实例化只是趋近完美的属性而已。因而，我们不能基于这些实例来形成概念。毋宁说，我们首先需要这个概念，然后才能够确定某种被感知属性趋近于一种理想的属性。倘若我们没有这个概念，那么我们也不能够将被感知到的不完备属性从根本上作为对理想属性的趋近来认识。

这个论证表明了天赋观念的理论为什么会具有核心意义。它不仅仅是一种讨论我们如何能够获得关于特定非质料对象（比如上帝）的知识的理论，而且也是一种基础性理论，它关涉着使得知识——亦包括关于质料对象的知识——得以可能所必须满足的条件。只有当认知者拥有并不来自经验的概念时，他才能将在经验中给出的东西作为结构化的东西来把握。

然而紧接着就有个问题，即为了使知识得以可能，究竟哪些概念是必需的。如果人们考察笛卡尔对此问题的回答，那么就必须批判性地确定，正是那些对他的形而上学来说构成性的概念，他认为是不可或缺的。他认为在数学对象的概念之外，"心灵""身体""思想"（或者"思考"）以及"广延"这些概念也是天赋的基础概念。[15]因为我们拥有这些概念，我们才将心灵认作与身体不同的东西，并将广延认作只有身体才具有的东西，而将思想认作只有心灵才具有的东西。然而，这个观点决定了方向。按照笛卡尔，我们完全不能将质料身体把握为形式质料论的产物（正如亚里士多德主义者所认为的），或者将广延和思考作为同一实体的两种属性来把握（正如后来的斯宾诺莎主

---

15 参1641年6月16日给梅森的信（AT III, 383）和1643年5月21日给伊丽莎白公主的信（AT III, 665）。

义者所认为的)。这样的把握是不可能的，因为它与天赋概念相矛盾，并且由此也与我们究竟如何能够认识事物的条件相矛盾。亚里士多德主义者、斯宾诺莎主义者以及持其他形而上学模型的人仅止步于他们的理论，因为他们藐视天赋概念。但是如果有人紧紧抓住理性的"自然之光"，那么身心必须理解为具有独特属性的不同实体。这个观点(当然笛卡尔并未如此明确表述)表明了某种形而上学教条主义，而天赋₀观念的理论将它隐藏在自身中。因为笛卡尔不仅认为通过天赋₀观念，那些对于知识来说必要的概念被把握了，除此以外，笛卡尔还认为此处还涉及二元论实体形而上学的概念，而不是其他形而上学的概念。正是笛卡尔形而上学的概念被选为对知识来说不可或缺的那些概念。

现在我想回到我在本节的开头所表述的第二个问题。笛卡尔如何区分天赋观念和其他观念，尤其是那些习得的观念呢？这个问题乍看之下似乎已被回答了，因为已经表明的是，笛卡尔给出了两个区分标准。(i)相对于习得观念，天赋₀观念并不将质料对象作为其内容，而是"真的和不变的本质"。这些本质包括上帝、一般性概念和数学对象。[16](ii)相对于习得观念，天赋₀观念并不通过外部刺激的作用而被激活。心灵能够独立于感觉印象来把握这些真的和不变的本质。[17]

这两个标准虽然足以区分天赋观念和习得观念，但是不足以将它们和虚构的观念(ideae a me ipso factae)区分开来。这些观念也能满足

---

16 这些不同的本质当然不允许简单地被同等对待；因为只有上帝的本质具有必然存在。这意味着我可以领会三角形的本质，而无须在某处存在一个具体的三角形。但我不可以在领会上帝本质的同时，不领会他的必然存在。参第一答辩(AT VII, 116 117)。

17 应如何准确理解"领会"(Erfassen)这个隐喻性表达方式，我将在本节的后续中进一步加以讨论。

这两个标准，如奇美拉的观念这个例子所能表明的。

关于奇美拉的观念满足了第一个标准，因为它肯定不指向质料对象，而只是指向特定本性或者本质。只要我有这个观念，那么我就无法判断这个本质是否是真的和不变的，还是只是被发明出来的。因为当我有奇美拉的观念时，我以同样的方式把握这个神话生物的本质，正如我把握三角形的本质。在这两种情况下我都把握了特定定义，亦即不依赖于这个定义的某种物质性实例化。当然现在人们可以反驳说："但是在三角形的观念中，至少还能存在实例化，与此相反，在奇美拉的观念中则不存在。"但这不是个令人信服的反驳。因为我不是通过注意是否能够存在实例化的方式来把握三角形的本质的。即使我们假设不存在任何实例化（比如说，因为所有质料对象都被摧毁了，而借助它们，三角形才能被描绘出来或者构建出来），我肯定还是能把握这个三角形的本质。我的把握独立于实例化的可能性或者不可能性。[18]

奇美拉的观念也满足第二个标准。因为在这一情况下，为了激活我的思维能力，我并不需要外部刺激。仅凭我对狮子和山羊的记忆，以及这两个记忆的组合——两者皆为心灵活动——就足以激活。

显然为了能够区分天赋观念和其他虚构的观念，笛卡尔必须给出另一个标准。在第五沉思中（尽管也只是暗示性的）存在着这样的标准。笛卡尔认为：

> 基于我只能将上帝思考为存在着的这个事实，可以推出存在

---

18 笛卡尔在第六沉思（AT VII, 72）中引入的关于千边形的例子也能澄清这一点。尽管千边形无法被描画或者构建出来，尽管我不能图像式地想象千边形（正如在三角形那里这还是可行的），但我能领会千边形的本质。

第12节 关于非质料的对象：对本质的把握

与上帝是不可分割的，并且它真的存在。这并不意味着我的思考造成了这个结论或者它将必然性强加给了某个东西。相反，这个东西自己的必然性，也就是上帝的存在，使得我如此去思考。因为不带存在而去思考上帝（也就是不具有最高完满性的最高的、完满的存在者），对我来说是不可行的，正如想象带翅膀的或者不带翅膀的马，对我来说是可行的那般。[19]

这个陈述显然强调了这个观点（撇开这个争议性的观点不谈，即存在乃是上帝的一个属性，并且还是必然的属性）：当我具有关于真的和不变的本质的观念时，这个观念就包含某种东西，它一方面不是由我放置在这个观念中的，另一方面也不是我能从观念中随意剔除的。毋宁说，我是被强迫着，通过这个观念去发现在真的和不变的本质中那些不依赖于我的东西。与此相反，在虚构的观念中，我只发现了我自己在这个观念中放置的东西以及能够随意改变的东西。通过这个观念我无法发现任何新的东西，因为一切都来自我，而不是来自真的和不变的本质。

虽然如此，还是可以针对这个论证提出反驳的，正如威尔逊基于一个思想实验所表明的。[20]让我们想象一下，我们将形成 Onk 的观念，而 Onk 的定义是人类发现的第一个外星生命形式。当我们有这个观念时，我们就必须承认 Onk 具有繁衍和摄取食物的系统，即使我们之前没有想过"成为一种生命形式"究竟意味着什么。由此我们发现了我们没有放在观念中的东西。这个事情自身迫使我们去思考具有繁衍和摄取食物系统的 Onk，尽管 Onk 肯定不是真的和不变的

---

19 第五沉思（AT VII, 67）。
20 参 Wilson 1978, 172。

本质。

　　由于这个思想实验，我们就必须承认笛卡尔用来区分天赋和习得观念的标准是没用的吗？在我看来，威尔逊得出的这个结论[21]并不令人信服。因为通过将 Onk 定义为生命形式，我们自然地在关于 Onk 的观念中加入了某种东西；"成为一种生命形式"暗示着"拥有一个繁衍和摄取食物的系统"。我们可能只是在表述这个定义时，没有意识到这个隐含之意。但是即便如此，我们还是——有意识地或者无意识地——在定义中添加了某种东西，即一个繁衍和摄取食物的系统必须具有这个本质。当我们在 Onk 中发现了所谓新的东西时，我们只是发现了我们早就在 Onk 的定义中添加的东西。而当我们拥有关于真的和不变的本质的观念时，比如说关于三角形的观念时，情况就不一样了。我们在这个本质中并未发现我们添加的东西，而只有本质已经自在地拥有的东西。

　　在给卡特鲁斯的答辩中，笛卡尔还表述了一种用以区分天赋观念和虚构观念的标准：

> 必须注意那些不包含真的和不变的本质的观念，这些观念只包含了虚构的和由理智组合起来的东西，同样的理智不仅可以通过抽象，也可以通过清楚分明的活动区分这些观念。就此而言，那些理智不能如此细分的观念，毫无疑问就不是由理智组合起来的东西。比如说，当我思考带翅膀的马，或者思考真实存在的狮子，或者内接四边形的三角形，我知道我也能反过来思考不带翅膀的马、不存在的狮子、没有四边形的三角形以及类似的东西，

21　参 Wilson 1978, 173-174。

而它们没有真的和不变的本质。但是当我思考三角形时[……]，那么我肯定能说明关于三角形的所有任意东西的真理，即在三角形的观念所包含的东西中所发现的（比如说三角之和等于两个直角之和等等）。[22]

乍看之下，这个标准似乎强调了如下区分：虚构的观念乃是复合的并且能被分解为各个组成成分。关于带翅膀的马的观念就能分为两个组成部分（关于马的观念和关于翅膀的观念）。与此相反，关于真的和不变的本质的观念乃是简单的，因而无法被进一步分解。

但是如果这样来理解这个标准，正如威尔逊建议的，马上就会遭到反驳。[23]关于三角形的观念与关于带翅膀的马的观念相比，它的被组合特征并不显得比后者少些。[因为]它同样也可以被分解为组成部分（关于具有三条边的平面几何图形的观念和关于具有三个角而这三角之和等于两直角的平面几何图形的观念）。为什么这个"可分解为各个组成成分"提供了我们所寻求的区分标准呢？

事实上该标准并不着眼于将不可分解的（简单的）观念与可分解的（复合的）观念对立起来。毋宁说，它着眼于对两种不同的可分解性的对比。当虚构观念的观念，比如说那个天马的观念，被分解为其组成成分，那么人们就得到了不依赖于彼此并且可以不依赖于彼此地被把握的观念。因为人们可以无碍地只把握关于马的观念，而不需要把握关于翅膀的观念。这两个观念只是分观念（Teilidee），因为我将它们当作分观念来使用，并且将它们随意地捏合为关于天马的概念。

---

22 第一答辩（AT VII, 117）。
23 参 Wilson 1978, 173。威尔逊自己也指出了这个反驳并且因此认为真理原则是无用的。

因而笛卡尔在上述引文中强调，人们可以容易地想到不带翅膀的马。但在关于真的和不变的本质的观念那里，情况就不一样了。当我将三角形的观念分解为其组成部分，那么我便获得了不独立于彼此的且不能独立于彼此而被把握的观念。因为如不把握住这样一个平面几何图形的观念，即具有三条边且三内角之和等于两直角的平面图形（假设我正确理解了欧几里得几何学），我也无法把握关于具有三条边的平面几何图形的观念。因为当我理解具有三条边的平面几何图形是什么时，我也必须理解具有三个角且其内角之和为两直角的图形。[24] 我不能按照我自己的喜好给第一个分观念加上第二个观念，正如我能按照我自己的喜好给关于马的观念加上关于翅膀的观念。三角形的真的和不变的本质仿佛强迫着我把握带有两个分观念的三角形。当然，这不意味着我在任意时刻都必须在当下具有所有的分观念。笛卡尔强调：

> 因为即便我能撇开其三角之和等于两直角来理解三角形，我也不能在清楚分明的过程中（也就是当我正确地理解我所说的时候）反驳这一点。[25]

我或许能够通过仅仅把握住分观念的方式来理解什么是三角形，比如那个关于三条边的观念。但是当我被要求准确地说明我把握的东西以及我的分观念所暗含的内容时，我必须承认第二个分观念，也就是那个关于三个角的观念。在一个"清楚分明的过程"中，在第一个分

---

24 因而克拉默合理地强调说，在这些分观念中存在着一个必然的联结，而在关于天马的观念那里则只存在一种偶然的联结。
25 第一答辩（AT VII, 117-118）。此处文本紧接着本节脚注 22 中引用的文本。

观念之后显然跟随着第二个。[26]

总结来说，笛卡尔至少给出了区分天赋。观念和习得或虚构观念的四个标准：

(1) 天赋。观念指向真的和不变的本质，与此相反，习得或虚构的观念指向质料对象或者幻想的产物，而其组成部分可以追溯到质料对象。

(2) 形成天赋。观念并不需要外部刺激。而为了形成习得观念，这些刺激是直接必要的；为了形成虚构观念，它们是间接必要的（外部刺激必须发生在此观念形成之前，以使得幻想产物的各个组成部分能够形成）。

(3) 通过天赋。观念可以发现这些观念所指向的本质中的某种东西。通过虚构的观念则发现不了任何东西，因为所有构成它的组成部分，都是被添加进这个观念的。

(4) 天赋。观念要么是简单的，要么是由分观念组合而成的，亦即由一个分观念引出另一个分观念的方式。与此相反，虚构的观念总是以如此方式由分观念组合而成，即由一个分观念并不能引出另一个分观念的方式。毋宁说，在那里只有分观念的随意联结。

现在虽然已经澄清了笛卡尔是如何区分天赋。观念和其他两种观念的，但是由这种区分而来的后果还尚未加以讨论。因为笛卡尔似乎引入了新的一种存在物：真的和不变的本质，它们既不能被还原为质

---

26 人们可以反驳说：即使在关于天马的观念那里也可以看到从第一个分观念（关于马的观念）可以推出第二个（关于翅膀的观念）。天马的定义确定了第二个必须添加到第一个里面。可以这么回复：在这种情况下，第二个分观念不是从第一个那里推出来的；这两个都是逻辑上独立的。第二个只是被随意地添加到了第一个那里。与此相反，在关于三角形的观念那里第二个是由第一个推出来的。在"清楚分明的过程"中，我们必须理解在这两种分观念间的暗含关系。

料实体及其样态,也不能被还原为心灵实体及其样态。如果有人拥有三角形的观念,他的心灵动作看上去指向的既不是具体的被描绘的三角形,也不是关于三角形的表象。毋宁说,他将他的动作指向这样一种存在物,它独立于质料性的实例化和个别的表象,具有特殊的存在形式。但是这意味着笛卡尔必须拓展其本体论模型。在实际存在的存在物(身心及其各自的样态)之外,他必须明确地允许实体化的(subsistierende)存在物(真的和不变的本质及它们的属性)。但是正如许多评论者所认为的,这样一来他就靠近了迈农(Meinong)的本体论而偏离了他公开主张的二元实体本体论。[27]

这个对本体论的拓展,似乎也给表征理论带来了巨大后果。由此人们不再被允许认为,如果有人有一个观念,那么他便将其动作指向对象。毋宁说,必须详细说明这里谈论的究竟是何种对象(实际存在着的或者实体化着的)。另外也必须解释指向实体化的对象究竟是如何可能的。如何理解"把握"真的和不变的本质这个比喻?需要明确的还有指向质料化的数学对象,比如被描画的三角形,是如何可能的。在此种情况下,动作指向着两个存在物,也就是实体化的本质和实际存在的质料对象吗?

在这里笛卡尔似乎并未察觉到这个问题。他既未感到需要在其本体论中引入关于真的和不变的本质的特殊存在形式,[28]也不觉得在其认识论中需要进一步解释对这些本质的把握。因而鉴于这个论证缺陷,首批评论者就已经追问这些本质究竟是什么了,这也是不令人惊

---

27 关于与迈农的相近关系,请参看 Kenny 1968, 155 和 Curley 1978, 149。
28 他并未使用"实体化"(subsistieren)或者其他表达来表示真的和不变的本质的特殊存在形式。毋宁说,他认为它们"即使它们也许不存在于外在于我的任何地方,但是不能被称作是无"(AT VII, 64;拉丁语版在本节脚注 10 中)这个说法表明本质是(a)某种东西并且(b)存在着,即使不是以外在于心灵的方式。

第12节 关于非质料的对象：对本质的把握

讶的。霍布斯就是如此惊讶地认为：

> 当三角形不存在于这个世界上的任何地方时，我不能理解它究竟是如何具有某种本质的；因为无所在之物，不存在；也就是它不具有存在或者某种本质。[29]

在后续的讨论中我将表明，如果我们注意到在天赋观念理论和永恒真理理论之间的联系的话（这个联系，尽管笛卡尔在《沉思集》中并未明确提出，但是基于他的信件以及与布尔曼的谈话，可以被证明），霍布斯的问题能被解释清楚。对这两个理论之间联系的分析也会澄清这个问题，即在真的和不变的本质那里是否真的涉及迈农式客体（也就是涉及具有单纯的如是存在或者单纯实体性，却不具有实际存在的客体）。

在一封写给梅森的著名的通信中，笛卡尔认为数学真理乃是由上帝创造的，并且他如此解释此种创造：

> 在任何地方都请不要害怕以口头的或者书面的方式去主张，正是上帝确立了自然的这些规则，正如国王给他的王国确立了法律一般。当我们的心灵努力去考察时，就不存在我们不能理解的特殊的东西。它们对于我们的心灵来说都是天赋的，正如国王将自己的法律刻印在其臣民心中那般，当他同样具有这么做的能力时。[30]

---

29 第三反驳（AT VII, 193）。也请参看第五反驳中伽森狄的反驳（AT VII, 319）。
30 1630 年 4 月 15 日给梅森的信（AT I, 145）。

笛卡尔在这里只谈到了永恒的法律(lois)，并且他将讨论限制在数学的规则中。但在其他通信中他一般谈及永恒真理(veritez eternelles)，他不仅将数学真理，也将逻辑真理算作永恒真理(比如说一致性)。[31] 在他对永恒真理的解释中还有几个重要观点：

第一，笛卡尔强调永恒真理乃由上帝所创，因而也依赖于上帝；倘若上帝不存在，也就不存在永恒真理。由此笛卡尔反对他之前的邓·司各脱和他之后的莱布尼茨所持的那个观点，即独立于上帝创世和意志活动或者在这类活动之前，存在着一个永恒真理的王国。[32] 笛卡尔主要提出了两个论证。(1)因为上帝是全能的，不允许存在脱离上帝的领域，包括那个永恒真理的领域。如果有人持反对观点，那么他就限制了上帝的全能。(2)上帝的所有属性构成一个统一体；因而上帝的意愿和认识总是一体的。如果有人认为上帝只是将永恒真理当作预先规定的真理，但是他自己却没有这个意愿，这就违背了上帝的统一。[33]

第二，笛卡尔认为，虽然上帝以完全特定的方式创造了永恒真理，但是他本来也可以在其他方式下创造它们，正如国王本来可以制

---

31 关于永恒真理，参 1630 年 5 月 6 日和 1630 年 5 月 27 日给梅森的信(AT I, 149-150; AT I, 151-153)。关于逻辑真理，请参看 1648 年 7 月 29 日给阿尔诺的信(AT V, 223-224)和 1644 年 5 月 2 日给梅兰的信(AT IV, 118-119)。

32 1630 年 4 月 15 日给梅森的信(AT I, 145)："那些你称之为永恒的数学真理是由上帝制定的，而且就像上帝的其他造物那样完全依赖于它。"也请参看《与布尔曼的谈话》(AT V, 160)。关于司各脱，参 Knuuttila 1993(特别是第 138 页和第 141—144 页)。阿拉宁和克努努蒂拉清楚地表明了司各脱的立场(经 16 和 17 世纪的西班牙经院主义者介绍后被广为传播)和笛卡尔立场之间的区别(Alanen & Knuuttila 1993，特别是第 11—17 页)。马里翁给出了一个对中世纪背景的详细分析(Marion 1981b, 27-159)。关于莱布尼茨对笛卡尔的批评，参 Belaval 1960, 371-449。

33 关于(1)，参 1630 年 4 月 15 日给梅森的信(AT I, 145)，关于(2)，参 1630 年 5 月 6 日给梅森的信(AT I, 149-150)以及 1633 年 5 月 2 日给梅兰的信(AT IV, 119)。

定不同于他实际所制定的法律那般。³⁴[但是]鉴于永恒真理的必然性，这个说法该如何去理解，是存在争议的。然而至少基于文本来看，清楚的是：上帝的创世动作自身并不是必然的。正如在每个行动中那样，上帝在创造永恒真理时也是自由的。然而他将永恒真理作为必然真理创造了，也就是那些在创世范围内一直且无限制地有效的真理（亦即完全不依赖于它是否被人现实地把握或者是否存在它在现实中的实例化）。这里人们必须准确区分两种必然性，即上帝行动的必然性，这是没有的，以及真理有效的必然性，这是有的。³⁵

但是上帝并不是(这是第三个关键点)在一个遥远的、人类触不可及的可能王国(pays des possibles)中创造了永恒真理，正如国王未将法律写在遥不可及的法律石板(Gesetzestafel)上那般。毋宁说，上帝将这些真理直接放在了人们的心灵中，即以这种方式——它们对于每个人来说都是天赋的，正如笛卡尔在写给梅森的信中所强调的。当我们人类想要发现永恒真理时，我们不必借助于感觉经验所及的东西，也不必寻找通往幻想王国中的存在物的通道。我们只需发展我们的天赋思维能力。当然我们也只能一步步来；正如特定能力对婴儿来说是天赋的那般，永恒真理对于我们来说是天赋的。既然能力的发展呈现出个体差异性，对永恒真理的现实把握也是依个体而不同的。

---

34 参 1630 年 4 月 15 日给梅森的信(AT I, 145-146)和 1648 年 7 月 29 日给阿尔诺的信(AT V, 224)。

35 柯利(Curley)通过谈论迭代模态的方式简述了这个观点：虽然永恒真理是必然的(即一旦它们被创造了，那么总是必然有效的)，但是并不是必然地必然的(notwendigerweise notwendig)(即对上帝来说并不存在创造它们的必然性)。支持这个解释(法兰克福反对这个解释，他认为永恒真理由于上帝的自由因而完全是不必然的[Frankfurt 1977, 42])的有笛卡尔在 1644 年 5 月 2 日写给梅兰的信中的一个说法："并且即使上帝想要某些真理是必然的，这也不意味着他必然地如此意愿；因为意愿它们是必然的，是一回事，而必然地去意愿，或者使意愿成为必需，则是另一回事。"(AT IV, 118-119)

第四，既然上帝本来能够以其他方式创造永恒真理，那么永恒真理本来也能以其他方式对我们来说是天赋的。但是上帝如此这般地创造了它们，如其创造了它们那样，因而他也如此这般将它们刻印于我们心中，如其曾经将它们刻印于我们心中那般。因为永恒真理不存在于遥远的国度，而是以潜在的形式存在于人类心灵中，所以可以排除上帝在未告知人们的情况下改变了永恒真理，也可以排除在人类未能认识到此种改变时，天赋真理会变成谬误。首要的关键是，天赋永恒真理直接与上帝的创世行为绑定：如果上帝改变了永恒真理，那么在人心中的天赋真理自身也发生了改变。[36]

永恒真理的理论起先看起来只是一个奇怪的神学训诰。但是这个印象是骗人的。在进一步的考察中，这个理论被表明为笛卡尔形而上学与认识论的核心。[37]因为当笛卡尔认为上帝本来能够以不同于他实际创造它们的方式创造永恒真理时，笛卡尔也就强调了不存在绝对的必然真理。所有必然真理是必然的，仅当上帝不以其他方式制定它们时。甚至分析性真理，比如"每座山都有山谷"，也就是那些仅基于

---

36 在1648年7月29日给阿尔诺的信中有支持这个解释的文本(AT V, 224)："因为真理与善的每个基础都依赖于其全能，我不敢说上帝不能创造出不带山谷的山，或者造成1+2不等于3。我只能说他将这样一个心灵赋予了我，而我不能理解不带山谷的山，或者1+2之和不等于3；在我的概念中这些事情都包含着矛盾。"但是此处也可以理解为虽然上帝能够改变数学真理(比如说1+2不再等于3)，但是它将有限的思想能力赋予了我，以至于我只能思考"1+2=3"。但是这个理解必然导致了上帝是骗子这个观点：它改变了永恒真理，却没有通知人类，也没有给予人们去认识这个改变的可能性。法兰克福就是这么解释的(Frankfurt 1977, 42)："如果上帝被比作一个给自己王国制定法律的国王，那么他很可能被比作一个任性的且有点疯狂的国王。"在我看来，这幅关于任性上帝的图像是明显与笛卡尔的图像相悖的，也就是与一幅关于善的、不骗人的上帝的图像相悖；参，比如第四沉思(ATVII, 53)。

37 笛卡尔在17世纪的追随者直接认识到了这个理论的核心意义，当他们出于唯意志论神学观点对此表达出批评性的以及很大程度上敌对的观点时。参莱布尼茨《神义论》(*Essais de Théodicée*)第175—192节(详细地引用了培尔[Bayle]的文本)(*Die philosophischen Schriften* [ed. Gerhardt VI, 218-223])。

自身术语的含义而看起来像是必然为真的,也不是绝对必然为真的。正如笛卡尔明确指出的,上帝也可以将"没有山有山谷"创造为必然真理。[38]因而必然真理总是有条件的真理:如果上帝没有将"没有山有山谷"作为必然真理来创造,那么"每座山都有山谷"就是必然真理。但是这个观点并不意味着敞开了上帝任性的大门。因为笛卡尔并没有说上帝在未通知人类时,依其喜好改变了自己创造的真理。相反,他强调上帝将自己创造的真理放在了人类心中。因而这些必然真理在认识上总是必然成立的。我们人类完全不能异于"每座山都有山谷"来进行思考,(只要我们仅专注于清楚分明的觉知)并将此作为真理,因为我们的心灵是这样设置的,以至于它必须这样思考。但是从认识必然性角度来看,它是有条件的:如果上帝不将"没有山有山谷"作为真理来创造并将它放在我们心中,那么我们完全不能异于"每座山都有山谷"来思考并将它作为真理来认识。[39]

对天赋。观念理论的考量能得出什么结论呢?这个理论似乎提出了一个问题,那就是笛卡尔引入了作为心灵动作之对象的特殊存在物,即所谓的真的和不变的本质,但是并未说明这些存在物究竟是什么。笛卡尔似乎甚至违背了他自己的实体二元论,因为他给本质赋予一种独立于质料对象和个体想象的存在形式,即一种类似于迈农式对象所具有的如是存在的存在形式。

如果天赋。观念的理论与永恒真理理论紧密结合起来理解的话,可以解释这个问题。真的和不变的本质仅是由上帝创造的真理。它们

---

38 参 1648 年 7 月 29 日给阿尔诺的信(ATV, 224)。
39 当然认识上的必然性无限制地适用于所有人类,只要所有人类无差别地具有相同的思维能力。正如伊西古罗在反对布弗雷斯(Bouvrcssc)时合理地强调的,倘若为了刻画单个人类心灵的思维必然性而去使用"认识上的"这个标签,这将是误导性的(Ishiguro 1983, 312)。

不具有在某个可能王国中的特殊存在形式（不存在着的单纯如是存在），而通过上帝创造它们且将它们放入我们心中这种方式而存在。因而它们只有心灵存在，当然不是与单纯幻想类似的方式，因为它们不是按照喜好而打造的，而是被上帝放入心灵之中的。当问到这些真理究竟存于何处时，答案必须是：一方面现实地存于上帝之智中，另一方面潜在地存于每个人的心灵之中。[40]

然而也可以这样反驳这个解释，即必须对本质和永恒真理进行区分。本质乃是对象（比如说像三角形这类数学对象），与此相反，真理是完整的命题（比如说"三角形乃是有三条边的几何图形，其内角之和等于两直角之和"）。

但是笛卡尔拒绝了这样的区分。在给梅森的一封信中，他认为：

> 因为确定的是，他［上帝］既是本质的创造者，也是存在的创造者。但是这个本质不外乎永恒真理……[41]

这个并未经进一步阐明的说法可以这么理解：上帝在质料对象之外也创造了永恒真理，它们可以以命题方式来表达。但是永恒真理本身并不是命题，也就是说并不是字符串或者一段声响。毋宁说，它们是由命题表达的东西。而这些命题所表达的东西不外乎本质。当问及

40　这个精确化在这里是关键性的，即永恒真理现实地（人们可以补充说：主要地）存在于上帝的理智中。它们不是潜在地存于人类心灵中，因为人类从自己那里习得它们或者能够随意虚构它们。笛卡尔在第六反驳中强调了这一点（AT VII, 436）："因而我们不应该假设永恒真理依赖于人类理智或者其他存在物，它们仅依赖于上帝，也就是作为最高立法者，他在永恒中制定了它们。"但是与肯尼（Kenny 1970, 692-693 & 697）不同，我并不认为此处文本支持笛卡尔是柏拉图主义者。笛卡尔并未认为永恒真理乃是某种具有特殊地位的原型（Archetype）或者永恒存在着的存在物。他只认为它们是思维必然性，也就是不能为人所随意虚构的东西。

41　1630 年 5 月 27 日给梅森的信（AT I, 152）。

"什么是三角形的本质?"时,答案必须是:"这个东西,即由命题'具有三条边的几何图形,其内角之和等于两直角之和'所表达的东西。"将本质与永恒真理相互对立起来似乎是无意义的。

但即便如此,仍可以这样反驳,即本质或者永恒真理还是必须拥有特殊的存在模式。难道这个东西,即由命题"具有三条边的几何图形,其内角之和等于两直角之和"所表达的东西,不必具有一种区分于心灵存在物(思维动作)的存在模式和身体存在物(被描绘的三角形)的存在模式吗?

从笛卡尔的视角来看,只能部分地肯定这个问题。由该命题所表达的东西实际上既不是心灵动作(心灵样态)也不是质料对象,这是可以合理地断定的。然而由此,永恒真理绝不构成特殊种类的存在物。毋宁说,它作为潜能存于心灵中。这可以通过如下对比加以澄清:

当有人问"2+2=4"这个数学真理在计算机中具有何种地位,答案如下:计算机是这样被设计的,只要输入"2+2",那么它总是能够显示正确的结果。如果有人检查计算机,那么在其中可以发现金属与硅的零件。数学真理并不是此种对象,即以某种方式在计算机中的这些零件之外存在,而仅是计算潜能。每当输入加法时,这个潜能才能被激发,并且计算机显示了正确结果。类似地,在人类心灵这里也是这种情况:人们如果检查心灵,将仅发现具有样态的实体。数学真理并不是特殊样态,也根本不是以某种方式寄居在心灵中的对象。毋宁说,它具有一个潜能结构。如果向心灵提出计算任务,那么它就能给出正确答案,因为它是由上帝以特定的方式"设计的"。

总结来说,对本质的把握并不是对特殊存在物的把握,而是对特定真理的现实思考,而它们早就已经作为潜能存在于心灵中。笛卡尔并未引入迈农式对象,也并未偷偷地扩展本体论。[42]

  在笛卡尔的立场那里值得注意的是,对本质的把握总是与认识必然性绑定在一起。当我们人类把握三角形的本质时,我们全然只能把握真理(假设我们并未偏离理性的正确使用),即三角形乃是一个几何图形,其内角之和等于两直角之和。我们必须这样把握本质,因为上帝就是如此将它们放在我们心灵中的。然而,这个必然性并不是绝对的,而仅是有条件的。如果上帝未改变永恒真理且并未改变那些对我们来说是天赋的认识必然性,那么我们必须这样把握本质,正如我们事实上把握它们那般。

  这个解释打开了一个影响深远的、笛卡尔自己都未考察过的可能性。我们人类能设想一种其内角之和不等于两个直角的三角形,或者能设想互相交叉的平行线吗?如果有人坚持认为我们是通过把握预先规定的、永恒存在着的存在物来把握数学客体的话,那么他对这个问题的回答必须是否。然而如果有人像笛卡尔那样强调,对本质的把握无异于对有条件的认识必然性的现实化,那么他可以对这个问题给予肯定回答。上帝可能会改变关于三角形和平行线的永恒真理,并且由此也改变了认识必然性。[43]我们在特定时间认为是必然的东西,并不

---

  42 因而在我看来,这个为肯尼和柯利建议的解释(参本节脚注27)是错误的。迈农式客体并不存在于笛卡尔那里,而是在马勒伯朗士那里,他确实认为本质乃是特殊的存在物,这种存在物不仅区分于质料对象,也不同于心灵动作和内容。马勒伯朗士对笛卡尔的批评清楚地表明了对笛卡尔来说典型的是:笛卡尔将永恒真理解为认识必然性,而马勒伯朗士坚持它必须是必然存在着的、完全不依赖于人类心灵的存在物。关于这一点,参 Jolley 1990, 55-80。

  43 但是存疑的是上帝是否能够改变所有永恒真理。因为通过"上帝是全能的且存在的"这个句子所表达的东西也是一个永恒真理。倘若上帝能够改变它,那么他也必须改变自己,也就是消灭自身的存在。为了避免这种荒谬性,我们必须区分两个层面的永恒真理:(1)关于上帝自身的永恒真理,它无法被改变,以及(2)关于数学和逻辑事态的真理,它们能够被改变。(1)是(2)的必然前提,正如由 1630 年 5 月 6 日给梅森的信中得出的:"因为上帝的存在是所有可能真理中第一位的和最为永恒的,并且所有其他真理都仅由它产生。"(AT I, 150)

是绝对必然的。

那么当非欧几里得几何学被创造出来时，这意味着上帝在19世纪改变了永恒真理吗？因为在这个几何学框架内突然可以思考相互交叉的平行线了。旧的真理在这个时刻似乎失效了并且为新的真理所替代。

尽管人们很容易想到上述解释，但在我看来它是不合适的。这里必须准确区分永恒真理的改变以及概念图式(conceptual scheme)的改变或者拓展。倘若上帝改变了关于数学的永恒真理，那么人类也就不再能够去思考内角之和为两直角的三角形或不相交的平行线了。然而在非欧几里得几何学被创造出来之后，思考欧几里得几何学的对象当然总还是可能的。非欧几里得几何学并未替代欧几里得几何学，而只是拓展了几何学的框架。用笛卡尔的术语来说，这意味着：通过发展非欧几里得几何学，永恒真理(也就是上帝以潜在或潜能的形式放置于我们心灵中的永恒真理)中的更多真理被现实地加以思考。但以潜能方式存在的真理数量并未由此发生改变。

截至目前给出的解释旨在将所谓的"永恒的和不变的本质"纳入心灵范畴。但是在一封信中罕有评论者注意的一处文本，似乎与这个解释相矛盾。因为笛卡尔在那里认为永恒的本质并不与心外存在着的对象不同：

> 当我思考三角形的本质和同一个三角形的存在时，这两个思想(就它们作为思想，且在严格意义上使用"样态"这一术语来看)在样态上是不同的(也即以客体方式考察它们)。但这一情形与外在于思想存在的三角形不太一样。因为，本质和存在并不以

任何方式区分在我看来是显然的。[44]

要理解这个文本，重要的是准确区分(i)思维动作，(ii)客体，如其在思维动作中被表征的那般，以及(iii)自在地来看的客体。当从(i)视角来考察思想时，对三角形本质的思考不同于对三角形存在的思考；因为此处涉及在两个不同时间完成的两种不同动作。既然这些动作乃是心灵的样态，它们之间就存有一种样态上的不同。从(ii)视角来看也存在不同；因为在两种动作中，对象都以两种不同的方式被表征：在第一种中是以本质的视角，在第二种中则是以存在的视角。当以(iii)视角来考察这两种思想时，则不存在不同。存在着的三角形无异于实例化的本质。如果有人感知到描绘的三角形，那么他把握的就不是两个对象，而是单独一个：实例化的本质。

这个解释，特别是从(iii)视角来看，违背了如下观点吗，即本质仅是思考的必然性，它由上帝放于人们的心灵中，且因此也是心灵之物？因为心灵之物不能同时在心外存在于实际存在的三角形中。

可能真的会存在矛盾，倘若上帝将特殊客体放于我们心灵中的话。然而上帝，正如已经多次强调过的那样，只是将特定的思维必然性植入我们的心灵中，它们也作为潜能存在于心灵中。基于此种思维必然性，我们不得不将三角形作为几何形体来思考，而其内角之和等于两直角，亦即完全不依赖于我们是否感知到被描绘的三角形。但是如果我们感知到被描绘的三角形，那么我们不是看到了这个外在于心灵的三角形和一个心灵性的三角形。毋宁说，基于思考必然性，我们将这个被描绘的三角形感知为了一个几何图形，而其内角之和等于两

44　1645 年或 1646 年给匿名人的信(AT IV, 350)。也请参看《与布尔曼的谈话》(ATV, 164)。

直角。换句话说：我们将这个被描绘的三角形感知为本质的实例化，因而不必区分两个客体。这个观点还可以由一个例子来澄清：

如果有人参加一个乐队并排练了一个作品，那么他学会了对此作品的一种特定演绎。比喻地来说，对每个乐队成员而言，指挥者在他们心灵中放入了对此作品的一种特定演绎。当乐队成员演出这个作品时，他们就只能这样进行表演，正如他们在排练中所学到的那般。他们实现了指挥者给予他们的潜能。现在如果有人问，对这个作品的演绎究竟在何处，可以有两个回答：一方面，作为"表演必然性"的演绎以潜能方式存在于每个乐队成员中。但是另一方面，它也存在于此作品的每次演出中。将被演出的音乐作品与演绎进行区分是没有意义的；因为被演出的作品就是此作品，正如它被演绎的那般。因而可以说每场演奏都是演绎的一个实例化，它以潜能方式存在于每个乐队成员中。类比来说也适用：三角形的本质一方面作为思维必然性存在于每个人那里，另一方面也存在于每个具体的三角形中并且不能与之区分开来。在被描绘的三角形中的本质无异于作为潜能的思维必然性的实例化。上帝如此创造了世界，即本质一方面在人的心灵中具有潜能存在，但是另一方面也有在质料实例化中的真实存在。

最后我想简短地回顾我在本节开头提出的问题：笛卡尔对永恒本质的解释如何嵌入到他的整个观念论中？为了解释质料对象的观念和那些非质料本质的观念，他是否发展出了两种不同的模型？

可以这么回答：就其将两种不同种类的客体归属于两种观念而言，他当然发展出了两种不同的模型。关于质料对象的观念乃是指向质料对象而不是其他东西的动作。与此相反，关于非质料对象的观念则是指向本质的动作，而这些本质以潜能的形式总是存于心灵中。回溯到在心灵中的本质乃是笛卡尔理性主义的一个标志。

188

然而，这两种观念之间的核心共同点不可以被忽视。正如第 11 节的结尾所澄清的，关于质料对象的观念，与关于非质料对象的观念一样，它们严格来说都不是由质料对象产生的。《对某通报的评论》中多次引用的一处文本表明当知性形成观念时，它潜在地在自身中拥有着一切。[45] 关于质料对象的观念只在如下范围内不同于那些关于非质料本质的观念，即心灵在第一种情况下需要由感觉所提供的引发的时机，而在第二种情况下则不需要这样的时机。具体来说：当我想要形成太阳的观念时，我需要感觉印象以及相应的大脑状态，这样一来我便能在心灵中现实地形成观念。然而不会有什么东西由大脑向心灵传递。大脑状态只是观念现实形成的条件；观念已经潜在地存在了。与此相对，当我想要形成三角形的观念时，我不需要特定的感觉印象和特定的大脑状态。（毫无疑问我可以拥有感觉印象和大脑状态，但我并不需要这两者。）心灵在没有外部刺激时就能够现实地形成它潜在地拥有的观念。

如果考虑到这个观点，那么便能澄清笛卡尔并未发展出针对这两种观念的两个截然不同的模型。他只是区分了心灵如何激活潜在观念的两种方式：带有或者不带有外部刺激。但心灵在这两种情况中都起到了关键作用。

---

45 参《对某通报的评论》(AT VIII-2, 358-359)。

第13节 关于虚构或者非正确被感知对象的观念

为解释习得与天赋观念，只需假设两种存在物：心灵与身体实体及其样态。因为这一点已经表明，即习得观念无异于直接指向质料对象的心灵动作，而天赋观念指向概念或者永恒真理，它们由上帝置入人的心灵中，因而具有潜能方式的心灵存在。在这两种情形中去假设第三种存在物都是多余的。然而在习得观念和天赋观念之外，笛卡尔还引入了第三类观念，它们是虚构的观念（ideae a me ipso factae）且表征虚构的存在物。[1] 为了解释这些观念，乍看起来似乎必须回溯到第三种存在物。如下论证可供参考：

（1）每个心灵动作都是意向性的，即指向某个对象。

（2）奇美拉、金山以及其他虚构的对象既不是心外质料对象，也非概念或者永恒真理，即由上帝放于人心灵中的东西。

（3）一些心灵动作指向奇美拉、金山以及其他虚构的对象。

（4）一些心灵动作既不指向心外对象，也不指向心灵对象。

（5）一些心灵动作指向具有特殊本体论地位的对象。

这个论证是特别容易想到的，因为笛卡尔在第五答辩中强调，虚构对象并非复合对象，即并非可分解为质料组成部分的东西。而他也反对伽森狄给出的如下解决方案：[2]

（4'）一些心灵动作既不指向简单的心外对象，也不指向心灵对象。

1　参第三沉思（AT VII, 38）。
2　参第五反驳（AT VII, 280）。

(5')一些心灵动作指向复合的心外对象,即被理解为统一体的对象,但它能被分解为各个组成部分。

笛卡尔强调说,如果有人具有关于奇美拉的观念,那么他不是简单地具有了关于几个动物的观念,而毋宁说是具有了关于"奇美拉的形式"的观念,它构成了一个统一体且无法被分解为属于山羊的部分和属于狮子的部分。[3] 该如何去准确理解这个形式,这依然是不清楚的。但是笛卡尔明确地指出奇美拉的观念乃是关于一个有机统一体而非单纯的集聚的观念。正是因为它是有机统一体,我们才能形成一个关于统一的对象而不单纯是对象之聚集的观念。然而,由于坚持认为奇美拉的形式并不是此种聚集,笛卡尔似乎引入了一个具有特殊本体论地位的对象。

类似的困难还存在于习得的观念方面,即那些基于非正确感知的观念。举例来说,如果有人从远处看一个四边形的塔,那么他相信他认识了一个圆形的塔,而如果有人看到了一根半浸在水中的笔直木棒,那么他会认为他认识到了一根折断的木棒。这些以及其他古代怀疑论者提供的案例,在晚期中世纪也是作为感觉欺骗的典型案例被讨论的,笛卡尔对此是熟知的。[4] 在第六沉思和第六答辩中,他明确地引用了它们。[5] 虽然他强调,在这些情况下,即当人们听从理智而非误导

---

3 第五答辩(AT VII, 362)。

4 中世纪晚期的讨论主要由奥雷奥利(Petrus Aureoli)启发,他认为人们在这些情况下感知到了具有意向性存在(esse intentionale)或者显像存在(esse apparens)的对象;参 *Srcriptum super Primum ententiarum*, dist. 3, sect. 14 (ed. Buytaert 1956, Bd. 2, 696-698)以及塔乔对此的讨论(Tachau 1988, 89-104)。奥卡姆在其早期格言集(Sentenzenkommentar)中借鉴了这个观点,但是在其晚期作品中又抛弃了此种观点;参 Perler 1995b (有相关证据)。正如阿什沃思证明的那样(Ashworth 1977),从这个争议开始,对意向性存在的讨论一直持续到了 16 世纪。然而很难确定地说笛卡尔是否沿袭了晚期中世纪的争论,或者是否直接受新发现的古典怀疑论者的文本的启发(关于这些文本的重新发现,参 Schmitt 1983)。

5 参第六沉思(AT VII, 76)以及第六答辩(AT VII, 438-439)。

性的感觉时，能够避免错误判断，然而他并未否定，基于这些非正确的感觉感知，某些具有不存于现实中的属性的对象显现出来了。因而似乎可以给出如下论证：

（6）每个基于感觉感知的心灵动作，指向被感知的对象。

（7）看起来是圆形的塔，还有看起来被折断的木棍以及其他被感知对象，它们一方面不等同于质料对象（四边形的塔、未折断的木棍等），另一方面也不是纯心灵对象，即由上帝放于心灵中或者由感知者随意虚构的。

（8）一些基于感觉感知的心灵动作指向看起来是圆形的塔、看起来被折断的木棍以及类似的对象。

（9）一些基于感觉感知的心灵动作指向这类对象，它们既没有心外的质料存在，也不具有纯粹心灵存在。

（10）一些基于感觉感知的心灵动作指向具有特殊本体论地位的对象。

这个论证的核心步骤是(7)。从对象显得与其实际情况不符这个事实出发，可以推论出显现的对象与真实的对象并不同一。奇泽姆在涉及此论证步骤时所命名的那样一种"感觉材料推理"（sense datum inference）可以强加给笛卡尔吗？[6]

让我们先考察关于虚构对象的观念。这里有个问题，即观点（5）是否真的可以算作是笛卡尔的。当他理解奇美拉时，这个心灵动作所指向的东西会是与这个神话生物的质料组成部分和心灵存在物都不同的存在物吗？与布尔曼的谈话有助于回答这个问题。

布尔曼用这个问题质问笛卡尔：和数学对象一样，我们可以描述

---

[6] 参 Chisholm 1965, 173。当然奇泽姆未将这个推论强加给笛卡尔，而是将"感觉材料"强加给了 20 世纪的理论学家。

某种关于虚构对象的属性。那么关于奇美拉，我们能描述说它具有狮子的头和山羊的身体，正如关于三角形可以描述说它的内角之和等于两直角。难道这不意味着奇美拉和数学对象一样具有确定的、不可随意虚构的本质吗？对此笛卡尔回答说，所有在奇美拉那里能被清楚分明地理解的，事实上都并非胡编乱造。[7]清楚分明地被理解的东西只是奇美拉的各个部分。然而笛卡尔马上又详细补充道：

> 但是这里要注意，我们讨论的是清楚的觉知而非想象。因为尽管我们能够尽可能清楚地想象与山羊身体结合在一起的狮子的头，但这不意味着这样的东西存在；因为仿佛是它们的联结的那个东西，我们并未清楚地觉知。[8]

这里关键的是，笛卡尔并未回溯到两种对象（质料对象作为组成部分和一个另外的对象作为整体），而是回溯到了两种不同的觉知活动：各个组成部分被清楚地觉知，而整体则不能。但是这不意味着整体乃是具有特殊本体论地位的对象。这仅意味着，(i)相对于组成部分，整体并不能具有质料性存在，以及(ii)只能谈论组成部分的实在属性，而非整体的。由此也表明笛卡尔为什么拒绝了(5')这个解决方案。整体并不直接地就是一个复合的质料对象；因为倘若它是此种复合的东西，那么它必须和各个部分一样清楚地被觉知，而人们也必须能够宣布它和部分一样具有质料性存在。

现在这个模糊地被觉知的整体是什么？因为它乃是想象的产物，因而它仅具有心灵存在。毫无疑问，它也没有那种由于被上帝放于人

---

7 《与布尔曼的谈话》(AT V, 160)。
8 《与布尔曼的谈话》(AT V, 160)。

的心灵中而具有的存在，由此它也区别于永恒真理。论证步骤(2)必须转述如下：

(2')奇美拉、金山和其他虚构对象既非心外的质料对象，也非永恒真理——由上帝放于人心灵中的东西，而只是随意虚构的对象，它通过观念的复合而形成且具有心灵存在。

依据这个解答，笛卡尔显然避免了对第三种存在物的假设。他也避免了将习得观念和关于虚构对象的观念等同。[9]尽管就这两者作为动作而言，它们都具有心灵存在，但在成因和内容方面依然是不同的。习得观念直接由对质料对象的感知而引起，并且仅将这个对象作为内容。虚构对象的观念则相反，它只是间接地通过对质料对象的感知而引起，但直接地由想象能力所引起，它将关于这些对象的观念关联在一起。它们主要以这些观念的联结作为内容，其次才将质料对象作为内容。[10]

这个解释澄清了笛卡尔为什么能够谈论关于"奇美拉的形式"，而不需要引入具有特殊存在方式的对象。形式不过是由观念——而非质料对象——的联结而形成的整体(das Ganze)。毋庸置疑，此处不是任意的整体，而是展现功能性统一体的整体。这个来自亚里士多德-经院主义传统的"形式"一词指的是这个功能性统一体。[11]因为形式是使得一个对象成为特定对象的东西，以及通过对象的定义所表达

---

[9] 这种等同可以在伽森狄那里找到，他在第五反驳(AT VII, 280)中明确认为："因而第三种观念[虚构观念]至少并不是真的不同于第二种的[习得观念]。"

[10] 当然它们必须其次将质料对象当作内容。在第一沉思中(AT VII, 19-20)，笛卡尔就强调说艺术家能够不从无中创造塞壬和其他幻想作品。他只能将他在真实存在着的被造物那里看到的东西关联起来。

[11] 因而不应该认为笛卡尔也赞同整个形式质料论，也就是"形式"所由来的理论。当他在这里谈到"形式"时，它只能被当作用来标记那个由这个定义所表达的东西。

出来的东西。比如说，当问到人的形式是什么时，答案是："使人成为人而不是其他什么的东西，也就是他的生物特性以及他的理性天赋。"当问到什么是奇美拉的形式时，答案必须是："使它成为奇美拉而不是其他什么的东西，也就是来自狮子和山羊的复合存在。"这两种情况的区别在于人的形式不仅通过定义被表达，而且可以在现实中找到。在奇美拉的形式那里，自然不是此种情况。它只能通过定义被表达。但是即便如此，定义依然是可能的，也是因此，在奇美拉的观念那里涉及的是关于功能性统一体的观念。

针对这个解释依然可以提出许多反驳。第一个问题是该如何准确理解虚构对象的心灵存在。这些对象似乎是心灵的客体，即当有动作指向它时，它能为人把握。然而当笛卡尔在其本体论方案中仅接受了心灵（实体）和其动作（样态）时，心灵中的客体又如何存在呢？关于心灵客体的说法导致我们必须引入一种关于心灵之物的新范畴。

这个反驳认为心灵客体乃是特定种类的存在物，就是说它们在字面意义上存在于心灵中。然而这个假设是错误的。当我想象一个奇美拉时，我并未抓住某个在我心灵某处发出声音的神话动物。毋宁说，我把握了关于奇美拉的定义。此处涉及的心灵之物，因为我仅仅把握了这个（由我或者其他人）随意虚构的关于奇美拉的定义，而非找到这个定义的质料具象化。这一情形与对数学对象的把握类似：当我把握三角形的本质时，我并未抓住一个隐藏在我心灵某处的对象。我通过理解三角形的定义把握三角形。把握三角形仅意味着把握由"三角形乃是一个几何图形，其内角之和是两直角之和"这个命题所表达的东西。把握奇美拉仅意味着把握由"奇美拉乃是神话动物，它由狮子和山羊复合而成"这个命题所表达的东西。当然关键区别存在于三角形的定义是由上帝放于人心灵中的且不可被改变（至少对

第13节　关于虚构或者非正确被感知对象的观念　　205

人来说），而奇美拉的定义是由人虚构出来的并且在任意时刻都可以被改变。然而在这两种情况中都涉及把握某种由定义所表达的东西。

然而，这个回答与一些文本并不一致，而在那里笛卡尔将想象活动描述成对对象的心灵性观察（geistiges Sehen）。在第六沉思的开头他就是这么认为的：

> 比如说，当我想象一个三角形时，我不仅理解这是个由三条线闭合而成的图形，而且我同时也用心灵的眼睛观察这三条线，仿佛它们就在当下那般；我将此称作想象。[12]

乍看之下，这个描述似乎支持对三角形的想象是对心灵客体的图像式观看，而非对定义的把握。类似地，对奇美拉的想象也是对"心灵的奇美拉"的图像式观看，也就是这个客体总是从属的心灵范畴。

但如果更准确地考察这段文本，引起注意的是图像式观察只是作为附加条件而引入的。当我想象三角形时，我不仅理解由这个定义所表达的东西（它涉及的是一个由三条线构成的几何图形），而且*此外*，我还能将这个由定义表达的东西可视化。正是这个可视化在纯粹认识那里是不可能的；因为我只能把握千边形的定义，但我不能够以图像方式想象一个具有上千条边的图形。此处的关键在于，对于想象来说把握定义也是必要的。当我将通过定义所表达的东西以图像方式进行想象，我想象的是一个具有形体的而非心灵性的对象。笛卡尔是这样来描述这个过程的：

12　第六沉思（AT VII，72）。

> 但是当[心灵]想象某个东西时，它转向身体并且在其中考察某个与观念相应的东西……[13]

心灵不仅把握了定义，而且它"转向身体"并由此可视化了它在定义中所把握的东西。对此它必须寻求大脑中感觉图像的帮助：

> 那些必须存在于大脑中的身体形式或者感觉图像（以使得我们能够想象某物）并不是思考的事情。思考更多的是想象中的心灵的活动，即转向这些感觉图像的心灵。[14]

此处虽然表明了不存在字面意义上的心灵客体，因而不必在心灵实体及其样态之外引入关于心灵存在物的新范畴，但是笛卡尔在这里使用的"转向身体"（Zuwendung zum Körper）这个比喻是存在问题的，因为它再次提出了心身互动的问题。单纯思考着的实体如何转向一个广延的实体？在第10—11节给出的关于互动问题的解释范围内，可以这样来回答这个问题：转向身体不能理解为对身体施加影响或者传递某种存在物，而应该理解为心灵与身体的一种同步的、良好协调了的活动。当我想象奇美拉时，心灵把握了关于这个神话动物的定义，同时身体激活了关于奇美拉的图像，即由对存在着的动物（狮子和山羊）的感知生成的东西。我能够同时展开这两个活动，因为在心身之间存在特定的协调。正如我能同时使用两种感觉（比如说我听音乐作

---

13 第六沉思（AT VII, 73）。
14 1641年4月21日给梅森的信（AT III, 361）。这里笛卡尔只是在术语上沿袭了经院主义的种相理论。他仅将种相理解为图像，如其1641年7月给梅森的信（AT III, 395）所表明的："所有我们不以图像而领会的都是纯粹心灵的观念，而所有我们以图像而领会的都是想象的观念。"

品并同时阅读曲谱),我也能同时激活两种能力——把握定义的心灵能力和通过感觉印象的联结生成图像的身体性能力。

但是在这个解释这里还存在一个困难。目前大脑中的感觉图像被解释为纯粹的代码,它们就其自身而言并不是表征。只有心灵中的观念才是表征。大脑中的代码(至少看上去)仅作为形成此种心灵表征的引发因素而起作用。[15] 而现在,感觉图像被表明是独立的视觉表征。它们是身体中的图像,而图像仅是特定形式的表征。那么生成这些图像的身体(更准确来说:大脑中的松果腺)是一种自身具有认知能力的类心灵(Quasi-Geist)吗?

事实上笛卡尔的许多说法,特别是在早年的《指导心灵的原则》中的,很容易让人作出这个猜测。在那里,他不仅认为大脑生成完整的图像,而且认为除此以外它自身还具有记忆力。[16] 而在笛卡尔晚期那些总是强调着心灵的主导作用的作品里,鲜有关于身体认知功能的迹象。[17] 这一点特别清楚地体现在《对某通报的评论》中,在那里身体还被赋予了引发者的功能。[18] 它只起着这个作用,即在心灵中激活某个潜在地已经完全存在的东西。因而在晚期作品中,对身体性图像的想象只是附带地被讨论了,这也是不令人惊讶的。[19] 在第六沉思中,笛卡尔只是为了区分想象与纯粹认知才提到了它,并且他强调想象只有和对定义的心灵把握一起才是可能的。身体就自身而言没有认知能

---

15 参第 4 节。
16 《指导心灵的原则》第 12 条(AT X, 414)。
17 如第 4 节表明的,这个变化也体现在"观念"这个词的使用中。在《指导心灵的原则》中,笛卡尔将观念定位于身体中,而从 1641 年起他就认为它们是心灵存在物了。
18 参《对某通报的评论》(AT VIII-2, 358-359)。
19 但是它并没有完全淡出视野。在晚期的《论灵魂的激情》第一部分,第 200—201 条(AT XI, 344-345)中,笛卡尔也指出了想象能力。但是他强调的是它从属于意志(即心灵的一种能力)。

力。它只能通过使心灵把握的具象化得以可能的方式来支持心灵的认知能力。

针对这个被给出的关于虚构对象的观念的解释，还能提出一个反驳。正如已经表明的，这些观念是指向着观念的纯粹复合的动作。但是当然可以形成许多种复合，同样也包括那些与实际存在者相应的东西。比如，我能够将驴子的观念和马的观念联结。这个观念的复合相应于真实存在的某个东西，即骡子。我有什么样的标准来区分这种复合和那些不与实际存在的某物相应的东西呢？笛卡尔对此问题的答案是明确的。当我将关于狮子的观念和关于山羊的观念联结时，我并没有关于这种复合的清楚觉知。[20]与此相反，当我将关于驴子的观念和马的观念联结时，我有关于此种联结的清楚觉知。觉知的清楚性或非清楚性就是我们追求的标准。[21]

总结来说，为了解释关于虚构对象的观念，笛卡尔并未引入心灵存在物与质料存在物之外的第三者（tertium quid）。虚构对象仅具有心灵存在。通过将关于质料对象的不同观念加以联结（verbinden），就形成了虚构对象。严格来说，虚构对象的观念只指向那种不清楚地被觉知的联结。

现在我想进一步考察第二个问题，也就是我在本节开头提出的那个问题。为了解释关于非正确被感知对象的观念，有必要引入特殊种类的存在物吗？在这种情况下似乎是这样的，即当我以为我认识到了一根被折断的木棍时，那么真实存在的、未折断的木棍就不是我的动作的直接对象，某个特殊对象才是。

然而，当进一步考察笛卡尔对这个例子的解释时，就能发现他并

---

20 参本节脚注8，那里明确地谈到了"清楚的觉知"（clara perceptio）。
21 第18节将进一步考察这个原则。

未回溯到一个与现实存在着的对象不同的存在物。在第六答辩中他认为：

> 因而如果说在水中的棍子因为折射而显得是折断了的，那么这和去说它似乎以如下方式向我们显现是一样的，即小孩会据此判断这根木棍是折断了的方式，以及依照自孩童时期起便习以为常的成见，我们也会据此作出同样判断的方式。[22]

小孩子或者为成见所蒙蔽的成年人指向的并不是感觉材料，而是质料性的木棍自身，但是作出了错误判断，因为他们对这个木棍谓述了一种它没有的属性。这里必须准确区分直接对象和描述该对象的属性。如果我们注意到这个区分，可以避免"感觉材料推理"。那么论证步骤(7)可以如下重新表述：

(7')看上去圆形的塔、看上去被折断的木棍以及其他被感知对象并不是具有真实属性的质料对象，而是具有被错误地赋予了的属性的质料对象。

基于这个重新表述并不意味着之前提出的观点(10)成立，即一些基于感觉感知的心灵动作指向具有特殊本体论地位的对象。即使是那些关于对象作出错误判断的人，也指向质料对象。

因而笛卡尔在第一沉思中作为第一个怀疑论证所提出的感觉欺骗论证，[23]绝不构成极端的怀疑论证，这也并不令人惊讶了。它只是表明了我们有时会异于对象的真实所是来进行判断，并且它提出了一个问题，即我们有何种标准来检验我们判断的正确性。但是他并未提出

22　第六答辩（AT Ⅶ, 438-439）。
23　参第一沉思（AT Ⅶ, 18）。

如下问题，即我们是否能够具有关于质料对象存在的知识。这个更为极端的疑问只是通过梦境——尤其是通过恶魔——论证提出的。

显然，现在的问题是如何能够避免错误判断。有如下答案可供参考：[24]同一对象必须在不同状况和不同视角中被感知。通过此种感知变化可以避免视角性欺骗。此外，必须使用所有五种感觉，以使得一种感觉的错误信息可以通过其他感觉来纠正。我们不仅要观看水中的木棍，也要进行触摸，由此便能纠正来自视觉的错误信息。

然而，笛卡尔拒绝了回溯到感觉的自我修正上来这个建议：

> 但是为了改善视觉的缺陷，这还是不够的，此外还需要一个理由来教导我们：在这种情况下必须相信这个由触觉引起的判断，而不是由视觉引起的判断。因为这个理由并不是从孩童时期起便属于我们的，那么它就不归于感觉，而归于理智。因而在这个例子中，单单只是理智改善了感觉的缺陷。[25]

正如此处确凿地表明的，并不是对感觉的敌意（正如笛卡尔有时会被强加上这个敌意）促使他上溯到作为检验机关（Prüfinstanz）的理智。毋宁说，对独立标准的追寻才促使他接受一种理性主义的立场。如果有人想要通过同一感官的其他信息或者其他感官的信息，来纠正一种感官的信息，那么他总是会回溯到同一个机关。他的行为就像——借鉴维特根斯坦的一个比喻来说[26]——有人为了检验在杂志上刊登的东西是否也是真的，而购买了同一种杂志的多份，或者同一出版社的多

---

24 第六反驳的作者已经给出过类似的建议（AT VII, 418）。
25 第六答辩（AT VII, 439）。
26 参《哲学研究》（*Philosophische Untersuchungen*）第一部分，第 265 节。

种杂志那般。他将检验机关与被检验机关等同起来了。然而这当然是不被允许的,正是因此笛卡尔才将理智作为独立的检验机关。

但是人们可以这样反驳:为什么理智恰好就是这个检验机关呢?第一,理智并不是独立的;因为当我们对质料对象进行判断时,我们总是从感觉感知出发,而不是通过纯粹理智的思虑来作判断。虽然理智能够对感官的信息进行相互对比,但是它总是依赖于这些信息且由此在其判断可能性中受到了感觉的影响。第二,理智跟感觉一样容易犯错。虽然原则上来说,人的理智能够形成正确判断(正如笛卡尔总是强调的,上帝是很友好的,因而人未被赋予欺骗性的理智),但是它也会受许多外部因素妨碍。尽管如此,相比于感觉,笛卡尔为什么将优先性让给了理智呢?

洛布基于"心理不对称性"(psychologische Asymmetrie)详细地回答了这个问题。洛布认为,理智总是形成稳定的信念或判断。当他有这个信念时,他无法压制它或者通过其他信念替换它。对他而言,它是"不可抗拒的"。与此相反,感官只是形成了不稳定的信念,它们每时每刻都能被其他信念替换。然而只有那个产生稳定判断的东西才能被选为检验机关。[27]

事实上,乍看之下许多文本是支持这个解释的。比如,笛卡尔认为感觉只"倾向于"某些信念,而理智则形成了"坚实的和不变的"判断。[28]但是在我看来,这个解释至少从两点原因来说是错误的:

---

[27] 参 Loeb 1996,第 6 页和第 14 页:"总的来说,笛卡尔认为在理智和感觉感知之间存在一种心理不对称性:理智产生了心理上不可抵抗的信念,而感觉感知产生了可以压制的去相信的倾向。"

[28] 参第三沉思(AT IX-1, 30),在这个法语译本中说的是一种(纯粹感觉)本质的倾向。与此相反,理智的判断或者信念被称为坚实的(firmae)和不变的(immutabiles),比如说在第二答辩(AT VII, 145-146)中。关于详细的证据,参 Loeb 1990, 13-16。

第一，理智和感觉不可以作为两种不同的认知机关而被对立起来。感觉不过是身体器官，它因外部对象的作用而被刺激，同时把刺激传向大脑。它只能在大脑中产生某种精气状况，而不能够产生信念或者完成其他认知功能。唯独理智能完成这样的功能。当笛卡尔对比两种信念或者判断时，它们始终是理智的信念。区别在于，一种直接与感觉感知关联，但未经检验，因而是不稳定的，而另一种则由理智进行检验，因而是稳定的。[29] 目的在于检验所有的信念，由此形成稳定的信念。但是在此，总是理智来检验自己的信念。

第二，这在我看来是非常重要的原因，所谓的心理不对称性并不是将优先性让给理智（而不是感觉）并把它选为检验机关的理由。下面的例子能够先脱离笛卡尔的文本来阐明这一点：

假设，某人受胃痉挛的折磨并且相信自己得了胃癌。然而他并不确定，[因而]请了两个专家来检验。第一个专家给他详细地做了检查，最后告诉他他没有得胃癌，这只是由压力引起的痉挛。但是这个专家也补充说他不能完全排除癌症的可能性，然后建议他做进一步检查。第二个专家没做检查，而是在将手按在头上后认为病人被恶魔占据了。他完全确信他的诊断并且排除了每一个可能的替代选项。

病人会挑选哪位专家作为他原有想法的检验机关呢？自然是第一个（如果他理性地行事的话），尽管与第二个相反，第一个并没有不

---

[29] 在我看来，被洛布当作自身观点证据的文本也澄清了感觉形成了不稳定的信念。第三沉思（AT IX-1, 30）："当我说本性教我去这么想时，我的意思是有一个自发的冲动引导我去相信它，而不是它的真理已经通过某个自然之光向我揭示了。这里得作个区分。由自然之光向我揭示的东西都是真的……"这里笛卡尔并未对比稳定的和不稳定的信念。毋宁说，他将感觉经验（导致自发的但经常错误的判断的东西）与理智的判断对立起来了。这里的问题不是这些判断是如何稳定或不稳定的，而是它们是否是可以怀疑的（如在基于感觉经验作出判断的这种情况下）或者是不可怀疑的（如在理智判断这种情况下）。

第13节 关于虚构或者非正确被感知对象的观念

可动摇的、稳定的信念。因为某人如何获得信念（稳定或不稳定地）是次要的。关键是为什么某人有这个信念。他必须给出理由说明为什么他获得了这个信念而不是其他的。只有这些理由的性质决定了他的信念是否是合理的。

这个例子表明，选择理智作为检验机关并不能通过这个论证加以合理化，即理智（相对于感觉）作出稳定的、不可动摇的判断。问题不是理智如何（以何种心理属性）形成判断，而是它以什么为基础来形成它们。当笛卡尔认为理智修正了感觉感知时，他也必须提出这个问题，即理智基于何种尽可能确定的和尽可能不可怀疑的东西来形成纠正性的判断。笛卡尔对此问题的回答是明确的：理智基于清楚分明的观念形成判断。[30]

清楚分明这一标准必须作何种理解，将在第 18 节中进一步讨论。眼下只需确认一个关键点：理智并非因为其判断在心理上稳定才成了检验机关，而是因为它基于完全确定的东西——基于清楚分明的观念——而形成判断。当然在此基础上也可以产生像心理稳定性这样的东西。但是这只是伴随现象。（医学专家也能拥有关于胃病稳定的、不可动摇的意见。但是他的意见的特性只从属于他对医学关联的洞见——通常，这一洞见越高深，这个意见也就越稳定。）

总体来说有如下结论：本节从这个问题出发，即笛卡尔为了解释两种观念——关于虚构观念和非正确感知的对象——是否必须回溯到特殊对象。这个问题现在可以给出否定回答了。(1) 虚构对象的观念指向的是观念的复合，也就是具有心灵存在的东西。(2) 非正确感知对象的观念指向的是质料对象，它们被错误地赋予了它们不具有的属

---

30 因而在第四沉思中 (AT VII, 62)，笛卡尔强调说如果理智仅仅将自己限制在作为判断基础的清楚分明的观念的话，那么错误的判断就不可能出现。

性。如果有人认为在水中的木棍是折断的,尽管在事实上它是直的,那么按照笛卡尔,他涉及的并不是感觉材料(sense datum),而是这样一根他对之作出错误判断的木棍。这个错误可以归因于这个判断并不是基于清楚分明的观念作出的。非正确的感知导致了模糊观念的形成,并且基于此种观念便导致了错误的判断。

第 14 节 感觉与情感状态

到目前为止，对笛卡尔表征理论的讨论主要集中在如下问题，即思维动作如何指向对象以及它指向何种对象。心灵动作都指向对象，这是没有争议的；因为思维具有意向性这个预设，似乎是不言自明的。当然，笛卡尔甚至似乎作出了很强的预设，即每个心灵事件都是意向性的。因为正如在第 5 节中已经澄清的，他将所有心灵事件划分为两类：简单思想"仿佛是对象的图像"，而复杂思想则有一个"附加的形式"，比如说肯定、否定或者害怕。[1]正如图像总是关于某个东西的图像，思想也总是指称某个东西的思维动作，无论它是否包含附加成分。但是在思想之外，笛卡尔并未考虑其他形式的心灵事件。

如此强的意向性论题至少引起了两个问题。第一个问题，那些同样被笛卡尔认作思想[2]的感官感觉是否能够具有意向性的特征。人们能够宣称疼痛感也是指向某个东西且具有表征内容的吗？这个观点似乎是不合理的。虽然人们能够在一定程度上描述感觉具有何种属性（比如说疼痛可以是刺痛的、麻木的或者折磨人的），也可以猜测感觉是如何被引起的，但是当我猜测我的牙疼乃由龋齿感染引起时，这绝不意味着我的牙疼指向龋齿并表征龋齿。在没有对可能的原因进行猜测时，我也可以感到牙疼。而当我进行猜测时，牙疼也不是意向性的，我关于牙疼原因的猜测才是。不是"我感到牙疼"这个心灵事件，而是与之不同的事件，即"我猜测我的牙疼是由龋

---

1 参第三沉思（AT VII, 37），在第 5 节脚注 1 中有详细的引用。
2 在第二答辩（AT VII, 160）中，他强调说："因而所有意志的、理智的、想象的和感觉的活动都是思想。"

齿感染引起的"指向龋齿。

第二个问题，情感能否具有意向性特征。在将害怕规定为"附加形式"时，笛卡尔似乎是持肯定态度的。然而，与此相对，也可以反驳说存在某些情感状态，它们并不指向对象或者事态。[3]某人可以处在快活的状态或者压抑的情绪中，他并不需要对某个确定的事情感到快活或者压抑。即使存在情绪的某个确定原因，也必须区分（就像在情感那里）情感具有何种结构这个问题和情感因何产生这个问题。因为当某人意识到压抑他的东西时，具有意向性的是"我猜测是事项 x 使我感到压抑"这个心灵事件，而不是与之不同的"我很压抑"这个事件。

马勒伯朗士就已意识到这些问题，因而他区分了两种心灵事件：一方面是观念，它们是意向性的且具有表征内容，另一方面是感觉和情感状态，它们是非意向性的且不具有表征内容。[4]但在笛卡尔这里并没有如此清楚的区分。进而，必须准确研究他如何描述感觉和情感状态的结构，同时考察这些描述所带来的后果。

我想先更为准确地考察情感理论。正如已经提到的，笛卡尔认为情感乃是额外的"形式"，它们附着在表征性观念上。在给霍布斯的答辩中，他阐明了这个观点，在那里他说单纯去看狮子是一回事，而看见它又害怕它则是另一回事。[5]什么是害怕的额外"形式"呢？

这个问题最好用这个例子来回答。假设我是狮子的驯兽师并且习惯于跟这动物打交道。那么狮子跑过来这件事并不会以任何方式使我害怕。我或多或少会中性地去看待这个事态，此时我的思想由如下两

3　瑟尔在其最近的研究中合理地指出了这一点（Searle 1983, 1-2）。
4　参 *Recherche de la vérité* III, partie II, ch. VI（*Oeuvres complètes* I, 445），马勒伯朗士明确地区分了观念和感觉。对此区分的简要说明，请参看 Nadler 1992, 18-26。
5　第三答辩（AT VII, 182）。

个组成部分构成：

C1：我确定，狮子跑过来了。

倘若我已经跟这狮子一起表演了许多年，我可能不会采取中立的态度，而是会很高兴它接近我。那么我的思想由如下组成部分构成：

C2：狮子跑过来了，对此我很高兴。

但是因为我事实上并未习惯于和狮子打交道，那么我就会对狮子跑过来感到害怕。我的思想因而由如下组成部分构成：

C3：狮子跑过来了，对此我感到害怕。

在所有三个思想中，内容并未发生改变。改变的只有额外"形式"，即我喜悦、害怕等态度。如果笛卡尔关于额外形式的说法在此意义上理解，那么他的立场就和那些现代言语行为理论者的观点类似，他们同样认为，人们必须在许多言语行为中区分未发生改变的命题内容和附加在内容上的命题态度。[6]于是，笛卡尔为何将诸如高兴或者害怕之类的情感算作意向性的意识状态，也变得可理解了。正如单纯的断言和单纯的否定，如果不带有被断言和被否定的对象，它们就不构成完整的言语行为那般，单纯的高兴也不是完整的意识状态。两个元素总是必要的：高兴以及对之感到高兴的对象。

当然笛卡尔和现代言语行为理论者的路径之间存在巨大不同。第一，言语行为理论认为命题内容（具有结构"dass p"的东西）和命题态度总是一起构成了完整的言语行为。与此相反，笛卡尔并未准确区分命题和非命题的内容。对他来说，非命题内容"狮子"和命题内容"狮子跑过来了"一样，都能与所谓的附加形式结合。[7]第二，言语

---

6 参 Searle 1969, Kap.2。

7 在第三沉思（AT Ⅶ, 37）中，笛卡尔甚至只举例介绍了关于具有非命题内容的思想：思考一个人（而不是思考一个人存在着），思考奇美拉，思考天空，思考上帝。

行为总是由句子的表达来完成的。与此相反，对笛卡尔而言，句子形式和口头表达都是不必要的。虽然为了传达思想可以形成句子并且使之被大声地表达出来，但是对于思想自身的构成来说，这并不相关。对此具有关键意义的只是观念与额外"形式"的纯粹心灵联结。

但这个可能被反驳说，它只适用于部分情感。因为在指向对象或者事态的情感之外，还有不指向任何东西的情感。我不仅可以高兴地期待或者对某个东西感到高兴，也可以直接处在快活的情绪中。这就很容易让人想到至少要区分两种情感：(1)意向性情感，它由意向动作和情感成分构成，以及(2)非意向性情感，它是纯情感状态。当笛卡尔只提到了作为额外形式的情感时，他忽视这个重要区分了吗？如果只考察《沉思集》的话，必须对这个问题作出肯定回答。但如果考虑到其晚期的著作(从1647年起的通信和《论灵魂的激情》)，则必须给出一个不同的答案。在1647年给沙尼的一封信中，笛卡尔作出了如下区分：

> 我要区分两种爱，一种是纯粹理智的或理性的，另一种是冲动。第一种在我看来只存在于：当我们的心灵认识到了善的东西(无论它是当下的或者不在场的)，也就是被心灵评估为有益的东西，它非常乐意与此联系在一起。这意味着它将自己和那个善的东西视作一个整体，其中善的东西是其一部分，而它是另一部分。[……]然而当我们的心灵与身体联结在一起时，理性之爱通常与其他爱一起而来，即那些人们可以称作感性的或者包含感性因素的。这[……]无异于一种心灵中由神经运动引起的杂乱思维。这种神经运动使它能够展开其他的、更为清楚的思考，即

第 14 节 感觉与情感状态　　　　　　　　　　　　　　　219

在理性之爱中存在的思考。[8]

此处表明笛卡尔的确区分了意向性的和非意向性的情感。"感性之爱"（或者更一般的：感性情感）并不指向一个确定的对象或者事态，并且不具有明确的表征内容。它只有没有清楚地被认识到的外部原因。[9]如果有人有此种感性情感，他虽然能够确定某些身体症状（正如笛卡尔提到的，在爱情中存在温度升高以及肺部的血液集中），然而对这些症状的确定不可等同于对原因的确定。[10]处在情感状态中并且感知到该状态以及所有身体伴随状态，是一回事，确定并表征心外原因，则是另一回事。表征只发生在"理智之爱"中（或者更一般地：在理智情感中）。因为只有当某人有了这个情感，他才能够清楚地认识原因，确定它是有益的还是有害的，值得争取还是应当拒绝。

在《论灵魂的激情》中，笛卡尔详细地描述和区分了情感的不同种类。在那里他专注于非意向性的感性情感并主要考察了这个问题，即哪些身体症状和特定情感是绑定的，但是他并未调查情感的外部原因。因为，之于感性情感，其特性恰好在于它的原因是未知的，因而也无法被表征：

> 只与心灵关联的觉知乃是那些其影响似乎可以在心灵自身中

8　1647 年 2 月 1 日写给沙尼的信（AT IV, 601-603）。
9　这里的特别之处在于笛卡尔并不认为神经运动造成了情感状态。他只说了这个运动使得心灵能够处于某个特定的状态之中。这个谨慎的表述方式支持了在第 10—11 节中给出的关于身心互动的解释。身体并未向心灵传递或者传送什么东西。互动仅存在于身体和心灵活动的协调中；只有当身体处于状态 x 中时，心灵才能处在状态 y 中。
10　1647 年 2 月 1 日给沙尼的信（AT IV, 603）："但是心灵由以感觉到热的思想不同于将热与对象关联起来的思想。"

被追踪到的觉知,并且在它们那里,人们通常不会进一步意识到一个能与心灵关联的原因。这类东西包括高兴、愤怒以及其他类似的感觉,也就是在我们那里有时由刺激我们神经的对象所引起,有时也由其他原因所引起的东西。[11]

既然感性情感只与心灵自身关联,那么拥有它的人也只能描述他体验到它的方式。他只能给出"相比于情感 y,情感 x 感觉起来是如此这般的"此类信息。但他不能给出这个信息,即相对于情感 y,情感 x 所表征的是什么。为了完成表征,他必须具有在上述意义上的理智情感。笛卡尔并未解释这样的情感是如何形成的。[12]但是我们可以进行如下转述:为了形成理智情感,某人必须至少完成两个心灵动作,即(a)对感性情感之原因的反思动作,以及(b)将此原因作为有益或有害之物的评价动作。理智情感具有表征内容,因为它(与感性情感完全相反)包含了反思动作。

然而对这个解释还可以提出如下反驳。难道不是所有的情感,也包括感性情感,都具有表征内容吗,因为所有情感都由某物引起且或多或少清楚地表征这个原因?感性情感和理智情感的区别只存在于表征这些原因的方式中。正如笛卡尔在给沙尼的信中所说的,感性情感乃是"混乱的思想"(konfuse cogitationes),且只是极为模糊地表征其直接原因(某些生理过程,比如说血液在肺部的集中)。与之相反,理智思想乃是清楚的,因而也以清楚的方式表征其原因。[13]

---

11 《论灵魂的激情》第一部分,第 25 条(AT XI, 347)。也请参看《论灵魂的激情》第二部分,第 51 条(AT XI, 371-372)。
12 在 1647 年 2 月 1 日给沙尼的信(AT IV, 603)中,他只说到了这两种情感通常一起出现,但是他没有详细探讨关于其产生和关联的问题。
13 威尔逊给出了这个解释。依据写给沙尼的信,她认为(Wilson 1990, 17):"甚至'无对象'的情感在某种降格了的意义上也是心理状态的表征。"

第 14 节 感觉与情感状态

这一反驳可作如下答复：诚然所有的情感都有身体方面的原因，笛卡尔借助机械论生理学解释了这些原因。[14]这些身体原因自然从其自身角度来说也会有外部原因，即所谓作用于身体的有益的或有害的客体。但这不意味着所有情感就其自身而言也表征其原因。这可以通过如下例子来澄清：按照笛卡尔的话，悲伤的情感状态是由较低的脉搏频率和较低的体温造成的，而这一身体状况自身又是由有害对象的作用所引起的。但这不意味着这个悲伤的人表征了这个生理过程以及这个过程的原因：

> 但是经常发生的是，在人们未能够清楚地认识到作为原因的有益之物或有害之物时，人们就已感觉到悲伤或者高兴，这也是如下现象的原因，即当这些有益之物或有害之物不需要心灵的介入便能在大脑上刻印上印象时……[15]

在某人未意识到这个情感的原因时，他就可以感到非常悲伤。进而，他就处于一种情感状态中并且如其所是地感知它，但是这一情感状态并不表征其原因。只有当"心灵介入"时，即只有当此人规定并分析引发悲伤的对象时，这一情感状态才表征了某种东西。只有当感性情感跟随理智情感时，表征才会发生。正如上述给沙尼的信中，当笛卡尔将感性情感称作混乱的思想时，这也不能理解为感性情感具有模糊的表征内容。毋宁说，感性情感是混乱的，因为它被模糊地感知到且很难互相区分。如果有人很悲伤，他可以问自

---

14 哈特菲尔德澄清了生理学的关键意义（Hatfield 1992）。
15 《论灵魂的激情》第二部分，第 93 条（AT XI, 398）。关于生理学上的原因，请参看《论灵魂的激情》第二部分，第 100 条（AT XI, 403）。

己：我真的悲伤吗，还是只是扫兴，或者沮丧？虽然他能清楚地意识到，他处于一种情感状态中，但是他可能不清楚到底是何种情感状态。就感性情感不表征其原因这一点而言，感性情感是模糊的。

表征和非表征的情感的准确区分只能在其晚期作品中看到（从1647年开始的通信以及《论灵魂的激情》）。与此相反，在《沉思集》中，笛卡尔将所有情感都不加限制地称为表征性思想的额外"形式"。如何理解这个显著的区别？人们可以尝试依据笛卡尔思想的发展历史来解释它。[16]在其早期作品（《沉思集》及其之前）中，笛卡尔严格遵照二元论并且试图把那些只属于心灵的动作和状态与只属于身体的动作和状态区分开。在不同的通信伙伴的影响下（主要是在伊丽莎白公主的影响下），他才开始对这些现象产生了兴趣，即具有混合特质的和部分地属于心灵、部分地属于身体的现象。因而他在较晚时期才开始对不同种类的情感进行准确的描述和分类。

这个解释毫无疑问具有某种可信度（尽管当然要强调，笛卡尔在晚期作品中还是忠于二元论的）。事实上，他在伊丽莎白公主的明确询问下才开始研究身心统一体的问题，在此研究框架中他致力于对情感问题的研究。然而，由此却未能说明为什么《沉思集》中的情感都毫无例外地归属于表征性思想。因为在第六沉思中笛卡尔已经指明了身心的统一体，并且强调这个统一体的核心作用：只有当人将自己当作身心统一体来理解时，他才能理解情感和感觉（特别是疼痛感）也关涉身体。只有当他理解了这一点时，他才能采取行动来战胜情感和疼痛感的原因。[17]在这里笛卡尔本可以去区分不同种类的情感或者感

---

16 关于这个发展，请参看 Grene 1985，第2章（特别是第35页和第41页）。
17 参第六沉思（AT Ⅶ, 81）；关于身心统一体，请参看第10节。

觉。[但]为什么缺少了这个区分呢？

为了找到令人满意的答案，必须考虑《沉思集》和《论灵魂的激情》的讨论背景。至少有两个解释可供参考：

(1)《沉思集》自如下问题出发：沉思者虽然完成了许多对某物进行表征的思维动作，却并不能确信这些动作是否表征了现实存在的东西，同样也不能确信它们是否如其所是那般表征了某物。这项研究从一开始就专注于表征性的思维动作。它的问题不是存在何种动作——表征的和非表征的——以及所有这些动作该如何被分类。毋宁说，它是专注于这个问题，即从这些总是具有表征内容的动作出发，如何能够获得关于被表征者之存在和结构的知识。鉴于这个设问，笛卡尔只专注于表征性情感（更准确地说：专注于附加地具有情感成分的表征性思维动作），就不出意料了。此外，在整个论证策略框架下，是否存在非表征性的情感也不是相干的问题。但在《论灵魂的激情》中，情况就完全不一样了。在那里笛卡尔从这个问题出发：心灵基于它与身体的联结有着许多冲动。为了能够准确描述和划分这些冲动，必须仔细研究身心在这些冲动的产生和功能方面起着何种作用。[18]在此设问的框架下，将表征性和非表征性情感进行区分，当然也是必要的。因为在非表征性情感中，也就是仅由外部对象的作用而引起的情感中，心灵要么没有扮演任何角色，要么只起到了很小的作用。而在表征性情感中，心灵确定并评估原因，因而心灵起到了很大作用。

(2) 还需要注意《沉思集》和《论灵魂的激情》是由不同的动机推

---

18 参《论灵魂的激情》第一部分，第2条。

动的。《沉思集》乃是形而上学探究，它（正如笛卡尔所强调的[19]）专注于追问上帝的存在以及身心之间的关系。它并不涉及对意识状态的形成和结构的心理学探究。毋宁说，它所探讨的是如何借助对意识状态的分析弄清楚上帝以及身心关系的事情。因而问题不在于特定意识状态（比如说情感）就其自身而言具有何种结构。只有当其有助于澄清形而上学的基本问题时，对意识状态的分析才是重要的。与此相反，《论灵魂的激情》是由自然科学的动机所推动的。笛卡尔强调：

> 我既不想要以演说家的身份，也不想要以道德哲学家的身份来解释冲动，我唯独想要以一个物理学家的身份。[20]

笛卡尔的目标是在机械论生理学框架内尽可能全面地去解释冲动的形成及其结构。因而他致力于探讨哪些生理学过程伴随着或者引起了不同冲动这个问题，他甚至尝试依据这些生理学过程对这些冲动进行分类。在这里，形而上学问题就不重要了。[21]关键的问题是冲动就其自身而言具有何种结构。特定类型的冲动是否是非表征性的这个问题，自然也构成了冲动的结构问题的一部分。

考虑到在对讨论背景更仔细的观察中所提出的这两个解释，就必须谨慎对待发展历史假说。与《沉思集》相反，在《论灵魂的激情》中

---

19 参写给巴黎神学系的博士们的信，也就是放在《沉思集》开头的那封信（AT VII, 1-2）。

20 《论灵魂的激情》对第二封信的回复（AT XI, 326）。

21 当然它们也不是完全消失了。笛卡尔也简短地对身心统一体和身心互动的主要形而上学问题进行了讨论；请参见《论灵魂的激情》第一部分，第 30 条和第 31 条（AT XI, 351-352）。

第 14 节 感觉与情感状态

非表征性情感与表征性情感被区分了开来这个事实，与其说与笛卡尔思想的发展有关，还不如说与转换了的问题导向有关。[22]

在接下来的步骤中，我想进一步考察一下感觉。如在情感中一般，感觉也有这个问题，即它们是否属于表征性的思维动作。我们能够认为热感或者疼痛感表征了什么东西吗？

要解释这个问题，我们必须先讨论一下术语上的注意点。正如笛卡尔自己承认的，"感觉"（拉丁语 sensus，法语 sensation）这个表达是多义的。他区分了三种不同层级的感觉，且由此区分了"感觉"的三种不同含义。[23] (1) 在第一种意义上，感觉是身体性过程：对感觉的刺激以及该刺激向大脑的传递。动物和人一样都具有这种感觉。(2) 在第二种意义上的感觉在于，当特定的大脑状态出现时，心灵形成观念（比如关于热或者疼痛的观念）。既然只有人有心灵，那么也只有人能够有在此意义上的感觉。(3) 在第三种意义上，感觉存在于基于感觉感知所形成的判断中，比如说"这个对象是热的"或者"在水中的木棒是折断的"。此处涉及的是心灵中的判断，而只有人能作出此判断。当被问及感觉是否表征了什么东西时，这个问题针对的是在第二种意义上的感觉。在特定大脑状态出现时所形成的观念（比如关于热或者疼痛的观念）是表征性观念吗？如果是，它的表征

---

22 当然总还是能为此争辩说，问题导向的转换可以溯源到笛卡尔思想的巨大改变上：仅当他给伊丽莎白的信中引入了第三个基础概念（即关于身心统一体的概念）之后，哪些冲动来自身心统一体对笛卡尔来说才构成了问题（贝萨德提出了这个假说 [Beyssade 1983，特别是第 278 页和第 286—287 页]）。毫无疑问的是，笛卡尔是在《沉思集》之后才引入的第三个基础概念（主要参 1643 年 5 月 21 日和 6 月 28 日的信；AT III, 665, 691）。但是在第六沉思中的说法（AT VII, 81），即心灵"以最为紧密的方式"与身体联结并且两者之间的关系并不是简单地就像舵手和船只的关系，表明在《沉思集》中已经暗含了第三个基础概念。进而，致伊丽莎白的信以及《论灵魂的激情》中对身心统一体的论述只能被理解为对现有思想的拓展，而不能理解为引入全新的想法。

23 参第六答辩（AT VII, 436-438）。

内容是什么呢?

可以先答复说:笛卡尔对待感觉的方式显然与对待感性情感的方式一样,它们都是没有表征内容的心灵状态。因为在第六沉思中他认为:

> 因为关于渴、饿、疼痛等的感觉不外乎是混乱的思维样态,它们由身心统一体,且仿佛由心灵与身体的结合所产生。[24]

感觉是意识状态,是我们只有作为身心统一体才能拥有的东西(与我们作为纯粹的心灵也能拥有的纯粹知性动作完全相反),并且我们能够直接感知到它。然而此处仅涉及混乱的意识状态。因为如果有人感觉到疼痛,那么他能这样问自己:"我感受到的确实是牙疼吗?或者这难道不是牙龈疼或也许是上颌窦的疼痛?"对感到疼的这些人来说,清楚的是他感觉到了某种疼痛,不清楚的只是他感觉到了哪种疼痛。无论他能如何准确地详细描述他的疼痛,疼痛都并未向他表征什么东西。他只能说"我很疼,它感觉起来就是这样的",但不能说"疼痛向我表征了特定对象或者特定身体部分"。

这样看来,感觉具有一种与非表征性感性情感相同的结构。[25]然而将感性情感与感觉等同起来却是错误的。因为笛卡尔对质料错误的评价表明了一种关键的区分。在第三沉思中,他认为质料错误的观念"把不是对象的东西表征为对象"(non rem tanquam rem repraesentant)。[26]他引入了热或者冷的感觉作为质料错误观念的两个例子。第5

---

24 第六沉思(AT VII, 8)。
25 因而麦肯齐认为,感觉从属于非表征性的感觉感知并且必须严格地区分于表征性的感觉感知(即指向第一性质的感知)(MacKenzie 1994, 270-27)。
26 参第三沉思(AT VII, 43)。

第 14 节 感觉与情感状态

节已经详细地考察过这些例子了。现已证明这些都是非正确表征的案例：关于冷的感觉表征了冷，仿佛它是被感知对象的真实属性。但事实上冷只是感觉属性；对象自身只有几何和运动属性。感觉之所以是误导性的，是因为它把某种只在感知者那里存在的东西表征为了在被感知对象那里存在的东西。因而它导致了错误判断。"对象是冷的"这个错误的判断取代了"对象对我显得是冷的"这个真的判断。

即使是以误导性的方式，感觉也表征了某个东西，这一点可以在对阿尔诺反驳的答辩中得到澄清。笛卡尔认为：

> 因为这经常发生在模糊和混乱的观念那里，关于热和冷的观念也属于此类：它们指涉了某种东西，但却不是它们作为观念所确实关乎的东西。[27]

感觉与某物相关且由此而具有表征内容。但是它并不指涉它所应指涉的东西，因而具有错误的表征内容。因为它应该只指涉感知者中的感觉属性。然而它错误地指涉了所谓的在对象中的真实属性。因而我们错误地相信它表征了真实属性。

笛卡尔的立场显得是矛盾的。一方面，在第六沉思中他认为感觉无异于混乱的意识状态，而它不表征任何东西。另一方面，在第三沉思中他则强调（在讨论质料错误时）感觉的确表征了某种东西，即使是以误导性的方式。如何能够解决这个矛盾呢？

如果我们注意到两种不同的考察方式的话，那么这个矛盾也就消失了。一方面，感觉可以被视为纯粹的意识状态，不论其表征内容为

---

27 第四答辩（AT VII, 233）。

何。那么我能够将冷的感觉仅视为此种具有相应的身体伴随症状的感觉，而无须尝试将此感觉指涉到某个外在于我的东西。我仅说"对我来说是冷的"，然而我回避所有诸如什么在我那里引起了这个感觉或者什么向我呈现了这个感觉这类判断。这样来考察的话（正如在第六沉思中就是这样的），冷的感觉就不再是表征性的了。然而另一方面，我还能思考我的冷的感觉来自哪里，以及我可以（在笛卡尔看来这是误导性的）猜测在被感知对象那里必须存在冷这个属性，它向我传递了自身。如果我让我的感觉关联于一个可能的原因（正如在第三沉思中就是这样），那么我就将表征内容赋予了它。因而在这两种考察方式之间的区别在于，感觉一方面能被视为单纯的意识状态，但是另一方面能被视为指称某个东西的意识状态。在《哲学原理》中笛卡尔明确指出了这两种考察方式：

> 但是在这里，为了把清楚的东西和模糊的东西分别开，我们必须谨慎地注意到，疼痛、颜色和其他此类的东西，只有当它们被视为感觉或者思维动作时，才会被清楚分明地感知到。但是如果断定它们是某种于我们心灵之外存在的东西，那就完全无法理解它们究竟是何种东西。[28]

这里突出的是，笛卡尔认为当它们仅被视为感官感觉（单纯的意识状态）时，感觉才被清楚分明地感知到了。因为一般来说我的确能区分对颜色的感觉和对热的感觉，并且我能区分对一种特定颜色的感觉（比如说对红色的感觉）和对另一种颜色的感觉（比如说对蓝色的感

---

[28] 《哲学原理》第一部分，第 68 条（AT VIII-1, 33）。

第 14 节 感觉与情感状态

觉)。只有当我尝试给我的感觉指派一个心外的对应物时,我才犯下了错误。[29]

笛卡尔在这里作出的区分对于他的整个感知理论具有核心意义。因为该理论旨在把朴素的看法替换为经受了自然科学检验的见解。根据朴素的看法,我们相信每个意识状态都对应于某个心外之物。比如,我们相信我们关于心外的炎热的太阳的观念相应于那个炎热的太阳,并且我们相信我们对冷的感觉相应于心外存在于某个对象中的冷。然而当我们克服了朴素的理解时,我们认识到在我们心灵之外只存在其他心灵以及具有几何和运动属性的质料对象。我们认识到心外不存在诸如热或者冷的属性。当我们摆脱朴素的看法时,我们也认识到了我们的意识状态并不关乎它所完全不能指涉的东西,由此我们学会了去区分在我们意识状态中臆想出来的表征内容和真正的表征内容。

作为结论可作如下总结:笛卡尔在《沉思集》中将所有的心灵事件理解为了思想,并且他由此将意向性特征赋予了所有心灵事件。但当人们考察其晚期作品时,就会发现笛卡尔将意向性观点限制在两种特殊情况中:(1)通过区分感性情感和理智情感,他承认亦存在不指向任何东西且不表征任何东西的情感状态。(2)通过区分考察感觉的两种方式,即作为单纯意识状态和作为具有表征内容的状态,他指出感觉也可以被感知为单纯的状态,而不指涉某物。他强调感觉可以被感知为此类状态(那么它就是清楚分明的),且不应该指涉所谓的质料对象中的感觉属性(那么它只是混乱的)。

---

29 因而我赞同阿拉宁的观点,与许多评论者不同,她认为感觉并不总是不透明的,只有当它们指向心外之物时才会如此(Alanen 1994b, 242)。

第 15 节　结论与批判性评论

　　正如在本书第一部分中所论证的那样，如果我们将笛卡尔的观念理解为心灵动作，它指向对象且表征该对象（不是诸如内在的摹写或者代表），那么随之而来的问题是，此处涉及的是何种对象以及心灵动作如何能够指向这些对象。第二部分则主要讨论这个问题。它证明了并不存在对此问题的统一回答。因为心灵动作所指向的对象，与各个观念的种类有关。因而关键在于重视笛卡尔对观念的三分，即"习得的""虚构的"以及"天赋的"。

　　这个著名的三分当然很容易让人想到区分三种对象：（1）习得观念的质料对象，（2）自创观念的虚构对象，以及（3）天赋观念的永恒和不变地存在着的对象。这个分类是正确且无害的，只要它未被理解为对三种存在物（具有不同存在方式的三种不同事物）的分类。但许多解释者正是如此理解这个分类的，因为他们认为笛卡尔在质料和心灵（虚构的）存在物之外引入了抽象的存在物或者迈农式的客体。[1] 在我看来，这个观点不仅仅是对天赋观念之对象的不当解释；正如在第 12 节中所阐述的，这些对象无异于具有心灵存在的概念。此外在我看来，笛卡尔引入了迈农式客体这一观点，还建基于一种对理性主义路径的根本误解。在引入天赋观念时，笛卡尔并没有引入特殊种类的存在物。毋宁说，他指明了对象（首要的是质料对象）为了能够被表征所需的条件。因为，如果我们没有应用于感觉印象的概念的话，我们就不能表征任何质料对象。我们之所以能够将质料对象表征为具有

　　1　参 Kenny 1968，155；Curley 1978，149（参看第 12 节的相关讨论）。

如此这般属性的东西（比如说具有特定长度、宽度和高度的东西），只是因为我们具有关于广延的概念（由此也有关于长、宽、高的概念），并且能够将它应用于那些在感觉经验中呈现给我们的东西。引入天赋观念并不能理解为对如下问题的回答，即"我们能在质料的与心灵的对象之外表征何种对象"，而毋宁说是对此问题的回答，即"要使得我们能够表征质料的与心灵的对象必须满足哪些条件"。

考虑到这个设问，就导出了一个对于理解《沉思集》的整个论证策略来说至为关键的后果。初看之下，笛卡尔在这部作品中的主要意图是反驳怀疑论者。在第一沉思中的怀疑论证及后续对两个不可怀疑的基本命题的建立——我之存在与上帝之存在——事实上是支持这个文本解释的。但是如果考虑到对象表征的条件问题（也就是在引入天赋观念时所表达的），那么就出现了另一个至少同等关键的论证策略：

第一沉思由如下状况出发：我们通常将未经检验的、传承下来的概念应用于在感觉感知中被给予我们的东西，借此我们形成各种意见。我们朴素地认为我们在孩童时期就已学到的全套概念都与在现实中的事物相符。而怀疑论证正是质疑这个观点。因为它不仅指出了这个（相对无害的）问题，即我们有时受到感觉的欺骗或者有时不能确定我们是否处在清醒状态。怀疑论证澄清了一个基本问题：我们有何理由将这些来自传统的概念应用于感觉经验给予我们的东西？我们有何理由断言这些概念与现实中的某物相符？在极端怀疑的状况中这个问题变得无比清晰。如果要严肃对待极端怀疑的话，那么我们首先必须放弃一切概念并且找到某种并不欺骗我们的东西。只有这样我们才能逐步构建出新的概念系统。

如果这样来理解论证轨迹，则《沉思集》的主要作用就在于将我们从传承下来的、误导性的概念系统中解放出来,并且将我们重新带回到安全的地基:带回到那些基础概念,它们展示了使得我们能够正确表征对象所需的条件。[2]这样一来,我们便能理解笛卡尔的规划公告(programmatische Äußerung),即人们必须"在人生中完成一次彻底摧毁一切的行动,并且在新的地基上开始一切"[3]。这不是说去清除一些被证明是错误的个别意见,也不是说去怀疑个别感觉或者个别感知状况的可靠性。而是说,必须摧毁整个概念系统并建立新的概念系统。

但是这些新的概念该从哪里来呢?显然不是来自感觉感知,因为它只提供感觉印象。而概念正是那些我们必须应用于我们的感觉印象的东西。为了能够表征蜂蜡为蜂蜡,我们必须拥有这些概念,即我们此后将之应用于关于质料对象的感觉印象的东西。因而这些概念不可能来自对蜂蜡的观看、触摸、嗅等。它们必须先于每个感觉感知被给予我们。

天赋观念理论指明了这个核心功能。当我们想要免于由对被传承概念的直接接受所造成的错误时,我们必须拆除这个概念系统并打造新的。对此,在方法上我们必须从那些先于每个感觉感知就已经被给予的概念出发。

如果我们不是从感觉感知那里获得它们的话,那么我们是从哪里获得这些概念呢?笛卡尔的回答是明确的:上帝以将这些永恒真理放

---

[2] 当然这并没有排除怀疑主义的反驳。因为怀疑主义的反驳恰在此时出现,也就是当我们将未经检验的概念应用在感觉印象上并形成意见,然后认为我们的意见是不融贯的或者是错误的。反怀疑论的疗法在于我们必须首先排除意见并检查概念工具。这个疗法并不体现在(或者至少不是主要体现在)对感觉感知的不信任当中。因为感知提供感觉印象,而感觉印象一直都如其所是。只有当我们对感觉印象进行评估并形成意见时,引发怀疑论证的可能错误才能产生。

[3] 第一沉思(AT VII, 17)。

在心灵中的方式，在我们出生时就将它们赋予了我们。然而这个解答还是成问题的，更确切地说，不仅因为它将概念的存在依附于上帝的存在（众所周知这是存在争议的），或者因为它本身是基于唯意志论神学的；上帝在任意时刻都可以改变永恒真理。它之所以是不令人满意的，主要是因为它把先验条件（那些对于对象的表征来说必要的条件）变成了上帝的产物。卡西尔极为明确地指出了这一点：

> 正如关于无限者的概念，其他"先验"概念更多地看起来像是实物产品（dingliche Produkte）：我们此在的造物者在我们那里所烙下的印子。如此一来，笛卡尔的科学理性主义在这一点上直接滑向了神秘主义。[4]

虽然卡西尔的批评是因敌意而夸张了，天赋的、由上帝烙印下的概念并不能由某种神秘的观视所把握，反而，它是通过我们专注于清楚分明的觉知而被把握的，[5] 但是卡西尔还是指出了关键点：当我们想要将自己从传承下来的、未经检验的概念中解放出来时，笛卡尔表明我们必须借助于先天概念。由此他指明了先天概念的关键功能。但是在回溯到上帝的指示来解释这些概念的生成时，他就偏离了纯理性主义的路径。[6]

现在还有一个问题，即究竟哪些概念对于正确表征质料对象来说

4　Cassirer 1911, 501-502.
5　清楚分明的原则将在第 18 节中详细讨论。
6　当然人们可以反驳说上帝的存在也是借由理性的论证（而不是借助启示神学）得以可能的，因而在理性主义的方法中也嵌入了对上帝的回溯。对此我们可以反驳说上帝的存在确实是由理性的方法证明的（在此存在证明的可靠性当然是存在争议的）。但是从对存在的证明那里，我们不能用一种纯粹的理性方法推论出上帝必须是先天概念的创造者。要证明这一点，我们还需要其他理论元素（比如唯意志论神学的元素）。

是必要的。笛卡尔清楚地回答了这个问题：我们首先需要关于实体的概念，其次还需要蕴含了长、宽、高以及运动的广延概念。在这个回答中明确地展现出了机械论物理学的方案；因为长、宽、高以及运动的概念就是该物理学的基本概念。只有当我们借助机械论物理学的概念系统来表征质料对象时，我们才能正确表征它们。[7]

当然，只有在我们同意机械论物理学的方案时，这个回答才会是令人信服的。严格来说，我们甚至必须同意该计划由上帝所规划。因为笛卡尔认为，上帝创造了一个依照机械论方式运转的世界，并且那些对于正确表征这个世界来说必要的基础概念，乃是由上帝放于我们心灵中的。[8]

如果笛卡尔的回答在此严格意义上被理解，那么它只有在近代早期的物理学的历史背景下才是有说服力的，而在此背景以外则显得是古怪的。但是正如威廉姆斯所表明的，它也能在宽泛的意义上被理解，即在并不与17世纪的特殊背景关联的意义上理解：当我们从一个"绝对视角"来表征质料对象时，我们才能正确地表征它们。[9]我们必须如此表征它们，正如它们自在地具有第一性质那般（无论这些性质是在机械论物理学还是在其他物理学框架下被解释）。笛卡尔的核心诉求在于我们必须克服我们的主观视角，并且应该援引那些对于一个绝对的视角来说必不可少的概念。

初看之下，这个解释显得是有说服力的。事实上，《沉思集》的

---

[7] 加伯令人信服地表明了笛卡尔的要求，即人们必须"在人生中完成一次彻底摧毁一切的行动"，必须理解为对概念转变的要求，经院主义的、质性物理学（qualitative Physik）的基础概念必为机械论的、测量物理学（quantitative Physik）的基础概念让位（Garber 1986）。

[8] 参《谈谈方法》第五部分（AT VI, 41）和《哲学原理》第二部分，第36—40条（AT VIII-1, 61-65）。

[9] 参 Williams 1978, 64-66。

论证轨迹也很容易使人认为，为了之后能从一个客观视角判断世界实际上是如何的，沉思者应当放弃他的（经常是误导性的）意见，这些意见关乎的是世界在主观视角中向他显得是如何的。然而这意味着为了客观视角的缘故，主观视角就应该被完全抛弃吗？这意味着，正如威廉姆斯所认为的，借助这种方法可以获得关于世界自在地——而不是处在与主观观察者的关系之中——所是的知识吗？[10] 在我看来，这个观点首先在内容上是有问题的，其次也很难说符合笛卡尔的文本。

第一点：威廉姆斯是这样解释对主观视角的克服和绝对视角的获得的。[11] 有两个人，A 和 B，他们每个人都各自具有关于世界的主观表征（更准确地说：许多各自的主观表征）。这两种表征在关键之处存在不同。为了能解释为什么这两种表征在存在不同时依然能够指称同一个世界，我们必须形成一个更全面的表征，也就是包含了 A 和 B 之表征的表征。针对这个表征，我们还能形成更为全面的表征。如此这般我们还能继续，直到我们最终获得一个最为全面的表征，即包含了所有表征的表征。按照威廉姆斯的观点，恰在此时我们到达了绝对的视角。

由此表明了什么呢？被表明的只是通过不断形成更为全面的表征，我们能够拓宽主观表征。这当然是可能的。但是通过这个过程，我们绝无获得绝对视角的可能性，除非我们将这样的视角仅当作尽可能全面的视角来理解。因为主观表征的拓宽绝不可能导致对自身的克服。为了通过一个案例来澄清这一点，我想向所有地球居民提问：他

---

10 威廉姆斯简要地断言："这起始于一个非常基础的想法，也就是如果知识就是它所宣称的那样的话，那么它就是关于独立存在于那个知识的现实的知识，并且的确［……］独立于任何思想或者经验。知识就是关于任意存在的东西。"（Williams 1978, 64）

11 参 Williams 1978, 64-65。

们是如何表征月亮的？当我形成了一个囊括了所有这些个别表征的表征时，虽然我获得了一个关于月亮的尽可能广泛的表征，但是我并未获得一个基于绝对视角的表征——不是如威廉姆斯要求的那种独立于每个主观经验的表征。因为所有地球居民的主观表征有可能在某一点上是一致的，以至于这个无所不包的表征也囊括了这一主观观点。主观视角也就没有被克服。为了获得这样的绝对视角，我必须采取诸如上帝视角之类的东西，这个视角不是通过对主观视角的普遍化而产生的，而是通过一个被赋予特权的认识状况（privilegierte epistemische Situation）。[12] 严格意义上的绝对视角可能是一种不包含主观视角的东西。但对我来说去接受这样的视角是不可能的；因为我无法进入一种异于向来所处之状况的认识状况。我最多能够将我的主观视角加以修正、拓展以及通过与其他视角的对比相对化。但是，我无法克服它。

第二点，毋宁说是一种文本诠释的论点：笛卡尔是想要借助怀疑的方法表明沉思者必须克服他的主观视角并且接受一种客观视角吗？倘若是的话，那么沉思者必须忽略一切感觉和情感，好将世界独立于他的主观经验那般进行表征。但情况并非如此。因为在自我存在的无可怀疑性被证明之后，笛卡尔在第三沉思的开头认为沉思者具有无数观念，也就是表征性思想，而它们"就其自身而言"不可能是错的。[13] 就其自身而言，关于热的东西的观念和关于奇美拉的观念都不是错的。仅当我将观念指涉到外在于我的东西之上并且作出一个存在

12　因而在神学文献中（比如说在那些可以追溯到奥古斯丁《观念的问题》的、富有影响力的文献中），上帝视角也未被刻画为一种尽可能一般性的视角，而是作为一种原则上与人的视角不同的视角。上帝并不是像人一样看到或者理解对象，而是以唯他所有的一种直观（intuitio）形式"考察"它们。

13　参第三沉思（AT VII, 37）。

判断时，错误才会发生，比如说当我陈述"存在热的东西"而不是"我有关于热的感觉"时。因而笛卡尔发出了关于所谓观念的质料错误的警告，而这种错误是基于感觉印象而形成的。这些观念似乎表征了心外的属性，但事实上却仅仅指的是感知者中的感觉。[14]但是笛卡尔并未要求必须抛弃这些观念以及为了几何和运动性质的观念而放弃它们。他只要求一种批判性的检验：我们不能以朴素的方式假设每个观念表征了一个心外对象或者心外属性。

第六沉思也澄清了这个观点，即我们在主观视角中所拥有的感觉不必被克服。因为在证明了上帝和质料对象的存在之后，笛卡尔表明，如果我们想要表征质料对象的话，我们就必须回溯到我们的感觉。因为相对于自我、上帝和数学本质，这些对象只是以如此方式向我们呈现的，即我们具有关于它们的颜色、热以及其他的感觉。毫无疑问，如果我们想要获得正确的表征，我们就必须批判性地评价这些感觉。我们必须仔细区分清楚分明的东西与只是模糊和混乱的东西。[15]但这绝不意味着我们必须克服它们。

显然笛卡尔的目的不是去克服主观视角并接受一种绝对视角。毋宁说，他的目的在于对所有在主观视角中被给予我们的东西进行批判性的检验。对于这样的检验来说尤为重要的是，我们区分两种心灵状态的两个方面：现象方面以及表征方面。因为一方面，心灵状态以一种特定的方式被给予。对我们而言，对马特洪峰的想象的呈现方式有别于对奇美拉的想象或热的感觉。通常情况下，我们能够基于这种现象性的呈现来区分心灵状态——特别是感觉，亦即并不需要将它们指

---

14 参第三沉思(AT VII, 43)，请参看第 5 节的相关讨论。
15 在第六沉思中，笛卡尔简要地表达了(AT VII, 80)："它们可能不是准确地与我对它们的感觉感知一致的，因为在很多情况下感觉感知是非常模糊和混乱的。但是它们至少具有那些我清楚分明地理解的属性。"

涉到某些外部对象。[16]另一方面，我们可以在心灵状态中把握表征内容。比如，关于马特洪峰的想象向我表征的东西就与关于奇美拉的想象不同。如果我们专注于这个表征内容，我们可以通过区分它们的被表征物来区分诸种心灵状态。

笛卡尔的目标是澄清现象方面和表征方面的区分。因为我们倾向于混淆这两个方面并且由此导致犯错。比如，我们倾向于认为关于热的感觉表征了外在于心灵的热。我们仓促地由现象方面（"我有一个如此这般的热的感觉"）推论出了表征方面（"存在某种由热的感觉所表征的东西"）。[17]我们倾向于作出这种错误推论，是因为我们被困在一个误导性的（这对于笛卡尔而言总是意味着：受经院哲学影响的）概念系统里。因为这个概念系统并未考虑到这个事实，即"热"这个我们将之应用在我们的感觉印象上的概念，是一个完全异于"广延"这个概念的概念类型。根据笛卡尔，无数错误的根源就在于缺少对不同概念类型的区分。这些错误必须借助新的物理学的概念体系进行修正。因为当我们从这个概念体系出发并采取一种批判性的检验时，我们会确定诸如"热"这类的概念只能应用于心灵状态的现象方面，而不能应用于外在于心灵的被表征物的属性上。

沉思者的目的不在于追求一个绝对的视角。毋宁说，其目的在于避免错误，区分在主观视角中的心灵状态的现象方面和表征方面。

---

16 因而笛卡尔在《哲学原理》第一部分，第68条（AT VIII-1, 33）中强调说，感觉就其自身而言（也就是在其现象性呈现中）完全分明地被感知。只有当人们假设它们表征了心外之物时，它们才是模糊的。

17 在这种情况下我们错误地推论出了表征特征，因为我们在观念的"本质"中犯了错，正如笛卡尔在与布尔曼的谈话中所说的（AT V, 152）。但是对于我们确定了现象特征来说，我们并没有犯错。因为热的感觉以特定方式呈现，并且通常情况下我们能以无误的方式确定其呈现。

第三部分
如何通过表征性观念获得知识？

第16节 作为真理理论基础的观念论：出发点与问题

如果观念——正如目前的研究所表明的——不过是表征对象的心灵动作，那么不仅存在这个问题，即它们表征了何种对象，还有另一个问题，即它们是否正确地表征了这些对象。我们想要的不是关于某个对象的随意见解（Kenntnis），而是其知识（Erkenntnis）。这意味着我们首先想要知道被表征对象也真实存在，其次想要知道它们正如我们表征它们那般存在着。基于这些认识，我们还想要能够作出关于对象及其属性的真判断。为了能够作出真判断，有哪些条件必须被满足呢？

笛卡尔似乎明确地回答了这个问题。因为在第三沉思的开头他认为：

> 由此我想，我已经能够提出一个普遍原则，即所有被我清楚

分明感知到的东西都是真的。[1]

然而，这个著名的原则并不如其初看之下那般清楚。它至少引起了三个问题：

第一个问题是，这里"真的"意味着什么。什么东西在特定条件下会是真的？根据一个影响深远的传统（由亚里士多德所创造的且统治了整个中世纪关于真理的讨论的传统），个别对象以及关于对象的表征都不是真的或者假的，真假仅存在于由断言命题所表达的判断中。雪自身和我关于雪的表征都不是真的或者假的，我的判断——雪是白色的——才是。而我在"雪是白色的"这个句子中表达了这个判断。因而真理载体首先是判断（当然不是那个单纯的判断动作，而是判断内容），其次是被说出或者写下的句子。[2]

如果考察一下笛卡尔的普遍原则的话，他是否能够被纳入这个传统便是有疑问的了。在特定状况下为真的东西是一种判断，还是一个观念，抑或是观念的复合？在第四沉思中，笛卡尔虽然明确地认为判断才是真的或者假的，但他强调判断总是对观念作出的。[3]通过意志对理智形成的观念作出赞同或者否定，判断由以形成。因而笛卡尔似乎仅仅将判断视为具有额外意志成分的观念。但是这样一来，为了确定真理的首要载体，我们必须回溯到观念上去。这个猜测在很多处文本中都得到了印证，笛卡尔在那些地方谈到了真的和假的观念。比如他说，"通过真的观念"（per veram ideam；AT VII, 45），他觉知到了无限者，并且他有关于最完满的和无限的存在者的"最高程度为真的

---

1 第三沉思（AT VII, 35）。亦参《哲学原理》第一部分，第 30 条（AT VIII-1, 16）。
2 关于这个传统，参 Perler 1992, 29-62；关于其直至 17 世纪的接受史，请参见 Nuchelmans 1980, 114-140 以及 Nuchelmans 1983, 9-35。
3 第四沉思（AT VII, 56）。

第16节 作为真理理论基础的观念论：出发点与问题

观念"（idea maxime vera；AT VII, 46）。[4] 与此相反，关于热或者冷的观念乃是"质料错误的"观念（AT VII, 43-44）。因而观念似乎是某种首要为真或为假的东西。对这些观念可以在适当情况下作出判断，但判断只是次要的真理载体。

如果第三沉思中的普遍原则和第四沉思确实必须如此被解读的话——正如一些解读者所建议的那样，[5] 笛卡尔就与那个传统决裂了。他用观念取代了判断，并将它作为首要的真理载体。但这样一来会有严重的后果，因为观念在其基本形式中并不具有命题结构；具有一个观念意味着有关于 x(上帝、太阳等)的思想。[6] 如果笛卡尔将观念规定为首要的真理载体，那么他就引入了不具命题结构的真理载体。事实是否真的如此，我们还必须进一步研究。

第二个问题出现在如下设问的框架下，即究竟是什么使得某物——无论这是判断或者观念——为真。根据笛卡尔，在现实中必须存在什么东西，以使得判断（或者观念）为真？[7] 在亚里士多德主义传统中，对此问题的回答总是从如下的考量出发：为使得一个判断为真，在世界中必须存在一个事态，它恰如它在判断中被表达的那般所是。为了使我的判断或者断言句"雪是白色的"为真，在世界中必

---

4 当然人们可以仔细区分"真的"(verum)的两种用法，如肯尼已经表明的那样(Kenny 1968, 119-120)。一方面，笛卡尔将真的观念(vera idea)理解为与貌似为真的观念(scheinbare Idee)相对。另一方面，他将该观念——在这里很重要——理解为与虚假观念相反的真的观念。

5 参 Grene 1985, 8-9。

6 至少观念在严格意义上(参第三沉思；AT VII, 37)具有非命题结构。如第 5 节所澄清的，笛卡尔也还是考虑到了第二类的观念。它们有着"额外的形式"并能具有命题结构。

7 人们可以以当代术语将它称为"使真者"(truth-maker)(参 Mulligan/Simons/Smith 1987)。判断之所以为真乃是因为某个特定存在物使之为真。真理理论的任务在于更为准确地规定这个存在物。

须存在这个事态,即雪是白色的。虽然这个事态在本体论上如何进行规定(作为实体与属性的联结,作为实体的如何存在[Wie-sein],作为特殊存在物等),一直到近代早期都是存有争议的问题。[8]但没有争议的是,在这个世界上必定存在一个存在物使得判断为真。因为只有这样,真理的符合论解释才能可信地被解释:如果判断为真仅意味着依照实际存在作出判断,那么在世界中必定存在某种东西——一个需要被更为准确地加以规定的存在物,而它与判断相符且使判断为真。

然而,在那个普遍原则中,笛卡尔并未提到在世界中的某物和判断的符合。对他来说,关键的似乎不是在世界中存在什么东西使得判断为真,而是某物如何(清楚分明地)被觉知。因而有一些解释者认为就此而言笛卡尔也与传统发生了决裂,这就不令人惊讶了。比如说卡西尔就认为笛卡尔用明见性真理观替换了符合论真理观,因为在他的理论框架下,对于判断的真理来说,只有被觉知之物的"当下明见性"才是必要的。[9]胡塞尔也强调,"笛卡尔变革"的主要目标之一是建立一门真理的明见性理论。[10]法兰克福虽然批判了这样的解释,但是同样持如下观点:笛卡尔为了融贯论而放弃了符合论。[11]清楚分明地觉知某物不过是意味着,在一个融贯的命题系统中将某物以此种方式加以把握,即不再有任何怀疑理由的方式。

笛卡尔是否真的放弃了符合论真理,我们后续必须加以检验。但显而易见的是,对符合论的拒绝将给整个认识论带来深远的影响。认

---

8 关于中世纪晚期的争论(主要是14世纪的),参 Perler 1994c;关于其直至16世纪晚期的接受性,参 Nuchelmans 1980, 45-73。

9 参 Cassirer 1978, 25。

10 参 Husserl, *Cartesianische Meditationen* I, § 4 (Husserliana I, 51)。

11 参 Frankfurt 1970, 25-26, 170-171。在一篇晚期的论文中(Frankfurt 1978, 37),他部分地偏离了这个解释。

第16节 作为真理理论基础的观念论：出发点与问题

识某物不再意味着——如我在本节的开头所建议的——如其所是地知道一个对象，并且由此作出真的判断。毋宁说，认识某物意味着拥有某种"当下的明见性"（无论它如何被理解），或者拥有一个融贯的命题系统。

第三个问题涉及的是真理条件。[12] 在亚里士多德-经院主义传统中，真理条件总是被表述为语义条件。由我的判断所表达的"雪是白色的"这个句子是真的，仅当它或者它的部分表达如其所是地标明（bezeichnen）了雪和白色。当然如何正确理解这个"标明"，也是存在争议的问题。然而在真理条件应理解为句子的部分表达的语义条件这个方面，并不存在争议。[13]

而在笛卡尔那里情况则不一样。他并不从句子或者句子的部分表达出发，而是从觉知出发。只有当我有清楚分明的觉知时，某物（观念还是判断都可以）才为真。这个表述造成了一种印象，仿佛笛卡尔仓促地从"认为是真"（Für-wahr-halten）推论出了"为真"（Wahr-sein）：当我觉知到了某个如此这般的东西且基于其明见性认之为真时，那么它也是真的。此外，这个表述还造成了一个印象，仿佛真理条件是纯粹主观的：如果我以一种特定的方式觉知某物，那么它就是真的。然而，我们可以从觉知（单个的心灵动作）的特性推论出某物为真吗？应依据何种标准对这个特性——清楚分明——加以检验呢？笛卡尔的解释加剧了这个怀疑，即这个必要的标准只是心理上的。因为在官方定义中他认为，如果觉知"对于专注的心灵来说是当下的

---

12 这里不能将真理条件理解为当代真值条件语义学意义上的条件（当然它们总是语义条件），而应理解为另一种意义上的条件，也就是为了使得某个特定事态（或者对象的如此存在）能够指派给某个特定的判断，而必须要被满足的条件。举例来说，这意味着：为了"雪是白色的"这个判断符合于雪是白色的这个事态（而不是其他事态），必须满足哪些条件？

13 参 Perler 1992, 109-152（关于14世纪的争论）和 Nuchelmans 1980, 117-119。

且是明显的"的话,觉知乃是清楚的;如果一个觉知仅包含清楚的东西并据此与所有其他觉知有别时,它就是分明的。[14]某物究竟在何时才是当下的、明显的且与他物不同的呢?对我来说当下和明显的觉知,对于别人来说也是以同样方式当下和明显的吗?伽森狄早就指出说,每个人都认为他有清楚分明的觉知,即使他与他的讨论伙伴辩护的是完全不同的某种东西。[15]于是,对于每个人来说必须存在个体的觉知条件以及由此而来的个体真理条件,而这显然会导致一种无限制的相对主义。为了避免这样的相对主义,必须首先说明清楚分明这一条件是否真的必须被理解为心理性的真理条件。

总体来说,有三个问题需要进一步讨论。我们必须说明,(1)笛卡尔采纳了何种真理概念,(2)他如何规定真理载体,以及(3)他表述了何种真理条件。在本节中,从对真理概念的分析出发,我将逐步研究这些问题。从这个分析出发,我也将讨论真理条件问题。在第17节中,为了解释真理载体的问题,我将进一步考察观念和判断之间的关系。最后,在第18节和第19节中,我会深入探讨清楚分明的条件,并研究这个条件必须如何以及必须在何种背景下理解。

第一个问题:在1639年给梅森的一封信中,笛卡尔对赫伯特(Herbert von Cherbury)的文章《论真理》("De veritate")进行了评论并认为:

> 他研究了什么是真理。我则相反,对此从未有过怀疑。因为在我看来它先验地是如此清楚的概念,以至于我不可能误解它。虽然在使用一座天平之前,人们有许多方法去检查,然而,倘若

---

14 《哲学原理》第一部分,第45条(AT VIII-1, 22)。
15 第五反驳(AT VII, 278)。

人们并不是天生就知道真理的话，人们就不具备那些用来学习什么是真理的东西。因为我们有什么理由去赞同那些给我们传授真理的东西呢，如果我们不知道这是真的话，即如果我们不认得真理的话？比如，人们可以向那些不懂语言的人给出名词解释并且告诉他们：在其严格意义上，"真理"这个词表示的是思想与对象的一致（Übereinstimmung）；当人们把这个词应用在外于思想的事物上时，只会表明这些事物可以作为真的思想（无论这是我们的还是上帝的）的对象发挥作用。但是人们不可能给出逻辑性的定义，即对认识真理之本质有所助益的定义。[16]

在简要地说明了他也将其他概念视为是不可定义的之后，笛卡尔补充道：

> 该作者[赫伯特]认为普遍赞同就是他的真理原则。相反，我只将自然之光认作我的真理，这在某些细节上也与他的原则相应。因为所有人都具有同样的自然之光，所以所有人也必须——看起来是这样——具有同样的概念。但是在此存在一个巨大的差别，即几乎没有人正确地使用了自然之光，这也是为什么许多人（比如说所有我们认识的人）会赞同同样的错误。此外也存在许多事物可以借自然之光而被认识，但却尚未有人思考过。[17]

这个经常被忽视的书信片段，从许多方面来看都是很有启发性的。它

16　1639 年 10 月 16 日写给梅森的信（AT II, 596-597）。
17　1639 年 10 月 16 日写给梅森的信（AT II, 597-598）。

先是证明了笛卡尔把真理概念当作是不可定义的。对这个核心观点他给出了如下的论证：如果有人尝试去表述一个定义，那么他就陷入循环。假设某人表述了"真理是 x"这个定义。如果有人表述了这个定义，那么他自然也认为它是真的。[18]而当我们检验并评价它时，我们必须说："'真理是 x'这个定义是真的或假的。"当我们再次检验且评价这个判断时，我们必须说："'"真理是 x"这个定义是真的或者假的'这个判断是真的或者假的。"这样一来就出现了一个无限的倒退，而真/假的区分在此总是被预设了的。（当然人们可以尝试通过将"真/假"这个对子替换为诸如"合适/不合适"或者"准确/不准确"这样的对子，来避免这个明显的循环。倘若有人尝试定义后面这个对子，那么他必然再次回溯到"真/假"且由此再次陷入循环。）

在这一点上，笛卡尔的立场和其他近代作者——主要是弗雷格——的立场有着令人注目的相似性，他们同样认为"真理"乃是不可定义的，它必须总是被当作基础概念接受下来。如果有人尝试去表述这些基础概念，就陷入了循环。即便如此，在笛卡尔和弗雷格那里，对循环方案的论证还是不同的。对于笛卡尔而言，对真理概念进行表述就是循环的，因为这样的表述总是与对真理的诉求关联的。在弗雷格那里则相反，只有在使用真理定义时才会出现循环："因为在

---

18 人们可以从现代的视角来反驳说，真理要求并未随着这样的观点而被消除。如果有人说"真理是 x"，那么他也只能给出语言学上的约定。那么这个观点就应被解释为"在通常语言使用中 x 被理解为'真理'"。而从给梅森的信中我们可以发现，笛卡尔在这里并不意在一种单纯的名称定义。他明确说了人们可以向某个人解释说"真理"是如何被使用的。关于语言学上约定的说明并不是循环的，它也是没有问题的。只有当人们想要给出本质定义时，循环才会出现。因为一旦人们想要定义真理事实上为何，而不考虑"真理"这个词在使用上的约定，那么人们就可以提出真理要求：有人认为这个定义是真的。

第 16 节 作为真理理论基础的观念论：出发点与问题

定义中人们给出了某些特征。在应用于特殊案例时，起决定作用的就是这些特征是否真的适用。如此一来便陷入了循环。"[19] 倘若在真理定义中给出了关于一致性的特征，那么人们也必须检验在具体情况下这些特征是否表现出来了。人们必须检验特定句子或者判断是否与事态一致。但是在此种检验之后，人们必须声明：这是真的（或者这是合适的，或者情况是如此的），即这个句子和事态一致。因而人们再次使用了真理谓词，即那个人们在一开始想利用一致性的特征来定义的东西。

对于笛卡尔来说，正如对弗雷格而言——即使是出于不同的理由——对真理进行定义是不可能的。但是第一，我们可以解释"真理"在语言中的使用，正如我们能够解释其他表述（比如说"时间"或者"空间"）在语言中的使用那般，[尽管]对于它们我们也没有准确的定义。合格的语言使用并不预设对定义的知晓。但是这样的解释并不能澄清很多东西。我们不想仅仅知道"真理"一般是如何被使用的。对于笛卡尔——同样，对于其后的康德——毋庸置疑的是，我们总归已经知道我们应当如何使用这些表达。[20] 毋宁说，如下问题才是重要的，即依据何种标准我们能够判定一个具体的判断何时是真的以及何时是假的。

第二，通过列表的方式，我们可以表述个别真理（不是一般意义上的真理）的条件。我们可以说："判断 p 仅当……为真"，"判断 q 仅当……为真"，等等。有争议的不是如何定义真理，而是如何表述个

19　Frege 1918-1919, 60.
20　因而对笛卡尔和康德来说，"什么是真理"这个问题，当其作为对名称定义的追问时，是没有意义的。《纯粹理性批判》（A 58/ B 82）："对真理这个名称的解释（也就是知识与其对象的一致），在这里是被免除并且被预设的；但是人们想要知道每个知识的一般性的和确定的真理原则。"

别判断的真理条件。而通过回溯到符合论公式(adaequatio-Formel)，笛卡尔正是想回答真理条件的问题。

现在必须进一步考察这个公式。首先，笛卡尔似乎直接接受了这个主要受阿奎那影响的经典公式。[21] 在上文引用的给梅森的信中，他区分了两种"真理"的使用方式。(1)如果在严格意义上理解"真理"，那么它涉及的是一种关系表达(Relationsausdruck)，即表示思想和对象的一致性关系。(2)如果在宽泛意义上理解"真理"，它表示的是在此种关系中的关系项，即作为思维客体的对象。阿奎那也指明了这两种使用方式(他之后有圣保罗的尤斯塔)，他说"真理"或者"为真"这个表达表示的是存在者与理智的一致性(conformitas sive adaequatio)关系。因而人们至少可以通过两种方式理解"真理"或者"为真"：一方面作为对关系的表达，另一方面作为对奠定关系之物的表达，即指向理智的存在者。[22] 与笛卡尔一样，阿奎那就已认为，存在者同时是(或者至少能够是)人类理智和上帝理智之客体。[23]

这个引人注目的相似造成了一种假象，仿佛笛卡尔直接沿用了来

---

21 显然，这个公式并不来自阿奎那，而很可能来自伊萨克(Isaac Israeli)。但是在中世纪晚期的讨论中，它主要是通过阿奎那而广为人知的。笛卡尔是否是直接从阿奎那或者一位晚期经院哲学大纲的作者那里沿袭的这个公式，依然是不清楚的。他可能是从圣保罗的尤斯塔那里知道的，而圣保罗的尤斯塔非常接近阿奎那(参下文脚注22和23)。赫伯特引用的也是《论真理》中的公式(ed. Gawlick 1966, 5, 13)。

22 *Quaestiones disputatae*, q. 1, art. 1 (ed. Leonina XXII-1, 6)："因而据此真理或者真之物以三种方式被定义。第一，它根据先于真理以及真理的基础的东西而被定义。这也是奥古斯丁为什么写'真理乃是其所是的东西'。[……]真理也以另一种方式被定义，根据在其中它的理智规定被形式地完成的东西，因而伊萨克说'真理乃是事物与理智的符合'。"(在这里第三种含义不重要。) Eustachius a Sancto Paulo, *Summa philosophiae quadripartita*, tertia pars metaphysicae, q. 8, 42："真理一般能被描述为事物与理智的一致或者符合。在这个定义中包含了两个对比，一个是认知者的理智，它认识事物，另一个是被认知者的理智认识的事物。由此产生了两种真理的区分：一种被叫作思想的真理，另一种被叫作被认识事物的真理。"

23 参 Thomas, *Quaestiones disputatae*, q. 1, art. 2 (ed. Leonina XXII-1, 9) 以及 Eustachius a Sancto Paulo, *Summa philosophiae quadripartita*, tertia pars metaphysicae, q. 9, 43-44。

第 16 节 作为真理理论基础的观念论：出发点与问题

自阿奎那（或者中世纪晚期的作家，比如圣保罗的尤斯塔）关于真理条件的表述：某物为真，仅当在理智与对象之间存在一致性时。既然只有当理智在关于对象或者关于对象的如此存在作出判断时，理智才能与对象一致，那么一个判断为真就意味着：判断 p 为真，仅当在 p 与对象的如此存在之间存在一种一致性。这显然不是普遍的真理定义，而只是对 p 的真理条件的表达。

其次，如果进一步考察阿奎那和笛卡尔对真理条件的解释，却可以发现他们在两个重要的点上存在分歧。

第一点涉及的是对一致性关系的奠基。阿奎那认为，当理智把握了被认识对象时，就有了这样一种一致性；它在自身中接受被认知物的形式，并以此在自身中以非质料的方式拥有被认知物。因而一致性不应被理解为一种静态的关系（就如两个白色对象之间的关系，它们在颜色方面一致），而应被理解为一个作为认知过程的本质组成部分的过程。因而阿奎那强调，一致性应理解为认知者向被认知物的趋同（assimilatio）。[24]

与此相反，笛卡尔并未谈及此类接受或者趋同过程，因为他拒绝了亚里士多德-经院主义的认知模型。正如已经多次澄清过的，他拒绝了如下观点，(i)在质料世界中存在形式，(ii)形式可以从质料中分离，以及(iii)理智可以接受形式或者与它们趋同。理智只能形成关于对象的观念和判断。[25] 当涉及一致性时，它就不能理解为一种趋同过程，而只应首先理解为一种关系，即由观念组成的心灵判断和质料对象之间的关系。

24　参 Thomas, *Quaestiones disputatae*, q.1, art.1 (ed. Leonina XXII-1, 5)："但是所有思想都是通过思考者与被思之物的趋同来实现的……"
25　正如第 17 节详细阐述的，对于判断的形成来说，意志的合作当然也是必需的。

第二点涉及的是一致性关系的奠基。对于阿奎那来说，在对象和理智之间存在一种一致性，因为每个存在者本来就指向认知着的理智，虽然首先指向上帝的理智，其次才是人类的理智。阿奎那在此看到了一种形而上学原则：所有存在者都是被严格组织起来的，并且除非某物指向一个认知着的理智，否则它便不存在。[26] 因而一致性需要回溯到每个存在者的内在规定。阿奎那的著名断言就依赖于这个核心原则：存在者和真实之物是可以互换的（ens et verum convertuntur）。每个存在者自在地就是真实的，因为它总是已经指向认知着的理智并且由此总是处于一个一致性关系之中。

笛卡尔拒绝了此种内在规定。一致的原因不存在于指向理智中，而只存在于理智通过形成观念和判断所产生的关系中。因而一致性乃是一种外部规定；它不存在于对象自身中，而是取决于如下事实：对象处于一个从外部（由理智）形成的关系之中。

这两个区分表明了笛卡尔虽然沿用了来自受阿奎那影响的传统的符合论公式，但是没有承续与此公式关联的理论元素。对于一致性关系而言，趋同的过程以及存在者对理智的指向都是不必要的。笛卡尔也未尝试从形而上学角度（比如在关于存在者内在规定的全面性理论的框架下，正如阿奎那所做的那般）对此公式加以论证。更确切地说，他认为我们总是基于我们所有人被给予的理性的"自然之光"理解了该公式。

当然也可以反驳说对公式论证的缺乏以及对无法进一步解释的"自然之光"的依赖展示了明显的论证缺陷。在将这个公式应用于个例之前难道不是必须先论证公式吗？

26　参 Thomas, *Quaestiones disputatae*, q. 1, art. 2 (ed. Leonina XXII-1, 9)。

在我看来，这个反驳只在一定程度上是有说服力的。笛卡尔没有考虑到"真理"和"真的"这两个表达的多义性和不同使用方式，这确实是存在缺陷的。他默认了符合论公式对所有涉及真理的情况的覆盖。然而我们也可以举出该公式不适用的案例，比如说"这是真的金子"或者"他是真正的朋友"。当然笛卡尔也能如此为自己辩护，即在这样的作定语的使用（attributive Verwendung）中，"真的"这个词并未在严格意义上被使用。但是为了能够主张这个观点，他必须首先证明作谓词的使用（prädikative Verwendung）才是"根本的"或者严格的使用，并且他必须澄清其他使用方式与它的关系。

另一个缺陷在于笛卡尔没有进一步论证他的强理性主义假设：所有人都能够通过理性的"自然之光"理解该公式。他从一开始便排除了人在不同语境下发展出不同的理性使用并且由此不能理解符合论公式或者选择另一个公式作为基础的可能。进而，他从一开始便排除了因文化而异的真理概念的可能存在。[27] 如果我们考虑到符合论公式早在中世纪晚期和近代早期的争论中已经不再被普遍接受了的话，这个举措就尤其令人惊讶。[比如]赫伯特就尝试将该公式替换为普遍赞同（consensus universalis），还有早在14世纪奥卡姆和其他唯名论者也已经拒绝了符合论。[28]

然而，笛卡尔的举措依然是可理解的（即使并不是无条件地、系统性地具有说服力的），如果我们考察理性主义假设的神学奠基的

---

27 当然他也排除了在一种文化内部形成不同的真理概念（比如冗余理论的、实用主义的等）的可能。但是放在历史背景来考虑的话，这并不令人惊讶。所有近代作者（也包括康德：参本节脚注20），尽管对符合论公式有所拒斥，他们也一致地认可了符合论的真理概念。

28 针对笛卡尔的直接对话语境，请参见《论真理》中的编者导论（Herbert von Cherbury, *De veritate* [ed. Gawlick 1966, XVII-XXXII]）；关于14世纪对真理的争论，参 Perler 1992（特别是第 349—365 页）。

话：所有人都能理解符合论公式，因为上帝将真理概念（如同其他众多天赋观念）植入心灵之中。[29] 这自然不意味着每个人在任意时刻都立即理解该公式；小孩子和睡着的成年人都不理解它。这仅意味着每个人都具有特定的能力或者潜能。在恰当的理智发育和对知性能力的完全利用中，每个人才能考虑"真理"的使用以及认识到符合论公式的使用乃是由一致性所奠立的。然而，正如笛卡尔借助一个类比的例子所表明的，他无须能够明确表述该公式。[30] 如果有人在房间里绕着走，那么他会知道什么是运动，即使他并没有关于运动的清晰定义。甚至，相比于那些直接引用经院哲学定义——"就一个存在者具有潜在能力而言，运动乃是潜在存在者的当下化"—— 的人而言，他更好地理解了何为运动。那些能在具体情境中正确使用"真的"的人也是这么认识何为真理的，而无须引用经院主义的符合论公式。

这个类比并不只是针对经院主义哲学定义技巧的带敌意的讽刺。它也澄清了笛卡尔引据理性的"自然之光"的真正意图。此"自然之光"并不以神奇的方式起作用，即每个人都具有真理公式。它只有助于使用知识（Gebrauchswissen/knowing how）。每个人在正确的理性使用中能够正确使用"真理"这个表达，以至于他能够在具体情境中说"这是真理的一种情况"，正如他在房间里绕圈时能够说"这是运动的一种情形"。这类知识的使用并不以任何定义性知识为前提。

这样来看的话，笛卡尔对这个承袭而来的公式的启用，并不能被当作对真理概念的奠基，而只是一种阐发（Explikation）。他并不要求每个人应该借助形式上的定义来奠基他对"真理"的使用。因为首

---

29 在第三沉思（AT VII, 38）中，真理概念被明确提及为天赋概念。
30 参 1639 年 10 月 16 日给梅森的信（AT II, 597）。

先并不是每个人都有此能力的，其次（正如已经提及的）这样一来的话，真理谓词的定义便总是被预设了的而由此陷入循环。[31] 笛卡尔只是想指出我们最好能够这样来解释"真理"的具体使用情况，即我们将诸如一致性之类的东西假设为基本特征。而这个解释存在于我们表明，在具体情况下"真的"这一谓词如何被应用到各个判断中。在这一点上——自然无须借助上帝作为真理公式的保证——笛卡尔的举动表明了与现代哲学家（例如戴维森）的某些类似之处：在关于真理的争论中，涉及的并不是对真理概念的奠基或者回溯到一个基础概念；因为真理概念就是一种最为基础也最为清楚的概念。毋宁说，真理大讨论的目的在于表明这个概念如何能够应用到各个案例中。[32]

尽管尚不清楚如何在细节上理解此种应用，但是已经澄清的是笛卡尔在其符合论框架下表述了真理谓词的应用：判断 p 为真，仅当在 p 和对象（或者对象的如此这般存在）之间存在一种一致性时。

即便如此，法兰克福还是提出了针对这种解读的反对意见。他认为，笛卡尔持有融贯论真理观并抛弃了符合论。[33] 鉴于上文中笛卡尔对赫伯特所持真理观的意见，这个看法自然是不可信的。因为笛卡尔明显与此种普遍赞同（consensus universalis）立场划清了界限。即便这类一致能够实现（无论这种一致发生在多个人的判断中还是只发生在

---

31 阿奎那也没有逃脱这个循环。因为通过从"每个存在者都指向理智"这个原则出发，他自然也就把这个原则自身预设为真，并且由此使用了真理谓词，也就是他只有通过这个原则才能证明的东西。

32 Davidson 1990, 314:"真理乃是我们所具有的最为清楚和最为基础的概念之一，因而，为了某种更为简单或者更为基础的东西而幻想去消除它，这是毫无前景的。我们的方法不如说是：当它被用于相对来说已经被很好地理解了的结构（即语言）时，我们已经征询了这个概念的形式属性。"尽管笛卡尔和戴维森在普遍的策略上达成了一致，但是他们在一个关键点上发生了分歧。戴维森将真理概念应用于语言——更准确地说，应用于特定语言的各个语句，而笛卡尔则相反，他将真理概念应用于由观念构成的判断。

33 参 Frankfurt 1970, 170。但是他的解释仅依据《沉思集》，而没有考虑到上述引用的给梅森的信（这封信在我看来意思是很明确的）。

单个人的诸多判断之间），人们还是获得判断为真的担保。可能所有人都偏离了正轨，即他们并未如世界真实所是那般作出了对世界的判断。

而法兰克福还为此观点给出了一个详尽的论证。他认为第一沉思中的怀疑论证表明，基于感觉感知所形成的判断并不是融贯的。因为感觉依据感知状况对同一对象给出了不同的材料（Daten），以至于形成了不同的感知判断。比如，对于同一座塔，根据情况的不同可能作出判断说，它是圆形的或者四边形的，大的或者小的。鉴于此种不融贯性，感知判断总是被质疑。为了获得无法被质疑的判断，沉思者必须运用理性检验感知判断。这也就是说，他必须检验他是否清楚分明地觉知到了他所感知的东西以及这些清楚分明的觉知是否彼此一致。法兰克福认为，只有当沉思者遵循这个理性原则时，他才能获得一个融贯的且由此无法被怀疑的判断系统。[34]

毫无疑问，沉思者的目的在于形成一个融贯的判断系统。笛卡尔明确指出，感知判断的不融贯性只有当人们将理性作为检验机关来使用时才能被克服。[35]然而沉思者并不只是想要形成一个融贯的判断系统。他还想进一步形成与真实一致的判断。怀疑论证的逐步构建早就表明了这一点。因为在第一沉思中至少可以区分三个层级的怀疑：

在第一层级上，被怀疑的是感知判断的可靠性。正如高塔的例子以及其他古代怀疑论者的经典案例所表明的，感觉感知是不可靠的，并且会形成不融贯的，甚至在一定程度上相互矛盾的判断。为了克服这一层级的怀疑，形成一个融贯的判断系统已经足够了，亦即完全无关于这些判断是否与现实相符。

---

34 参 Frankfurt 1970, 170ff.。
35 参第六答辩（AT VII, 438-439）。

第16节 作为真理理论基础的观念论：出发点与问题

在第二层级上，怀疑变得更为极端。不再是这个或者那个感知判断的可靠性是被怀疑的，而是对整个感知状况的评估被怀疑了。人们究竟如何能知道他是在梦中还是清醒时作出的感知判断呢？构建关于融贯的判断系统已经不足以克服此种怀疑了。因为在梦中人们就可能具有此类融贯的系统。很可能所有关于梦中之塔的判断都是相互支撑和互相嵌合的，它们不会因为不融贯而被怀疑。[36] 然而一种对整个感知状况的怀疑被抛出来了。问题在于所有判断（无论它们是融贯的或者不融贯的）指涉的是一个梦中世界还是真实世界。这个问题只能如此回答，即首先，人们证明现实世界是存在的，其次，判断事实上也指涉现实世界。笛卡尔正是想要通过对上帝的证明来完成这个双重证明。因为首先，上帝的存在保证了现实世界的存在（且甚至由于上帝的持续创造[creatio continua]，世界在任意时刻皆维持存在），其次，人们（由不骗人的上帝赋予了尽可能完美的认识能力）能够作出关于现实世界的正确判断。这个论证策略预设的自然是，我们应追求符合而非单纯的融贯，应该要确保判断与现实世界而不是与梦中世界相符。

在第三层级上，甚至那些在梦中依然无法被怀疑的数学判断也被彻底质疑了。所有判断，包括数学判断，可能都是由恶魔灌输给我们的，而我们只是单纯觉得我们自己形成了判断且借这些判断指涉现实世界。为了克服这个怀疑，回溯到判断的融贯性上同样是不够的。恶魔可能如此完美地欺骗了我们，以至于我们所有的判断都和谐一体，而我们却无法想到这些判断只是灌输给我们的。只有当表明了恶魔假说是自相矛盾的，或者证明存在某些判断不受该假说影响且由此出发

---

36 在第六沉思（AT VII, 89-90）中，笛卡尔认为梦确实不是自相融贯地联结在一起的，以及因而梦的状态和清醒的状态可以区分。但是存在一种关于梦（或梦中的判断）的融贯系统，这在理论上是可能的。而正是这个理论上的可能性引发了第一沉思中的极端怀疑。

能逐步证明恶魔假说的错误后，这个假说才可以被驳斥。笛卡尔选择了第二个策略。他认为，因为关于自身存在以及上帝存在的判断在面对此假说时也是不可怀疑的。基于这两个判断也可排除恶魔的存在。这个策略也表明笛卡尔意在符合性而不仅仅是融贯性。不仅应保证沉思者具有融贯的判断系统（这在有无可挑剔的欺诈恶魔的情况下也是可能的），而且应保证沉思者形成关于现实世界的判断。

怀疑论证的构建已经表明判断的真理条件须在符合论框架下进行理解。然而法兰克福还引用了一处文本，据称此处证明了笛卡尔只对融贯性感兴趣。该文本出自第二答辩：

> 这究竟关我们什么事，如果有人想象所有我们对其真理坚信不疑的东西，在上帝或者天使看来是假的并且因此绝对地来说是假的？既然我们根本不相信这个绝对的假象而且对它没有一丁点怀疑，那么我们要关心这个绝对的假象做什么呢？我们的信念如此坚定，以至于它们无法以任何方式被拔除。这个信念显然就是完满的确定性。[37]

这段文本事实上很容易让人猜想在笛卡尔那里存在融贯论路径：尽管我们的这个信念——我们的判断是真的——可能从上帝视角来看会被证明是幻觉，但我们有这个信念就足够了，因为我们并不渴求绝对的真理（关于世界自在地所是的知识），而只渴求相对的真理（一个尽可能确定和融贯的判断系统）。

如果我们从上下文角度对该文本进行考察，我们就会发现这样的

---

[37] 第二答辩（AT VII, 145）。

解读是站不住脚的。笛卡尔并不试图将绝对真理和相对真理对立起来。毋宁说，他想澄清的是，一旦判断的真理——亦即它们的绝对真理——被表明之后，这些判断究竟会伴随着何种信念被意识到。因为，在上帝的存在还有外部世界的存在被证明之后，以及在表明上帝没有欺骗的意图之后，我们就获得了坚实的信念(firma persuatio)，即我们的判断乃是真的，亦即绝对为真。[38]那些试图在那些判断可能是假的这一点上说服我们的人将不再能使我们困惑。因为我们在克服彻底怀疑和建立可靠的认识基础之后已经到达了一种心理状态，它使我们免疫于新的怀疑。通过如下对比可以澄清这个免疫策略：

假设一个地质学家展开了一项关于马特洪峰海拔高度的研究。他多次重复了他的测试，又与同行的测试进行了对比，还检查了自己设备的测量精度，然后他确信他不会成为由于视角造成的欺骗和其他欺骗的受害者并最终作出了判断。现在有人过来，并在没有给出任何事实论证时声言：难道你的判断不是完全错误的吗？难道马特洪峰不会具有其他的高度？地质学家不会纠结于这个反驳，这不是因为他简单地满足于他自己的测量数据的融贯性，而是因为他用坚实的基础支撑着这些判断。对这个基础的认识使他免疫于那些缺乏事实根据的反驳。笛卡尔指明的正是这种免疫。某人一旦建立起坚实的认识基础，他就无须再怀疑。他具备了一个无可怀疑的基础以对世界如其所是地作出判断。

到目前为止，两点已经澄清了。第一：笛卡尔并不致力于定义或者证明普遍的真理概念。他认为，这样的定义只会是循环的，因而是

---

38 在上述引文之前，笛卡尔还说道(AT VII, 144)：“如果这个信念如此牢固，以至于我们不可能有任何理由去怀疑我们所相信的东西，那么我们也就没有其他问题了：我们已经获得了所有我们能够理性地想要的东西。”

没有助益的。他的兴趣更多的是在真理概念的阐发上,而这样的阐发在于对此问题的解答,即各个判断必须满足哪些真理条件。第二:笛卡尔在符合论框架下讨论真理条件。由观念构成的判断 p,只有当它与对象(或者该对象的如此存在)一致时才为真。

当然我们现在也会期待笛卡尔在第三点中进一步阐释真理条件。究竟该如何理解在 p 和对象的如此存在之间的一致性呢?中世纪晚期的作家们提供了一个回答该问题的策略:他们认为,一致性关系可理解为如下两者之间的语义关系,即在表达判断的句子和对象的如此存在之间的关系。因而真理条件应总是被表述为语义条件。表达判断 p 的句子 S 只有在此时为真,即当 S 或者 S 的部分表达如其所是地描述了对象的如此存在(一种须更准确地加以说明的存在物)。

然而笛卡尔并未采取此种策略;他并未给出任何经院传统意义上的语义真理条件。为什么会没有呢?主要原因在于相对于语义学,他更支持观念论。正如在对"观念"的一般性定义中所见的那般,每个句子或者每个句子的部分表达必然地与一个观念相关联:

> 我用"观念"这个表达指的是任意思维活动的那个形式,借助对它的直接觉知我意识到了这个思维活动;亦即以这种方式,除非通过拥有关于语词所标明的东西的观念而把这些东西确定下来,否则我就不能用这些语词表述任何东西,也不能理解我所说的。[39]

当某人使用一种表达(或者一个由多个部分表达构成的句子)指称对

---

[39] 第二答辩(AT Ⅶ, 160)。

第16节 作为真理理论基础的观念论:出发点与问题

象 x 时,他从而也拥有一个同样指称 x 的观念。[40] 如果他不具有观念,那么他就完全不能将这个表达当作有意义的表达来使用。与这个表达关联的观念乃是那个使得表达成为某种超越单纯的音节序列或字符排列的东西。因而必须首先考察观念及其指称对象,其次才考察与观念联系的语词。

当然这个观点也不是笛卡尔的原创。承接了亚里士多德的中世纪哲学家早就认为语言表达之所以能具有意义以及用来指称对象,只是因为它们与所谓的灵魂印象(也被称为 passiones animae 和 intentiones)联系在一起。一些中世纪晚期的作家甚至认为这些灵魂印象就是心灵语词,它们一起形成了心灵语言且优先于被说出和被写下的语词。[41] 从这个广为流传的观点出发,笛卡尔推论出了一个极端的后果:如果被说出或被写下的表达之所以具有语义功能只是因为它们与心灵存在物——它们可被称为"灵魂印象"或"观念"——关联在一起,那么真理条件不能被刻画为被说出或被写下的表达的条件。毋宁说,它们必须被表述为心灵存在物自身的条件。

鉴于这个改变的问题导向,笛卡尔没有给出任何语义真理条件,也就不令人惊讶了。对他来说,这个问题并不重要,即表达判断的句子 S(或者 S 的部分表达)究竟必须如何标明对象的如此存在。关键的是这个问题,即由观念构成的判断自身必须如何指称对象的如此存

---

[40] 在 1629 年 11 月 20 日给梅森的信中,笛卡尔已经表达过这个核心观点了,在这封信中笛卡尔描述了他关于普遍语言(Universalsprache)的理论。这个语言的词汇必然地与"在人的想象力中的简单观念"(les idées simples qui sont en l'imagmation des hommes)相关联。如果有人能够解释简单观念及其对对象的指称的话,那么他也就能够构建一种普遍语言,借助与观念的关联,这个语言中的词汇也同样指称对象。

[41] 中世纪的争论从 De int., 1 (16a3-9) 出发;详参 Perler 1991 和 Perler 1992,第 169—208 页。心灵语言理论直到 16 世纪仍被借鉴,如阿什沃思所证明的(Ashworth 1988, 157-161)。但是据我所知,这并不能证明笛卡尔也直接地借鉴了这个理论。

在。因而对真理条件的追问最后必须被阐明为判断或者其组成成分之条件的追问。那么观念必须满足哪些条件以使得由观念构成的判断为真呢？

　　这个问题只有在完成下述步骤后才能被回答，即我们首先进一步明确观念和判断的关系，其次澄清清楚和分明的条件。回答这些问题是后续第 17—19 节的目标。然而这里已经表明了这些问题应该在何种框架下进行探讨。笛卡尔的目标不是克服符合论真理，无论这是通过融贯论还是明见性真理观来实现的。"判断必须满足哪些条件，以使得它与对象的如此存在一致？"这个基础问题，无须替换为其他问题，比如说对判断的融贯性或者直接明见性的追问。毋宁说，这个问题应由诸多分问题加以补充，并最终进行回答。一个核心的分问题是：判断的构成性组件（观念）必须满足哪些条件，以使得判断与对象的如此存在一致？

第17节 真的观念与真的判断

正如前一节所表明的，既然笛卡尔是在符合论框架下给出的真理条件，那么至少存在两个问题。第一个问题涉及的是符合关系中的相关项(Relata)：这些相关项准确来说是什么？这个问题的一个可供参考的回答是：关系项不外乎判断和对象或对象的如此存在。因为真理条件乃是，仅当判断与对象的如此存在一致时，判断才为真。比如，我的判断"雪是白色的"仅当事实上雪也是白色时才为真。然而，这样的回答没考虑到前一节中提出的反驳——笛卡尔在第三沉思中已明确谈到了真的观念。[1] 因而似乎观念与对象才是一致性关系中的关系项。而这将导致真理条件必须被表述为观念的条件。比如，我关于雪的观念仅当它与雪一致时才为真。然而心灵的观念如何与某种物质性的东西一致呢？为什么笛卡尔在第四沉思中明确地谈到了真的判断，当观念是真的或者假的时？观念和判断处在何种关系中呢？以及这个关系对于真理条件的表述又具有何种影响呢？

第二个问题涉及两个关系项之间的关系自身：它如何被定义？以及由此定义会带来何种影响？在一封频繁被引用的致梅森的信中，笛卡尔仅仅确定了"真理"仅意味着"思想与对象的一致(conformité)"，[2] 但是他并未解释这个一致性关系。他的说法从而也没有多少启发性。心灵存在物(无论它是观念还是判断)究竟是如何能够与心外对象一致的呢？或许可以讨论一下两种同类存在物的一致性。比如人们可以——沿用弗雷格使用的例子——有意义地说一张20马克的钞票与

---

1 参第三沉思(AT VII, 45, 46)。
2 参1639年10月16日给梅森的信(AT II, 597)。

其他 20 马克的钞票一致；两张钞票从三维视角看是能够互相重合的。但是人们不能在未经说明的情况下说一块金子与 20 马克的钞票一致，因为这里涉及的是具有不同属性的不同对象，它们不能相互重合。类似地，观念（或者判断）和对象也是具有不同属性的不同存在物，即字面意义上无法重合的存在物。[3]当然人们可以尝试将一致性关系解释为表达判断的句子和对象的如此存在之间的语义关系。但是正如第 16 节的结尾所澄清的，笛卡尔拒绝了这种晚期中世纪的亚里士多德主义者的尝试。那么该如何理解这个一致性关系呢？

我将通过分析（真的）观念和（真的）判断之间的关系来讨论这两个问题。对于这样的分析来说十分重要的引子存在于第三沉思中，在那里笛卡尔认为：

> 至于观念，如果只就其本身而言而不把它们指涉到他物的情况下，它们从根本上讲不会是假的，因为不管我想象一只山羊还是一头奇美拉，在想象上都是同样为真的，我想象这个和我想象另一个同样为真。在意志或者冲动那里也无须害怕出错。因为尽管我能够希望坏的东西或者甚至那些从未存在过的东西，但是"我希望它"总还是真的。因而最后只剩下了判断，而我必须提防被它们欺骗。[4]

在心智能力理论的宽泛背景下进行考察时，此处文本是尤其值得注意的。因为笛卡尔认为心灵具有两种能力，即理智的和意志的。观念（无论它们是基于感觉感知还是想象力而形成的）是由理智能力所形

---

[3] 参 Frege 1918–1919, 60。
[4] 第三沉思（AT VII, 37）。

成的，与此相对，意愿乃是由意志能力形成的。⁵当笛卡尔认为错的既非观念自身也非意愿自身时，他由此所表达的是两种心灵能力的产物就其自身而言并不具有真值。真或者假只有当理智或者意志能力合作并形成判断时才出现。

这个观点首先显得是违反直觉和不可信的。难道不存在假的观念和假的意愿吗？我能有关于十条腿的山羊的观念，确切地说，在我对山羊作出判断之前，单单这个观念就是假的。或者我可以因为外部压力表达去看电影的意愿，尽管我更想待在家里。那么在我形成关于意愿对象的某个判断之前，我表达了假的意愿吗？

笛卡尔驳斥了这个反驳。当然我可以有关于十条腿的山羊的观念。但是这个观念自身既非真也非假。观念不过是指向某物的动作。不论我将动作指向四条腿的还是十条腿的山羊，在这两种状况中我都将动作指向某个东西，并且在这两种状况中我都通过选择特定的客体从而确定了动作的表征内容。当然人们可以对每个动作的客体进行分类；四条腿的山羊显然是实在的客体，而十条腿的则相反，是虚构的。但这个分类只能用作确定具有如此指向的动作的种类；感知动作是异于想象动作的其他类动作。但是对许多种动作的区分并不能理解为一种真/假的区分。每个动作（就其指向一个对象且由此具有表征内容而言）都是真的（或者更恰当地说：现实的）动作。

类似地，笛卡尔也会驳斥存在假的意愿这个反驳。某人当然可以仅由于外部压力而表达意愿。即便如此，该意愿作为指向某物（比如说指向看电影）的动作并不是假的。与外部压力的牵连仅仅解释了动作的生成。因为动作也有可能只由于外部的影响而形成且从属于其他

---

5 参《哲学原理》第一部分，第 32 条（AT VIII-1, 17）。

动作。然而无论动作是如何形成的以及无论在意愿对象中的偏好顺序是怎样的,只要有人形成了一个动作,那么他就有了一个真的(或者更恰当地说:现实的)意愿。这里最多可以区分合理的和不合理的意愿或者——如果人们评估意愿的客体的话——好的和坏的意愿,但不能区分真的和假的。

如果在此意义上理解笛卡尔的观点,它就不再像它初看起来那么不可信了。只有在判断那里才能有意义地谈论真理与谬误,并且判断是由理智和意志动作的联结产生的。然而有两种情况似乎与这个一般观点相反,在那里笛卡尔明确地提到了真的和假的观念。

第一种情况涉及的是所谓观念的"质料错误"。在第三沉思中,笛卡尔认为虽然形式错误只出现在判断中,但在观念那里也出现了质料错误。仅当观念把并非对象的东西表征为对象(cum non rem tanquam rem repraesentant: AT VII, 43)时,它才是质料错误的。笛卡尔给出的典型例子是热的观念。这个观念表征了感知者中的感觉(它不是被感知对象的真实属性),仿佛它是一种真实的属性那样。那这是否意味着在作出判断之前,错误就已经在这种情况下存在了?

这个结论并不是令人信服的。[6]笛卡尔确实强调了在这种情况下仅存在质料的而非形式的错误,且在给阿尔诺的答辩中他也解释了这里的"质料"应如何理解:这个观念是质料错误的,因为它"向我提供导向错误的材料"。[7]当我有关于热的观念时,我就有了犯错的材料,它误导我形成假的判断"被感知对象是热的"。一旦我认识到了这个观念的欺骗性,我就确定了热不过是一个感觉并且我只能合理地作出

---

6 我们也不能得出结论说质料错误观念乃是假观念(Pseudo-Idee),即事实上并不指向任何东西的观念。如第5节所表明的,质料错误观念还是指向某种东西的(即指向感觉),但是并不指向它看起来所指向的东西(即指向被感知对象的真实属性)。

7 第四答辩(AT VII, 232)。

第17节 真的观念与真的判断

"被感知对象对我显得是热的"这个判断。

关键的是,在这种情况下,在判断中严格说来也存在谬误。因为关于热的观念(和其他每个观念一样)就其自身而言只是指向某物的动作。[8] 只有当我对热作出判断说,它存在于对象之中并且它不是以特定的方式向我显现时,才会出现错误。与其他观念相反,热的观念具有固有的误导性;由于其内部结构,它误导我把热算作属于被感知对象的而不是算作属于我这个感知者的。[9] 因而这类观念构成了特定类型错误的基础。因为通常情况是,我作出了错误的判断,因为我将一个既不存在于对象自身中也不存在于我这个感知者那里的属性(比如"马特洪峰高达5000米"这个判断)赋予了一个对象。在质料错误中则相反,我作出了假的判断,因为我将一个仅存于感知者中的感觉属性赋予了对象。

现在还必须进一步考察第二种情况,即那个真的观念的情况。笛卡尔认为他通过"真观念"觉知到了无限者,并且他拥有关于上帝的"最高等级为真的观念"。[10] 这不意味着某些观念自身可以完全独立于判断而具有真值吗?

这个结论也绝不令人信服。如果在上下文中考察这两个文本中的第一个,就能表明笛卡尔并未以将其与一个假观念对立的方式来谈论真观念。毋宁说,他对比的是一个自身具有表征内容的观念和那个仅通过依赖于其他观念而具有表征内容的观念。他认为他是通过"真观念"而不是单纯通过对有限加以否定的方式觉知到无限者的,就

---

8 这类观念就其自身而言也能被清楚地觉知,如笛卡尔在《哲学原理》第一部分,第67条(AT VIII-1, 33)中所强调的。只有当观念指涉外在于感知者的某物时,错误和混乱的觉知才会出现。
9 阿拉宁合理地指出了这一点(Alanen 1994a, 219),由此她也纠正了一个解释,即在质料错误中存在一种与判断无关的错误形式。
10 参第三沉思(AT VII, 45, 46)。

如同通过对运动加以否定的方式觉知到静止以及通过对光加以否定的方式觉知到黑暗那般。[11] 在这里"拥有关于 x 的真观念"意味着"拥有关于 x 的独立观念,而不单是拥有关于非 x 的观念"。形成这种独立观念是可能的,因为观念的客体——在这种情况下也就是无限者——具有特定的实在性,而它确定了观念的表征内容。无限者如何能具有特定的实在性(笛卡尔甚至认为与有限者相比,它具有更多的实在性),这里不作讨论。[12] 关键的仅是当笛卡尔谈到关于无限者的"真观念"时,他并未引入观念作为真理载体。在严格意义上只有判断(也就是我关于无限者作出的判断)是真的或者假的。

即使笛卡尔谈到了关于上帝的"最高等级为真的观念",他也未将观念作为真理载体来引入。因为他在相关的语境中谈道:

> 关于这个完满、无限的存在者的观念,在最高等级意义上为真。因为尽管我也许能够想象这样的存在者不存在,但我不能想象这个观念没有(正如我之前在关于冷的观念那里说的那样)向我呈现任何现实的东西。[13]

这里笛卡尔将关于上帝的(质料的)真观念和关于冷的质料错误观念作了对比。如果有人拥有上帝的观念,那么他总是拥有一个关于具有实在属性的对象的观念,而不是像被赋予了感觉属性的对象的观念那般。这里存在争议的不是被赋予上帝的属性(完满性、无限性等)是否是真实的属性或者仅仅是感觉属性。毋宁说,存在争议的是我们是

---

11 第三沉思(AT VII, 45)。
12 请详参 Wilson 1986。
13 第三沉思(AT VII, 46)。

否能够表明承载这些实在属性的对象存在。因而"关于 x 的真的观念"这种说法只能在"关于被赋予了实在属性 F、G 等的对象的观念"这个意义上来理解。"x 是 F、G 等"这个判断的真理并不依赖于这些属性 F、G 等是否正确地被谓述了(它们是否是实在的属性,这里不作讨论)。毋宁说,真理依赖于 x 这个主词表达指称某个事实上存在的事物,即上帝。[14]

对这些文本的分析,即探讨真观念和假观念的文本,可以得出如下结论:关于观念人们只能在一种限定了的意义上说它们是真的,即当它们(i)具有独立的表征内容以及(ii)当现实中的某物与这些表征内容相应。如果考虑第 7 节中所讨论的观念的双重规定(质料意义和客观意义上的观念),那么这意味着:当思维动作(= 观念$_m$)表征了一个分明的对象 x 且由此具有独立的表征内容(= 观念$_o$)并且这个对象 x 也真实存在时,这个观念可以被称为是"真的"。但是由此仅表述了观念的一个最低条件。对象 x 究竟是如何被表征的以及关于这个对象人们又有何观点,仍未加以说明。未经说明的还有是否能认为 x 具有属性 F 或者其他属性。这样的断言只有在判断中才能被给出,因而在严格意义上也仅有判断为真或为假。当笛卡尔将观念和判断都称为"真的"和"假的"时,他并未自相矛盾,尽管它初看之下可能显得如此。因为严格来说只有判断才是真的,但它是基于观念的,即必须满足特定的最低条件。只有当这些最低条件被满足时,基于它们的判断才能为真。只有这时才存在判断和对象之间的一致(conformité)。

即便如此,判断具有何种结构以及如何基于此种结构与对象保持一致,依然是不明了的。为了搞清楚这些问题,我们在这里必须进一

---

14 因而在我看来具有关键意义的是区分判断的两种错误:"x 是 F"这个判断之所以是错误的,是(1)因为存在错误的谓词,或者(2)因为主词表达没有指称对象。

步考察关于错误的论述。因为这些论述包含了对判断结构的重要说明。

在第四沉思中笛卡尔解释说,错误通过两个原因的协作产生,即认识能力(falcultas cognoscendi)和选择能力(facultas eligendi)。认识能力负责观念的形成,而观念就其自身而言没有对错。只有当负责形成意志动作的选择能力越过由观念所认识的东西时,错误才会出现。因为恰在此时人们才形成错误的判断。如果有人错误地作出判断且没注意到这一点的话,那么他就犯错了。[15]

这个对错误的解释指明了若干仍应被搁置的问题。我只想先进一步考察笛卡尔对判断结构的描述。他明确认为判断由理智和意志成分构成。在《哲学原理》中他进一步阐述了这个意志成分:

> 虽然对判断来说理智是必需的,因为对于那些无论如何都不能觉知的对象我们无法作出判断。但是意志也是需要的,这样一来便能以某种方式赞同被觉知对象。[16]

在肯定的判断中,意志成分无异于赞同的动作。人们也必须补充,在否定的判断中,它无异于否认的动作。因而判断具有如下结构:

<我赞同或否认><被觉知对象>

然而如下反驳可以驳斥此种结构分析:我并不是赞同一个被觉知对象,而是赞同一个命题,而这同样也适用于否认动作。这即是说,我并不是赞同一张桌子,而是赞同这张桌子是白色的,这张桌子是四边形的,等等。我的判断为真或为假,乃是因为我赞同了一个真的或

---

15 参第四沉思(AT IV, 56, 58)。
16 《哲学原理》第一部分,第 34 条(AT VIII-1, 18)。

假的命题。许多解读者认为这是显而易见的,以至于他们从一开始就将被觉知对象理解为了命题性客体,并且只讨论这个问题,即某人在何种条件下赞同或者否认一个命题性客体。[17]

然而,这种解释路径(Interpretationsansatz)忽视了笛卡尔判断理论的一个关键特征。笛卡尔正是通过不主张判断是对命题(当这些命题被理解为特殊客体时)的赞同或者否认,才将自己与许多经院主义作家划清了界限。这个划界至少有两个根据:

第一个根据是本体论上的。如果有人在这里依仗命题,那么他必须解释此处涉及的是何种存在物。从中世纪晚期到近代早期的作者们一直积极讨论的一种说法是:[18]命题既非心灵动作,亦非外部对象。因而"桌子是白色的"既非思考桌子的单纯动作(多个人可以赞同这个命题,尽管每个都有着自己的心灵动作),亦非质料桌子本身(人们也可以赞同这个命题,即使质料桌子完全不存在)。因而命题乃是一种特殊种类的存在物,它不可以被算作心灵的或者心外的存在物。

但是,在笛卡尔的本体论中并未给此种存在物留有空间。所有存在着的东西,要么是心灵实体(或其样态),要么是质料实体(或其样态)。虽然笛卡尔在法文版中有时提到他把握了一个命题或者对一个命题确信无疑,但是由此他并未造成本体论上的负担。比如说,当他

---

17 参 Kenny 1972(虽然他在第 13—14 页简短地提到了笛卡尔将赞同动作的客体刻画为非命题性的这个事实,但是他并未进一步探讨),Wilson 1978(特别是第 141 页),Larmore 1984, Rosenthal 1986(特别是第 409—410 页),Markie 1986(特别是第 73—77 页;但他仅考虑到了对我思命题的赞同)。法兰克福给出了一个例外情况(Frankfurt 1979, 128-131)。

18 这个解释可以追溯到里米尼的格雷戈尔(Gregor von Rimini),并且韦内图斯(Paulus Venetus)在他影响深远的逻辑手册(Logik-Handbuch)中也将它作为命题复合意谓理论(complexe significabile-Theorie)讨论了;参 Perler 1994c。阿什沃思和努切尔曼斯表明这个理论在 16 世纪也广为传播(Ashworth 1978; Nuchelmans 1980, 45-73)。

在我思论证的解释中举例说，每个人都对"我思故我在"这个命题（cette proposition）确信无疑，[19]这个命题只能理解为这样一个句子：该句子的部分表达指称心灵实体和思维动作。笛卡尔并不认为每个人都具有关于特殊存在物的确定性，而是每个人都具有关于自己心灵实体及其样态的确定性。

第二个根据是认识论的。如果有人引据命题，那么他必须解释人们如何通达这个特殊存在物。我们应如何理解某人领会并赞同了一个命题？如果命题既非心灵动作，亦非心外对象，那么人们就不能简单地拥有它们了（就如人们拥有感觉那般），并且人们也同样不能感知到它们了（就如人们感知一张质料桌子那般）。显然这里需要一个特殊的渠道。然而对于笛卡尔而言只存在三种认识渠道：感知（质料对象）、纯粹想象（虚构对象）和纯粹把握（本质）。"把握到这张桌子是白色的这个命题"，对于笛卡尔来说不过是意味着"感知到这张桌子是白色的"。[20]

这两个理由澄清了命题理论并不能记在笛卡尔头上，至少不能记在如下理论上，即据此（i）命题乃是特殊存在物，以及（ii）只有命题，而非对象，才是赞同动作的直接客体。上文引用《哲学原理》中的文本应该这么来理解，正如笛卡尔表述的那般：赞同或者否认指向被觉知对象，而非命题。

然而还有一个之前提到过的问题。赞同并不是简单地指向对象，而是指向对象的如此这般存在，比如说，指向"桌子是四边形的"。这个如此这般存在正是命题所表达的东西。难道笛卡尔因此被迫引入

---

19 参 1648 年 3 月或 4 月给纽卡斯尔侯爵的信（AT V, 138）和第二沉思的法语译文（AT IX-1, 19）。

20 至少对于通常情况来说这是有效的。当然通过回忆或者单纯的想象也能够把握到桌子是白色的。但是这些特殊情况取决于之前的感知。

第 17 节 真的观念与真的判断

由命题性措辞所表达的客体吗，尽管他并未将命题作为自成一类的（sui generis）存在物来引入？

在文本中并不存在对此问题的确凿答案，但是有一个答复可供参考："觉知某物"既可以意味着（1）"觉知一个对象"，亦可以意味着（2）"将对象 x 觉知为 F"。因而我可以简单地觉知这张桌子或者将这张桌子觉知为某个四边形的东西。大多数情况下，第二种觉知具有关键作用。因为只有当我将这张桌子觉知为具有特殊属性的对象时，我才能将它与其他桌子和其他对象区分开来。笛卡尔在第三沉思中谈及人可以有两种太阳的觉知时，澄清了这一点。基于感觉感知，太阳被觉知为某个非常微小的东西，而从天文学的考量出发，它则是某个极为巨大的东西。[21] 由此他表达的是某人不是简单地觉知了对象 x，而是将 x 觉知为 F 或者把 x 觉知为 G。在一封给匿名人的信中，笛卡尔也认为对象被觉知为某个具有如此这般特性的东西，甚至抽象对象也是如此。比如说空间被理解为某个实际存在的东西或者偶性被理解为某种实在的东西。[22]

只有基于第二种觉知，人们才能够作出断言（Behauptung）。因为仅当某人能够将 x 觉知为 F 时，他才能断言 x 是 F。当然这并不意味着觉知等同于断言；在断言中还额外有一个断言模态（Behauptungsmodus），而单纯的觉知并不具备这种模态；尽管如此，第二类觉知仍奠定了一个基础，在其上我们才能把握"x 是 F"这个显然由命题语句表达出来的客体。

这里的关键在于，这个客体并不是特殊存在物，而是对象自身，正如它在觉知中被给予那般。因而觉知的客体，即太阳是非常小的，

21　参第三沉思（AT VII, 39）。
22　参 1641 年 8 月给匿名人的信（AT III, 430）。

无异于作为渺小的对象而被呈现出来的太阳——一个具有样态的实体。当然起先客体只是可能存在的太阳。在质料对象的存在担保被给出之前，我们不可以预设其实际存在。[23]然而即便如此，太阳自身（而非某个非质料存在物）被呈现出来了。对被觉知对象的赞同不外乎对作为渺小之物被呈现的太阳的赞同。

总结来说，只要不给笛卡尔加上强本体论假设，是可以在他这儿谈论命题客体的。"赞同 x 是 F"总是意味着"赞同被觉知对象是如此这般的"。这种赞同之所以是可能的，是因为将对象 x 觉知为 F 是可能的。

现在还有一个问题。第 5 节中，在我们进一步考察观念的结构时，表明了笛卡尔意在非命题观念。他将关于上帝的、人的或者天使的观念作为经典例子引入。[24]这些观念与那些具有命题结构的观念或者觉知有什么样的关系呢？

在笛卡尔看来，这里似乎不存在任何问题。因为他认为不仅存在非命题性观念，同时也存在命题性观念。在第三沉思的开头他引入了两种思想，即在严格意义上的观念（"我思考 x"）以及宽泛意义上的观念（具有诸如害怕那样的附加"形式"的"我思考 x"或者"我想 x 是 F"）。[25]为什么笛卡尔未加论证就引入了命题性和非命题性观念呢？原因在于他总是从两种已经提到的觉知出发；他并未对（1）"去觉知对象 x"和（2）"将对象 x 觉知为 F"作出清楚的区分。因而他也未对非命题性和命题性观念作区分。那么他为什么不重视一种精确的区分呢？

---

23 这个问题在第 7 节中已经讨论过了，此处不再赘述。
24 参第三沉思（AT VII, 37）。
25 参第 5 节开头的分析。

第 17 节 真的观念与真的判断

如果考虑到第 5—6 节中的意向性观点的话，这个问题可以这么来回答：如果观念无异于指向某物的心灵动作，那么它们也以不同方式指向某物。举例来说，我可以将一个动作唯独指向太阳，而我并不想要去把握太阳的属性。那么我最好借"我思考 x"这个公式来描述我的动作。如果我要更加准确地把握我的客体并且想要将它和其他客体区分开来的话，那么我就觉知到了具有标志性属性的它（或者具有若干属性的它）。那么我最好将我的动作这样进行描述，即我说"我想 x 是 F"。我的观念或者觉知的结构依赖于我将动作指向某物的方式。在非命题性和命题性观念之间不存在原则性的区分，而是一种渐变的区分。通过拓展和改变意向性动作，我可以从对象 x 过渡到对象 x 是 F。[26]

眼下在判断的结构方面可以澄清两点：(1) 判断由两个成分构成，即理智的（呈现某物的观念或者觉知）还有意志的（赞同或者否认）。(2) 赞同或者否认并不指涉作为自成一类的存在物的命题，而是指涉被呈现对象。至于说何种对象被呈现出来，这取决于形成的观念类型。

以上两点澄清了观念论何以是判断理论的核心组成部分。作出判断总是以形成观念为前提。当我没有向我将 x 呈现为 F 的观念时，我就不能作出判断说 x 是 F。作出真判断总是以形成正确地进行呈现的观念为前提。因为如果我没有此种观念，即向我将 x 呈现为具有一个拥有属性 F（x 确实具有该属性）的对象的观念，我便不能正确地判断

---

26 有意思的是，笛卡尔——与洛克完全相反（参 *Essay concerning Human Understanding* V, i, §2, ed. Nidditch 1975, 574）——并不认为我们通过观念的复合来获得具有命题结构的客体。如果有人形成了关于大太阳的观念，那么他并没有将两个分明的观念组合在一起，而是将自己的心灵动作指向那个太阳，也就是他领会为太阳是大的那个太阳。在同一个动作中对象被把握为具有如此属性的对象。

说 x 是 F。当谈到判断和对象之间的一致性(conformité)时，这个一致性的标准就必须依照观念来进行拟定："x 是 F"这个判断，只有当观念正确地将 x 呈现为 F 时，才能与对象一致。根据笛卡尔，只有当关于 x 的完全确定的观念——清楚分明的观念——形成时，这种正确的呈现才存在。

鉴于此种论证策略，笛卡尔自己以及许多他的评论者认为清楚分明这一原则具有中心意义，就不显得奇怪了。在第 18 节和第 19 节分析这个原则之前，我还想讨论第二个对于形成判断来说必要的组成成分，即笛卡尔标明为意志动作的赞同和否认。[27]如果人们在历史语境中来考察，那么认为意志的动作不同于理智动作，同时又对每个判断来说无可或缺，这一观点会是令人惊奇的。因为亚里士多德-经院主义作者们区分了三种理智动作：把握(apprehensio)动作、判断(judicatio)动作以及推论或推断(ratiocinatio)动作。他们中的大多数人认为，通常来说理智独自完成这些动作，并且他们强调判断仅是理智的事情。如果某物非常清楚地被把握了，那么理智只能完全赞同它或者否认它。只有在那些特殊情况下才额外地需要意志动作，即在某物被不清楚地或者不充分地把握时。此时，理智能够悬置判断或者意志能推动理智完成赞同或否认的动作。[28]

为什么笛卡尔认为对于每个判断来说在理智动作之外还需要意志动作呢？他出于何种理由拒绝了广为流传的亚里士多德-经院主义判断理论呢？[29]或许可以借助历史语境来回答这个问题：斯多亚学派哲

---

27 参第四沉思(AT VII, 56)和《哲学原理》第一部分，第34条(AT VIII-1, 18)。
28 参 Thomas von Aquin, *Summa theologiae* I-II, q. 17, art. 6 (ed. Caramello 1952, 84)。
29 正如肯尼所证明的，笛卡尔在其早期的《指导心灵的原则》中还是沿袭了这个传统，而只在晚期著作尤其是《沉思集》中才远离了它(Kenny 1972, 2)。

学家早已将意志动作(所谓的 prohairesis)视作每个判断的必要组成部分。笛卡尔或许借鉴了斯多亚学派的遗产，而它自 16 世纪以来就可以在拉丁语的翻译作品中接触到且在学院哲学家的课程中被提及。[30] 或许笛卡尔也受到了一些中世纪哲学家的唯意志论倾向的影响。在 13 世纪晚期根特的亨利就已经针对主流的理智主义立场强调：意志对于判断的形成来说不可或缺，甚至意志在灵魂能力的阶次中是高于理智的。[31] 这个意志主义立场在晚期经院哲学的讨论中是众所周知的，[32] 但这无法证明笛卡尔熟悉且直接沿袭了它。就算他熟悉这一立场，通过在历史上指明特定的传统也无法解释是哪些实质根据促使他借鉴了这个传统。

如果人们寻找实质根据的话，那么第一个原因存在于笛卡尔在第一沉思中所使用的怀疑策略中。沉思者虽然有着许多想象，但出于对该主张——这些想象呈现了事情的实际状况——的诸多怀疑，他并未轻信这一主张。因而沉思者必须准确区分"我想象到或我考虑到某物是如此这般的"(对此他有正当的理由)和"我判断某物在现实中也是如此这般的"(对此他没有正当的理由)。可单纯的想象行为或考虑行为和判断行为的分离这一事实表明了理智的活动并不导致判断或者甚至将它包含在自身中。为了形成判断，沉思者显然需要一种特殊能力。适当情况下他可以放弃激活这种能力。当然为了怀疑他也需要一种特殊能力；因为怀疑动作必须同单纯的想象或者考虑区别开。它不直接地就是理智活动的组成部分。

---

30 努切尔曼斯对此给出了令人信服的论证(Nuchelmans 1983, 47-50)。通过不同的文本，他证明了笛卡尔使用的专业术语"voluntas"正是"prohairesis"的拉丁语翻译。
31 相关详细信息，参 Putallaz 1995, 179-208。
32 这个立场通过但丁《神曲》(*Divina Commedia*, Purg. XVI-XVIII)中的描述和批评变得广为流传；参普塔拉在哲学上的分析(Putallaz 1995, 263-289)。

第二个实质根据（这也是笛卡尔特别强调的），存在于第三沉思和第四沉思的论证轨迹中。在第三沉思中上帝的存在被证明了，另外也证明了上帝是善的，他将认识能力赋予了人们。但由此带来一个令人吃惊的后果：人们完全不能犯错。因为如果上帝是善的，他必须将完美的认识能力赋予人们，即赋予一种不允许出现过失的能力。显然，这个后果与日常经验相悖——过失总是会出现，因而只能通过两种策略来避免。要么人们给上帝强加上不完满性（一种不完满的善或者权力，给人们赋予了完美的认识能力），要么人们假设在这些自在地来看完满的认识能力之外还存在某种其他能力，而它构成了错误来源。笛卡尔选择了第二种策略。[33] 在第四沉思中他认为虽然人们被赋予了完美的认识能力，他们也具备自由指使的意志，但如果意志超出了所认识之物的范围，且赞同了未被认识之物，那么错误就出现了。[34]

考虑到这样的论证策略，就可明了，为何笛卡尔说意志的行动对于每个判断都是必需的。倘若理智单独进行判断，那么就不存在错误的可能性，人们也就无法去追问真判断和假判断的区别了。

这个论证策略却是很罕见的，因为它会使得判断理论看上去几乎完全由神学所驱动。[35] 对意志动作的依赖——人们可以这么夸张地表达——根本上只是用来拯救上帝的完满性的。然而即便考虑到这个动

---

33 笛卡尔出于论证上的一些原因并不能选择第一种招数（并不是因为他在面对某些神学后果中退缩了）。因为如果上帝是不完满的，那么第一个上帝存在证明就马上失效了。因为这个论证基于这个假设，即关于完满的、具备最高等级实在性的本质的观念必须有一个相应的原因；它无法来自不完满的思考者自身。倘若上帝的观念也只是一个关于一种不完满存在者的观念的话，人们马上就可以反驳说这个观念的原因也可以是不完满的思考者。

34 参第四沉思（AT VII, 56-58）。

35 吉尔松已经强调过这个神学动机了（Gilson 1913；也请参看 Wilson 1978, 140）。当然这个动机也吓退了一些对哲学感兴趣的评论者。比如，迪克尔在其对《沉思集》的系统性讨论中就直接忽略了第四沉思（Dicker 1993）。

机，这个论证似乎也不是可信的。因为，如果人们更为准确地区分能力和动作的话，上帝的完满性也可以得到拯救。人们可以认为（正如许多中世纪作者已经做过的那样）上帝虽然给人们赋予了完美的认识能力，但是这些能力的激活却能通过多种因素被削弱。比如，我有着完美的能力来认识到我面前的这张桌子是白色的。但是出于外部因素（比如昏暗的光线）或者内部因素（比如疲劳、身体缺陷），我现在认识不到这张桌子是白色的，并且错误地认为"这张桌子是黄色的"。在这种情况下，尽管存在着完美的能力，理智还是在没有受到意志的影响下作出了错误的判断。

此外笛卡尔的论证也显得很罕见，因为它将理智和意志刻画得就像两种心灵小人（homunculus）。理智似乎是一个完美工作着的且在准备认识材料时不犯错的小人，与此相反，意志这另一个小人，故意地超出理智处理的范围，因而招致了错误。[36]这种想法看起来从根本上就是错误的，因为它忽视了理智和意志乃是同一实体的两种能力。这两种能力，而不仅仅是意志，都可能成为错误的来源，如果它们被不完全或者不正确地激活的话。

鉴于这个反驳，人们可以将笛卡尔的观点，即对于每个判断都需要意志动作，直接视为一种古怪的哲学观点，而它应放在神学的背景中加以理解。但是我认为，如果我们将它从神学内涵中解放出来（当然不应否认其存在）并且在意向性观点下加以理解的话，这一观点还是可信的。

在第三沉思中我们认为，正如早已多次讨论过的，观念总是关于

---

36 笛卡尔明确地使用了范围这个隐喻。第四沉思（AT VII, 58）："它是从这里产生的，即意志的范围要比理智广得多，但是我并没有将它限制在同样的限度上，而是将它扩展到一些我不理解的事情上……"

什么的观念并且以此方式考察的话它不可能是错误的。每个观念呈现一个客体，无论这个客体是存在着的对象还是虚构的对象。倘若我们只具有生成观念的心灵能力，那么我们只能给出如下信息："我有个观念，它向我呈现了一张四边形的桌子"，"我有一个观念，它向我呈现了一只白色的奇美拉"，等等。我们最多能更为准确地描述各个被呈现之物，但是关于该被呈现物是否实际存在以及它是否如此存在，就像它在观念中向我呈现那般，对此我们无法作出陈述。为了能这样说明，我们需要其他能力，即能够额外地向我们提供断言模态（Behauptungsmodus）的能力。我们需要这样的能力，即在四边形桌子的观念之外向我提供断言模态的能力，以使得我们能够作出这样的陈述："我认为（或：情况是这样）桌子是四边形的。"只有这类陈述能是真的或者假的，而非单纯的观念。

但是可以反驳说，为什么我们需要额外地向我们提供断言模态的能力呢？难道不能假设理智作为一种全包性的能力生成了观念，此外还提供了断言模态？

中世纪的作者，即那些认为判断仅是理智事务的人，确实就是这么认为的。[37]但是对他们来说，这种看法得以可能的条件是他们作为亚里士多德主义者把认识理解为对形式的接受：当理智接受了被认识对象的形式，以及当对象因此如其外在于理智那般存在于理智中时，一种完满的一致就达成了。理智能够在未有其他能力的配合下当即判断说对象也外在于理智存在，如其存在于理智中那般。

但在笛卡尔那里情况则不太一样。因为他认为理智并不是被动地接受形式，而是积极地形成观念；因为他还主张这些观念并不自动地

37　参本节脚注28。

就摹写了对象,所以他必须借助一种能力向判断提供重要的附加成分:断言模态。因为单纯拥有观念并不能推论出某个在理智中之物和外在于理智之物之间的一致。观念必须具有特定的特征,而这种特征能够表明外在于理智的某物与观念相应。只有当该特征——清楚分明——被给出时,才能认为对象如其在观念中呈现那般所是。断言模态并不是在单纯拥有观念中已被给出的东西或者由之直接获得的东西。毋宁说,它乃是某种东西,而这种东西必须在特定条件下附着在观念上。而意志提供的正是这个额外的成分。

如果我们通过这个方式来理解笛卡尔的观点,即理智和意志参与到了判断的形成中,那么它便不是一种古怪的、主要由神学所驱动的哲学观点了。它更多的是一种关于每个判断都由两个组成部分构成的基本观点:

(1)由呈现某物的观念,以及

(2)关于被呈现之物的断言模态。

断言模态乃是对观念的必要补充,且无法由观念本身获得。当然单纯拥有一个观念也是可能的,即呈现某物而不对其进行判断。比如,某人可以思考桌子是否是四边形的,而不断言什么。但是在这种情况下并不存在完整的判断,而只是一种考虑。因而在第四沉思中,笛卡尔强调一个完整的判断在拥有观念之外还必须具备一个成分,即由意志所提供的东西。在这二成分理论(Zwei-Komponenten-Theorie)中,他的观点与现代作者的观点(主要是弗雷格及其信徒)类似,他们同样对单纯拥有观念(或者用弗雷格的术语:对思想的把握)和判断动作之间作了区分。[38]一个成分无法通过另一个获得,且对于一个

---

38 参 Frege 1918-1919, 62。

完整的判断来说两者都是必要的。

如果判断理论理解为二成分理论的话，这就表明判断并不来自两个心灵小人的合作，而是来自两种能力的激活。当笛卡尔以一种隐喻方式认为错误的判断由此产生，即意志超越了理智所认识的范围时，这仅仅意味着意志能力在呈现某物的观念被检验之前就给出了断言模态。[39]

当然还有个问题出现在当这个意志能力并"不超越其范围"时，即当它正确地提供了断言模态时。容易想到的答案是：它仅发生于它赞同某物时，即由观念如其真实所是那般呈现的东西。但是这当然不是个令人满意的答案。显然我们必须拟定一些原则，据此我们能够确定某物如其实际所是那般被呈现。只有当这样的原则存在时，区分合理的赞同与不合理的赞同才是有意义的，也只有那样，对真假判断的区分才是可理解的。因而在研究的下一步中这些原则必须更为准确地加以考察。

---

39 这里关键的是，意愿什么东西的能力只能理解为赞同或者否认的能力，而不能理解为一种情感能力（比如说渴望某种东西的能力）。如威廉姆斯早就指出的，笛卡尔确实区分了这两种能力形式，即使他都用"意志的"（volitiv）这个标签来称呼它们（Williams 1918, 171）。

第 18 节　作为真理原则的清楚与分明

上一节澄清了在何种视角下观念构成了判断与真理理论的基础：每个判断由两个成分构成，即呈现某物的观念与赞同或者否认的动作。如果某人将赞同限制于观念如其实际所是那般表征了某物的情况，那么他就形成了正确的判断。但是这个信息对我们的帮助有限。我究竟如何知道观念是否如其实际所是那般表征了某物呢？依照何种原则我能决定我是否应赞同、否认还是完全不作判断呢？

在第四沉思中，笛卡尔初步地回答了这个问题。他解释了他为何赞同第一和基础性观念——关于自我存在的观念，具体如下：

> 不是因为我由外力所驱使，而是因为理智中的宏大光亮带来了意志中的巨大偏向，因此我越是乐意地和自由地去相信它，我就越不会对此持无所谓的态度。[1]

然而这个解释并不具有很大启发性。因为并不清楚在这里应该如何理解这个"宏大光亮"。霍布斯也指出这个隐喻没有解释力。[2]每个对在观念中被呈现之物不加怀疑的人，都可以主张他在"光亮"中完全清楚地认识了某物。进而每个人都这样认为，他必须对以特定方式向他呈现的东西予以赞同。但由此只道出了一种心理性原则：基于事物如何被呈现而给予赞同，而不是基于被呈现之物是什么。

如果这个心理性原则仅应用于关于自身存在的观念，那么它也许

1　第四沉思(AT VII, 58-59)。
2　参第三反驳(AT VII, 191-192)。

是可信的。我思论证的精妙之处在于自身存在以特定方式向思考者呈现：通过思维动作的直接在场（而不是通过一种特殊的感知或者基于三段论的论证），自身存在便直接且无可怀疑地向思考者给出了。在此意义上紧随"理智中的宏大光亮"而来的实际是一种偏向，即赞同"我存在"这个判断。甚至，只要沉思者完成了思维动作，他就必须赞同该判断。[3]

然而当心理性原则被用于其他观念时，它的可信度就降低了。何种"偏向"促使我赞同这个观念，即太阳是热的，或者那个观念，即三角形内角之和为180度？只有解释了这些客体在观念中必须如何呈现，这个原则才是可用的。

如果考察笛卡尔在第三沉思开头引入的真理原则，这个解释似乎就可以这么理解：人们只需注意每个客体是否在清楚分明的观念中呈现了。因为"我十分清楚分明地觉知到的一切都是真的"这个一般性原则是有效的。[4] 如果我十分清楚分明地觉知到了某物，那么我就能够且必须赞同被觉知之物。

但是这个规定不是很有助益，因为它似乎又是纯心理性的。因为如果人们寻找对"清楚分明"这个表达的解释，那么在《哲学原理》中人们只发现了一个模糊的信息，即当观念"对于聚精会神的心灵是当下的而明显的"时，它才是清楚的；当它区别于所有其他观念且只包含清楚的东西时，它才是分明的。[5] 然而这里的"当下的和明显的"意味着什么？笛卡尔似乎没有给出客观的标准，而借助此类标

3　总体而言，这是我思论证的所谓"单一直观解释"（single intuition interpretation）。关于这个解释的文献，可以参考马修斯给出的综述（Matthews 1992, 16-17）。

4　参第三沉思（AT VII, 35）；原文在第16节脚注1中。也请参看《沉思集》前言（AT VII, 13）。

5　参《哲学原理》第一部分，第45条（AT VIII-1, 22）。

准我们能够决定观念何时对心灵来说是当下的和明显的，何时不是。因而某人基于观念的特定所予性（Gegebenheit）似乎只能对自己说，他是否具有清楚分明的观念。

如果清楚分明在此意义上被理解，它作为真理原则就是不称职的。我们并不需要一种纯然心理上的原则。接下来，我想通过对笛卡尔引入"清楚分明"这个表达的文本分析来尝试表明这个真理原则完全契合这些要求（尽管由此它也绝不是没有问题的）。在第二沉思中可以找到一些重要的文本，在那里笛卡尔讨论了蜂蜡例子。这个例子总是引发了解释上的分歧，所以我想先通过文本精读来确定我们不能以何种方式理解它。

第一种解释路径可以总结如下：蜂蜡例子表明了一个在时间点 t_1 被感知到的质料对象如何能等同于在时间点 t_2 被感知到的对象。因为它表明感觉属性（颜色、气味、硬度等）在 t_2 完全不同于它在 t_1 时所具有的。为了重新认同蜂蜡，无须考虑这些感觉属性，而应仅考虑几何属性。对象还是同一个对象，因为即便存在那些偶然的、取决于知觉情境的感觉属性，它总是具有同样的几何属性。

然而这个解释忽视了笛卡尔对所有属性的平等相待。他认为所有的特殊属性都会改变：

> 但是看那里！当我说话时，它[蜂蜡]靠近了火焰：剩下的味道发散了，香气消失了，颜色改变了，形状消失了，尺寸变大了，它变成了液体，热的，不能再被触摸了，并且当人们敲打的时候，它也不再发出声音了。[6]

---

6 第二沉思（AT VII, 30）。

显然笛卡尔认为不仅是特殊的几何属性(特定形状、特定大小等)，还有特殊感觉属性(特定味道、特定颜色等)，它们都在从 t_1 到 t_2 的过渡中发生了改变。因而蜂蜡不能借助某种特殊属性而被重新认同。这个断言具有决定性，因为它从一开始便排除了对清楚分明的解释。仅仅通过专注于那些对于对象的重新认同来说必要的特殊属性并且剔除所有其他属性，人们并不能获得清楚分明的观念。因为倘若可以这么做的话，那么人们就必须剔除所有属性。

在第一种解释失败之后可以提议如下第二种路径：既然属性显然会发生改变(或者至少能够发生改变)，那么如果人们想要知道蜂蜡"自在地"之所是的话，就必须无视它们。正如笛卡尔的比喻性表达所提议的，为了能够无遮蔽地考察它，人们仿佛必须替它脱掉外衣。[7] 此时还剩下的便是纯粹的实体，即属性的载体。只要我们还有关于蜂蜡的混乱观念，蜂蜡就总是与属性一道被呈现。通过抽离属性，我们就会获得清楚分明的观念。仅在此时在观念中才只剩下实体被呈现。

这个(伽森狄已经概述过了的)解释认为清楚分明的观念要通过抽象获得。[8] 然而，在对伽森狄评论的回答中，笛卡尔强调这里谋求的并不是抽象，即便在比喻性地说到"脱掉"（Ausziehen）时也是如此。笛卡尔认为，当我们脱掉所有属性时，我们将无法知道涉及的究竟是何种实体。因为我们只有通过认识属性(由于属性的关系，实体才是

---

7 第二沉思(AT VII, 32)："可是当我将蜂蜡和它的外形区分出来，就像把它的衣服脱掉那样，并无遮蔽地考察它时，那么尽管我的判断可能仍存在错误，但是没有人类的心灵的话我就无法觉知到它。"

8 参第五反驳(AT VII, 271)；但是伽森狄批评了这种抽象。

可以通达的)才认识到实体。[9]

这个回答澄清了笛卡尔实体理论的一个核心观点。人们能够并且必须在本体论意义上区分实体及其属性。因为实体并不是属性的单纯捆束(Bündel)，而是其载体——某种不变之物，尽管特殊的属性会发生改变，[10]但这不意味着对实体及其属性而言存在两种有别的认识方式。倘若去追求一种独立于其属性的、关于纯粹实体的认识，这将是无意义的。因为属性的载体不是某种可以在属性之旁或者之外被认识的东西。只有与属性一起，载体才能被认识。用蜂蜡例子来说：倘若想要独立于所有属性而去形成关于蜂蜡这个实体的观念，这是无意义的。蜂蜡只有作为一块具有如此这般属性的蜂蜡才能向我们呈现。如果我们想要形成清楚分明的观念，那么这个目标不可能是形成"无遮蔽的"实体观念。

那么目标在哪呢？为了回答这个问题，我们必须在前两个沉思的讨论语境中去考察蜂蜡论证。这一语境由如下基本问题所决定：我必须以何种方式把握对象，以使得我不再怀疑我的把握是否正确？这个问题包含了如下内容：我必须以何种方式把握对象，以使得我无法怀疑我所把握到的乃是本质性地属于对象的内容？[11]在蜂蜡的例子中，笛卡尔尝试通过一个具有三个层次的过程回答这两个问题：

(1) 首先，他回溯到了感官并提出了这个假说：我必须通过感觉

---

9 关于伽森狄的反驳，笛卡尔在给克莱尔色列的信中写道(AT IX-1, 216)："如果我们通过抽象将质料从其偶性中分离出来，也就是说，我们只关注质料本身，那么结果将是我们并不能完全理解它。为什么呢？因为质料通过偶性被显示出来。"

10 因而笛卡尔强调在实体和属性(或者样态)之间存在着所谓的"模态区分"(modale Distinktion)；参《哲学原理》第一部分，第 61 条(AT VIII-1, 29)。

11 笛卡尔也将本质性地属于对象的东西称为其本质。比如说在第二沉思中，他在确定了心灵的本质之后说道(AT VII, 26)："但是，关于形体，我丝毫不怀疑它，但是我曾认为我分明地知道它的本质。"

感知来把握蜂蜡，以避免怀疑。这个假说很快就被证明是错误的。因为在不同的感知状况中我感知到了蜂蜡的不同属性。如果我在 t_1 感知到了一定数量的属性，而在 t_2 感知到了完全不同数量的话，那么我就可以怀疑我所感知到的是否是本质性地属于蜂蜡的。怀疑的理由不在于我的感知是不可靠的，[12]而在于我的感知只给出了蜂蜡在各个时间点上所具有的偶然、可变的状态。

（2）其次，笛卡尔回溯到了想象力并提出了这个假说：我关于蜂蜡所能想象的一切，更确切地说是独立于每个感知状况下想象到的一切，都是不可怀疑的并本质性地归属于蜂蜡。然而这个假说也是错误的。因为我虽然能够想象蜂蜡不是圆形的，而是四边形的或者三角形的，但是我的想象力是有限的。我只能想象有限数量的属性。[13]因而怀疑性的问题还是一如既往地存在：不包含在我有限的想象力中的东西难道不可能本质性地属于蜂蜡吗？

（3）最后，笛卡尔回溯到了心灵并提出了这个假说：我单单由心灵所把握的是不可怀疑的且本质性地属于蜂蜡。他认为只有这个假说是唯一正确的。因为无论我的感知和想象力如何有限，对蜂蜡具有广延这个事实的心灵把握是不受限的。因为我无须在特定时间把握具体的广延，而只需把握蜂蜡在原则上具有广延这个事实。这是不能被怀疑的；因为我可以怀疑这个蜂蜡具有这个或者那个广延，但我不能怀疑它原则上具有广延。

这个观点引发了许多争议，眼下我想逐一反驳它们。我只想先澄

---

12 当然感知可能是不可靠的，如第13节中讨论过的视角欺骗的例子（从远处看塔是圆的，尽管它是方形的，等等）所证明的。但是在这里这些例子并不重要。笛卡尔认为甚至在感觉感知可靠的前提下，当不再怀疑时，也不可以借助感觉。

13 笛卡尔意在想象力的限制性，而非其不可靠性。第二沉思（AT VII, 31）: "因为我能理解蜂蜡能够接受无数这类的改变，但我无法在想象中认识这无数的改变，因而我对蜂蜡的理解并不是通过想象力来实现的。"

第 18 节 作为真理原则的清楚与分明

清对于清楚分明的原则而言此观点将带来的后果。笛卡尔认为：

> 但是请注意，对它[蜂蜡]的觉知并不是看，也不是触摸，也不是想象，也从未是它们，尽管它之前显得是这样。对它的觉知仅仅是心灵的观视。依据我是较多或较少注意到了它[蜂蜡]由何种东西构成，它或是不完满和混乱的，如它之前那样，或是清楚分明的，如它现在所是那般。[14]

显然笛卡尔认为，只有当我仅以心灵把握对象时，我才能清楚分明地把握诸如蜂蜡之类的质料对象。只有此时我才能把握在偶然的感知和想象状况中未被给出的东西，也就是对象由之构成之物：属于对象的本质且对象缺少它就完全无法被把握的东西。为了避免任何一种不完满性，我必须排除所有那些不属于对象本质的东西，即所有那些只是偶然的且只在特定时间被给出的属性。这个本质主义原则可以作如下表述：

(E) 只有当某人把 x 连同着本质属性 F_1，F_2，……，F_n（没有这些属性，x 无法被领会）来把握，且不考虑偶性 G_1，G_2，……，G_n（没有这些属性，x 也能够很好地被把握）时，他才能具有一个关于 x 的清楚分明的观念。

由此被表明的是什么呢？首先被表明的是，清楚分明并不如开始时所揣测的那般是一条单纯的心理性原则。它并不是在讲，具有清楚分明观念的人就有某种明见性体验了，也不是说，只有这个人自己仿佛通过神秘的内省才能确定清楚分明性。毋宁说，它讲的是这个人检

---

14 第二沉思（AT VII, 31）。

验了自己的观念并且通过一道检验程序探明了清楚分明的观念。这个检验方法如下,去问这个人,他关于对象 x 有许多不同的观念:"如果仅基于对 x 的具体感知或者想象的话,你关于 x 的观念是怎么样的?请排除所有这类观念,并只保留那些缺少它们你就不能把握 x 的观念。此时剩下的,便是清楚分明的观念。"在这个检验方法中的关键因素不是这些观念如何(以何种心理特性)呈现 x。关键在于它们所呈现的东西:x 的本质性的、不可或缺的属性(更确切地说只有这些属性),缺了它们的话 x 将无法被把握。

清楚分明的观念是通过一种检验方法而不是通过自发的直观或者内省而被探明的,这一点可以由笛卡尔在第七答辩中作出的评论推论出来:

> 凡不是如其被觉知到的那般存在之物,即凡不真实的东西,无论是被谁觉知到,都无法被清楚分明地把握。但是,只有那些有理性的人才能正确地区分什么是被如此觉知的东西和什么只是显得如此的或看上去如此的东西,因而我对此并不感到奇怪——这位好人[第七反驳的作者]将这一个当成了另一个。[15]

显然,笛卡尔在此处强调,准确的区分是必需的;倘若清楚分明的观念由直觉直接呈现,那么就无须任何区分了。而只有那些能够检验自己观念的人才能作出这样的区分。

这种检验方法的特点是,观念未与其他东西——"自在的"对象——进行对比。虽然清楚分明的观念把对象与其本质属性一道呈

---

15 第七答辩(AT VII, 461-462)。

现，正如对象所是的那般；因而这样的观念是真的，正如笛卡尔在上述引文中所强调的。但是我们只有借助观念才能通达对象，因而完全不可能将观念和"自在的"对象进行对比。[16]所有我们能够对比和检验的东西，只有观念自身。[17]我们只能检验它们是如何形成的（通过感知、想象和纯粹知性）以及它们准确地呈现的东西（本质属性，没有它们对象就无法被把握，或者其他属性）。

如果我们在此意义上理解该原则，那么之前引述的定义就可以理解了，也就是笛卡尔在《哲学原理》中所表述的。[18]当他认为观念（或觉知）是清楚的，就其"对聚精会神的心灵来说是当下的而明显的"而言，我们也不应将它理解为一种模糊的心理性规定。当观念只对聚精会神的心灵（而不是由感知或者想象力导致开小差的心灵）呈现那些缺少它们对象就无法被把握的属性时，观念才是清楚的。此外，当笛卡尔主张，只要观念只包含清楚的东西，它就是分明的，这也不再意味着这样的观念不过是以特定的方式被呈现。只有当观念唯独呈现了那些缺少它们对象就无法被把握的属性时，观念才是分明的。

如果我们想要在判断理论框架下理解清楚分明的观念的作用，这样的非心理性理解有着关键意义。众所周知，该理论认为，为了形成真的判断，人们只得赞同那些清楚分明的观念。但这样一来马上就有一个问题：某人如何知道哪些观念是清楚分明的，而哪些不是呢？倘

---

16 参 1642 年 1 月 19 日给吉比厄夫的信："因为既然我确定这一点，即除了通过在我之中的观念的中介，我不能有任何关于外在于我的事物的知识，那么我对于这件事情就得非常小心，即直接将判断指涉到事物之上以及赋予其一些积极的东西（something positive），而我却并没有在关于它们的观念中注意到这些东西……"

17 格沃思合理地指出了这一点（Gewirth 1967, 274）。但他进一步的看法很少有与笛卡尔一致的——物理学中的清楚分明的观念必须是"实验上可验证的观念"（ibid. 275）。在这个验证过程中并不包含通过某种事实对观念在实验上进行验证，涉及的只是就观念的内在结构进行验证。

18 参《哲学原理》第一部分，第 45 条（AT VIII-1, 21-22）。

若人们对清楚分明作心理性的理解，那么回答必须是：某人在未经特别检验时就知道哪些观念是清楚分明的，因为这些观念以特殊的明见性被呈现。这个明见性强迫人们赞同；具有清楚分明之观念的人，基于特殊的明见性，他必须赞同这个观念。

事实上，这个心理驱动的判断理论也有文本支持。在给雷吉乌斯的信中，笛卡尔如此写道：

> 在第二个反驳中他[雷吉乌斯]说，那些清楚分明地被理解的公理之为真乃是自明的。我也承认这一点，只要它们是清楚分明地被理解的。因为我们的心灵就是这样的，它必须赞同那些清楚地被理解到的东西。[19]

许多解读者在此处找到了心理性判断理论的明确证据。他们认为，赞同乃是由于清楚分明的观念的特殊明见性而在心理上受迫（psychologically compelled）而来。[20] 如果有人具有这些观念，他们就不得不给出赞同。

这样的解释在我看来是不可信的，当人们采纳对清楚分明的观念的那种理解的话，即来自蜂蜡例子的理解：如果有人具有清楚分明的观念，他就具有特定的洞见（Einsicht），[21] 即对那些本质属性的洞见，对象必须拥有它们，以使得自己能够被把握。正如早就表明的，这个

---

19 1640年5月24日给雷吉乌斯的信（AT III, 64）。也请参看《哲学原理》第一部分，第43条（AT VIII-1, 21）："当我们清楚地觉知到了某个东西时，我们自发地赞同它并且无法怀疑其真理。"

20 参 Curley 1978, 119; Larmore 1984, 61; Dicker 1993, 89。

21 在第二沉思（AT VII, 29, 30）中，笛卡尔明确谈到了"心灵理解"（inspectio mentis）。

洞见能够通过检验方法获得。[22] 如果有人获得这样的洞见，他不是因为"心理上受迫于"一种特殊的明见性而直接给出了赞同。毋宁说，他之所以给出赞同，是因为认识到对象具有那些缺少它们就完全无法被把握的本质属性。在蜂蜡的例子那里阐明的是：如果有人获得了关于蜂蜡的清楚分明的观念，他不是因为在心理上被迫去作此赞同，就直接地赞同了"蜂蜡是广延的"这个说法，而是因为他洞见到广延本质性地属于蜂蜡。当然这个洞见也不可能引来某种心理上的强迫，一旦某人洞见到 x 必须具有属性 F，那么他当然被迫使去赞同"x 是 F"这个说法。但是这种强迫（在这里是关键性的）只是洞见到本质属性的后果。应该在此意义上理解笛卡尔致雷吉乌斯的信中的论述——心灵必须赞同清楚被理解之物。[23]

蜂蜡例子还澄清了另一个疑点：那些在清楚分明的观念中呈现的本质属性并不是特殊属性，也就是说并不是诸如 20 厘米长和 50 厘米高这类属性。所有这些属性在从 t_1 过渡到 t_2 时都发生了变化。因而，用笛卡尔的术语来说，这里涉及的不是实体的样态（Modi einer Substanz），而是特性（Attribute）。特性是实体在每个时刻所表现出来的，且在过渡中未发生改变的东西。[24]

---

22 再强调一下，洞见并不涉及诸如自发性直观（spontane Intuition）之类的东西。法兰克福借助一个例子有力地表明了这一点（Frankfurt 1970, 150-151）：如果数学家获得了这种洞见，即一个证明是正确的或者甚至是明见的，那么他并不是借助自发性的直观，而是通过一种费力的检验过程来把握这个证明。人们也是以同样方式洞见到本质性地属于对象的东西，也就是通过一个能够要求花费一段时间的检验过程。

23 第四沉思中的说法（本节脚注 1）也可以在这个意义上理解，即某人越是乐意地相信，他就越不会无动于衷。这意味着：某人越是相信或者越是给出他的赞同，那么他就越不会对他所洞见到的属性无动于衷。一旦他洞见到在 F 那里涉及的乃是本质属性，他将会极为乐意地、自发地赞同"x 是 F"。

24 关于特性的定义，参《哲学原理》第一部分，第 56 条（AT VIII-1, 26）："而在被造物那里，诸如存在着和持续着的事物中的存在与持续之类的东西，它们没有样态，应该被称为特性，而不应被称为质性或者样态。"

在清楚分明的观念里并不关乎特殊属性的观念这一观点，当然有着负面后果：这些观念并不使对象的辨别和之后的重新辨别得以可能。因为当我们被问及我们究竟如何将在我们面前的蜂蜡和其他对象进行区分，以及如何辨别这块蜂蜡时，我们通常如此回答，即我们借助于特定的特殊属性。借助于其他蜂蜡和其他类别对象所不具有的特定长度、宽度等等，我们能够辨别这一块蜂蜡。但这正是我们无法借助于蜂蜡的清楚分明的观念来实现的。我们只能说："这块蜂蜡具有广延。"[并且]我们能够普遍地对每块蜂蜡，甚至每一个单独的对象作出此类关于广延的说明。但是笛卡尔认为我们能够将这块蜂蜡辨别为一块特定的蜂蜡：

> 现在还是同一块蜂蜡吗？人们必须承认这还是同一块蜂蜡；没有人反对它，没有人有其他想法。[25]

据我所知，笛卡尔并未论证为什么没有人否认蜂蜡还是同一块蜂蜡。也许他假设了蜂蜡通过回溯到作为同一块蜂蜡的实体而被辨别：即便所有特殊属性发生改变，它还是同一块蜂蜡，因为它还是同一个与其他实体区分开来的"实体"。既然我们能够将这一块跟别的区分，那么我们就能辨别这块蜂蜡。当然那样的话必须阐明"实体块"（Substanz-Stücke）准确来说是什么，以及在无须借助其特殊属性时它们根据何种标准是互相区分开来的。

将清楚分明的观念规定为关于本质属性的观念还引发了另一个关键问题：笛卡尔究竟如何将几何属性规定为本质属性？在蜂蜡例子中

---

25 第二沉思（AT VII, 30）。

第18节 作为真理原则的清楚与分明

他相对突兀地引入了这些属性:

> 我们要当心并且观察当所有这些不属于蜂蜡的东西都去除时,还剩下什么: 仅是广延之物、可弯曲之物、可改变之物。[26]

这个信息是令人吃惊的。人们本来能够期待有更多的东西可以被剩下,比如说那些具有颜色、气味等的东西。[27]因为从特定颜色和气味在蜂蜡融化时消失了这个事实出发,绝不能推论说剩下的是某种根本不具有颜色和气味的东西。蜂蜡例子仅表明了质料对象并未将特殊感觉属性当作本质属性,正如它没有将特殊几何属性当作本质属性。因而它只表明,我能够不带着每个特殊的感觉属性去把握质料对象,而不是我能够不带着任何感觉属性去直接把握它。

如果仅凭质料对象的变形就表明了只有几何属性(亦即普遍意义上的)才是本质属性,那么在蜂蜡的例子中就缺了一个关键的论证步骤。如果考虑到第七答辩中的一个解释的话,我们可以一定程度地补全这个论证步骤。在那里笛卡尔说:

> 当我注意到那些我在我之中发现的关于各个事物的观念和概念,并且细心地将它们一个个地区分开来,以使得我的判断与它们一致时,那么我就确定了只有具有长度、宽度和高度的以及能够具有不同形状和做不同运动的东西(在此这些形状和运动仅是

---

26 第二沉思(AT VII, 30-31)。
27 在《哲学原理》第二部分,第4条(AT VIIII-1, 42)中,笛卡尔更为明确地表达了这一观点。在那里他明确地排除了感觉属性:"如果我们这么做的话,我们就会觉知到质料的本质或者一般意义上考察的形体,其存在并不由某些硬的、重的或者有颜色的东西构成,或者由触动感觉的那些东西构成,其存在仅仅由那些长、宽、高的广延构成。"

样态，它们无法离开形体通过某种力量而存在）才是属于形体的概念的。我也确定颜色、气味以及此类的东西只是特定的感觉感知，它们只能存在于我的思想中，它们与形体的区分就如疼痛与造成疼痛的子弹的形状和运动之间的区分那样。[28]

这里的关键在于笛卡尔并未注意到在具体的感知或者想象中所给予的东西，而只注意到了他早已具有的概念。在此他确定属于形体概念的是，它具有几何的和（这在蜂蜡的例子那里是没有的）运动的属性。另外他断定不属于形体概念的是感觉属性。[29]如果考察这个关键的论述，我们就可以理解蜂蜡例子的精妙之处在哪里：蜂蜡究竟何以能够不被怀疑地被把握这个问题，可以借助概念依赖性（begriffliche Abhängigkeit）来回答。因为从蜂蜡是质料形体（ein materieller Körper）这个观点出发，笛卡尔确定了"质料形体"这个概念包含了"广延"概念。如果有人将蜂蜡谓述为"质料形体"，那么他也必须将其谓述为"有广延的"。因而笛卡尔强调，此处涉及的是纯粹的心灵性洞见（inspectio mentis）。[30]它不是通过感觉或者想象来规定一些不变属性，而仅是通过心灵的洞见确定概念的依赖性。这个普遍的洞见可以应用到具体的情况中，比如说应用到蜂蜡这个情况。因为一旦人们获得了这种洞见，即对每个质料形体都必须说出"有广延的"这个谓词，那么人们必须也能够对一个特定质料形体——蜂蜡——说出它。

28　第六沉思（AT VII, 440）。
29　他只是暗示了为什么如此。他的论证可以这么来补充：感觉属性只是效果，也就是质料对象的特定属性能够对感知者造成的效果，而不是属性本身（正如疼痛只是一种效果，也就是石块砸到人后在人身上留下的效果，而不是砸人的石块本身）。对他物的效果并不能属于质料对象。属于它的仅是对象独立于他物（比如感知者）所具有的东西。
30　参第二沉思（AT VII, 29-30）。

第18节 作为真理原则的清楚与分明

这个观点也影响了对清楚分明的观念的理解。正如我上文中所阐述的,对这些观念的获得最好描述为一种检验方法:如果有人想要获得对象 x 的清楚分明之观念,那么他必须剔除所有那些他仅凭感知或者想象习得的观念且只保留那些没有它们他就无法把握 x 的观念。如果人们考察笛卡尔针对概念依赖性的论述,便可理解应如何只保留那些缺少了它们对象 x 就无法被把握的观念。如果有人拥有关于黄色的东西的观念,关于硬的东西的观念以及关于有广延的东西的观念,那么他就能剔除前两个观念,因为概念"黄"和"硬"不包含在"质料对象"的概念中。他只需保留关于广延的东西的观念,因为只有概念"广延"包含在"质料对象"的观念中。

当然眼下有个问题:为什么只有广延的概念包含在质料对象中?然而这是笛卡尔物理学的基本问题,这里就不作讨论了。[31]这里的关键在于会影响真理原则问题的那些后果。因为本节的整个讨论都从如下问题导向出发,即笛卡尔认为当人们只赞同清楚分明的观念时,人们才能形成正确的判断。然而在何时这些观念才是清楚分明的?现在可以回答这个问题了:仅当观念呈现了对象的本质属性时,观念才是清楚分明的。这些本质属性可以通过如下方式进行确定:研究那些缺少它们之后对象就无法被把握的属性。[32]而为了完成这个工作,人们必须澄清对象的概念包含了什么。

这个回答表明,清楚分明并不是心理性的真理原则。而这个回答也表明清楚分明是一个十分严格的原则。显然只有那些在其中人们判断说对象具有几何和运动属性的情形,才是满足这个原则的(严格来

---

31 关于详细的说明,参 Garber 1992, 63-93。
32 既然我从蜂蜡例子出发,那么我就专注于质料对象的本质属性。但是通过清楚分明的观念,我当然也能确定非质料对象(比如上帝、数学对象)的本质属性。

说只有那些在其中人们判断说对象具有那些普遍的属性而非那些特殊的几何和运动属性的情形）。这是否意味着，因为白色这个颜色的观念和那个关于炎热的观念都不是清楚分明的观念，人们不得判断说"雪是白色的"或者"太阳是炎热的"？如果甚至连那些构成基础判断的观念都无法满足它的话，那这个原则究竟有何用处？

  为了回答这个尖锐的反驳，人们必须注意这个讨论语境，也就是清楚分明原则被引入其中的语境。由极端的方法性怀疑出发，前两个沉思提出了这个问题，即究竟什么是不能被怀疑的。答案是：正是那些清楚分明地被觉知的并且没了它们对象完全不能被把握的东西。在此种极端方法的框架下，雪是白色的以及太阳是炎热的，自然是可疑的。因而我们必须剔除相应的判断。只有那些（相对少量的）判断被允许保留，即基于清楚分明的观念所作出的判断。但是在上帝存在和质料对象的存在被证明之后，诸如"雪是白色的"或者"太阳是炎热的"之类的判断才允许被重新引入。在第六沉思中笛卡尔再次明确地引据了感知判断，但是他又警告说：

> 但是也许并不是所有[质料对象]都如我凭感觉感知所把握的那样存在，因为感觉感知很多时候都是十分浑浊和含混的。然而，至少所有我清楚分明地理解到的东西是存在于它们中的，即普遍说来，所有包含在纯粹数学对象中的东西。[33]

尽管在克服了极端怀疑之后，可以再次作出感知判断了，但它们必须被批判性地加以评估。诸如"太阳是炎热的"之类的判断，即只基

---

33 第六沉思(AT VII, 80)。

于模糊和混乱的观念所作出的判断，必须一如既往地与诸如"蜂蜡是广延的"之类基于清楚分明的观念所作出的判断进行区分。判断者必须始终意识到，感知判断指涉这些属性，而它们并非质料对象的本质属性。这样来看的话，清楚分明的原则便不是那种原则，即借着它我们能够区分真的感知判断和假的感知判断（如真的判断"太阳是黄色的"区分于错误的判断"太阳是绿色的"）的原则。它也不是那种借着它关于几何属性的偶然为真的陈述能够与错误的陈述（如"蜂蜡有 5 立方厘米的广延"这个真的陈述区分于"蜂蜡有 100 立方厘米的广延"这个假的陈述）区分开的原则。毋宁说，它是那种原则，即借由它关于本质性的几何和运动属性的判断能和关于纯感觉属性的判断以及关于特殊的几何和运动属性的判断区分开的原则。

第 19 节 真理原则的后果：循环论证问题

在第三沉思的开头笛卡尔将观念的清楚分明原则作为真理原则引入，我正是在此意义上对清楚分明这一原则进行了讨论。然而这样的考虑未触碰到一个核心问题。笛卡尔是先于他对不骗人的上帝之证明引入的该原则，那么就存在一个疑问：沉思者如何能够确定所有基于观念的清楚分明性所作出的判断实际上也是真的？难道情况不能是，他不过是相信它们为真，但在实际上他却为骗人的上帝所欺骗？

笛卡尔意识到了这个问题，因而他认为真理原则还是受到怀疑的。为了消除这个怀疑，必须验证上帝究竟是否存在，以及如果上帝确实存在，那他是否是个骗子。[1]在笛卡尔首先证明了上帝存在，其次反驳了骗人上帝的假说之后，他才最终在第四沉思中引入了真理原则。[2]

但是如果有人问究竟如何能够证明不骗人的上帝存在，那么他得到的答案是令人困惑的：

> 当我注意到我有所怀疑或者我是一个不完满且不独立的东西时，在我这里就出现了一个关于独立和完满本质的完全清楚分明的观念，即上帝的观念。[3]

---

[1] 第二沉思（AT VII, 36）："但是为了消除这个[怀疑的理由]，一旦时机来了，我就必须检验是否存在一个上帝，以及如果存在的话，他是否是个骗子。因为如果我不知道的话，我似乎永远无法确定其他任何事情。"

[2] 第四沉思（AT VII, 62）："对我来说这不可能是错的，因为每个清楚分明的觉知毫无疑问都是某个东西，因而不可能来自无，而是必然来自上帝，我认为上帝，也就是那个最高完满的存在者，他不可能是个骗子；因而毫无疑问他是真的。"

[3] 第四沉思（AT VII, 53）。

第19节 真理原则的后果：循环论证问题

显然笛卡尔认为，由于我们具有关于上帝的清楚分明的观念，我们就知道上帝存在。但是为什么关于上帝的知识需要通过清楚分明的观念来获得呢？但清楚分明的观念正是借助不骗人的上帝才能作为不可怀疑的知识基础被建立起来。阿尔诺看到这个论证后认为他怀疑笛卡尔陷入了循环，这也就不令人惊讶了：

> 我还有个疑虑，也就是当他说我们除了上帝存在这个理由外没有其他理由来确定我们清楚分明地觉知到的东西是真的时，他如何能够避免循环论证。但是除非上帝为我们清楚且明见地觉知到了，我们就不能确定上帝存在。在我们确定上帝存在之前，我们也必须确定所有我们清楚明见地觉知到的都是真的。[4]

阿尔诺指出的循环论证在于笛卡尔似乎同时持如下两个观点：

(A) 我们确信，所有我们清楚分明地觉知到的东西都是真的，因为我们知道不骗人的上帝存在。

(B) 我们知道不骗人的上帝存在，因为我们确信，所有我们清楚分明地觉知到的东西都是真的。

如果清楚分明的原则要成为一种可行的原则，那么就必须解决循环论证。循环论证并不是一个无关紧要的问题。毋宁说，循环论证构成了整个观念论方案的核心问题：基于怀疑的策略，所有的观念（也包括清楚分明的观念）都是可被怀疑的，并且不得假定说通过它们我们可以认识到真的东西。为了创造一个不可怀疑的基础，我们必须证明清楚分明的观念的真理担保存在。但是如果这个担保自身的存在也

---

[4] 第四反驳 (AT VII, 214)。梅森在第二反驳中也给出了一个类似的反驳 (AT VII, 124-125)。

仅能通过清楚分明的观念被认识,那么我们就没有借助某个独立的原则来证明其存在。我们再次陷入了怀疑,我们必须问自己:难道情况不可以是这样吗,即我们只是相信着上帝存在,因为我们有着关于他的清楚分明的观念,而在此我们(正如在每个清楚分明的观念那里一样)误导了自己?我们如何在任何时候都能确信,借助清楚分明的观念认识到了真实的东西呢?

鉴于这个疑问,循环问题在研究文献中引起了激烈的讨论,这也是不令人奇怪的。[5] 在后续中,我将先批评性地讨论在文献中两种常见的循环论证的解法,然后介绍并论证我自己的解法。

第一种循环论证的解法,即所谓的"记忆解释",它借助于记忆的特殊地位,可总结如下:[6] 一旦我们清楚分明地觉知到了某物,这就是真的且不能被怀疑的。但当我们之后回忆起它时,我们依然能够怀疑,因为我们不知道我们的记忆是否可靠。因而我们需要某种能够保证记忆可靠性的东西。不骗人的上帝提供的正是此种保证:一旦我们知道了不骗人的上帝存在,我们也就知道我们的记忆是可靠的。由此便不存在循环论证。因为我们并未借助关于上帝的清楚分明的观念证明清楚分明的观念是真的;当下的清楚分明的观念的真理与可靠性从一开始便是确定的。我们借助关于上帝的清楚分明的观念只是证明了我们可以依靠我们的记忆。

事实上有些文本乍看之下也是支持这个解释的。在第二答辩中笛卡尔说:

---

5 关于一些经典文章的整理,参 Doney 1987;关于最近的文献,请参看 Loeb 1992(特别是第 225—226 页)。
6 多尼给出了这个解法的建议(Doney 1955,重印于 1987 年)。柯利对此给出了一个带批评的描述(Curley 1978, 101-104)。

第 19 节 真理原则的后果：循环论证问题

在我说，如果我们在此之前不认识到上帝存在的话，我们就不能确定地知道任何东西时，我明确地表明了我所谈论的只是关于那些结论的知识：当我们不再注意推论出它们的理由时，关于它们的回忆却能够来到我们的心灵中。[7]

此处似乎暗示，当我们当下清楚分明地觉知到了某个东西（具有清楚分明的观念）时，我们不需要关于上帝存在的知识。而只在那种情况下，即当我们有着关于清楚分明觉知到的结论的回忆时，我们才需要关于上帝存在的知识。正是在第二种情况下，我们才需要保证记忆可靠性的上帝。

但是我认为，在进一步考察之后，这个解释将被证明是站不住脚的。至少有三个论证可以用来反对它：[8]

首先要注意的是，上文引用的第二答辩中的评论涉及的是第四沉思的结尾处，在那里笛卡尔论证说：[9] 一旦我清楚分明地觉知到了一个证明（比如三角形内角之和等于两直角这个证明），那么我就不得不认为它是真的。但当我之后转向其他东西且不再思考其缘由（我由以清楚分明地觉知到了该证明的缘由）时，我就能怀疑：

> 因为我能说服自己我就是这样的本性：有时在我确信是完全明见地被觉知到的东西那里，我也会犯错，特别是当我想起我经常把很多东西当作是真的和确定的，而之后我又因为其他原因认

---

[7] 第二答辩（AT VII, 140）。也请参看第四答辩（AT VII, 246）。
[8] 关于其他论证，请参看 Frankfurt 1970, 156–169。他详细地描述了这个解释并予以了批评。
[9] 参第四沉思（AT VII, 69–70）。

为它们是错的。[10]

关于上帝存在的知识使得我免受此种怀疑。因为上帝向我担保我所清楚分明觉知到的东西实际上也是真的。[11]因而我无须再去思考是否真的可以相信我的觉知能力，并且我也无须再质疑我早先对这个证明的觉知。但上帝并未保证——这里这是关键的——我对先前觉知的回忆的可靠性。他只保证了我可以相信我的觉知能力这一事实。这一点还可以通过如下对比进一步澄清：

假设我早先借助计算器解决了一个计算题。现在我突然犹疑了并且问自己：究竟我算出来的结果是不是的确正确？对于这个怀疑，只要我说：我是用计算器解决的这个计算题，而计算器是完全可信的，那么我就可以摆脱这个怀疑。计算器的生产商保证了这种绝对的可靠性。因而现在我不用从头开始并再次展开计算题的每个步骤。虽然有可能我没有准确地回忆起各个步骤，但这不重要。重要的只是我在解决这个计算题的时候就已经拥有了绝对可靠的计算器。

在此意义上上帝（类似于计算器的生产商）只保证了工具的可靠性，即借助他我早先清楚分明地觉知到了这个证明，但是他并不保证我对之前觉知的回忆的可靠性。

其次，可以反驳说这个记忆解释有过多的要求。为什么上帝应当保护记忆免于出错呢？倘若事实上确实如此的话，就必须排除有人在回忆清楚分明被觉知之物时被欺骗了。然而经验表明我们总是被骗。

---

10 第五沉思（AT VII, 70）。
11 第五沉思（AT VII, 70）："但是在我觉知到了上帝存在之后，同时因为我也知道所有其他一切都依赖于他，并且他不是个骗子，我也得出结论说所有我清楚分明地觉知到的一切都必然是真的……"

第 19 节 真理原则的后果：循环论证问题

笛卡尔也考虑到了这种经验，因为在《哲学原理》中他在证明不骗人的上帝存在之后认为：

> 但是我们经常在这里犯错，即我们相信我们曾经觉知了很多东西，并且出于对记忆的信任赞同了它们，仿佛它们是完满地被觉知了那般，然而我们事实上从未觉知到它们。[12]

甚至不骗人的上帝也未使得我们免于在记忆上出错。虽然他赋予了我们尽可能完满的觉知能力，正如笛卡尔一直强调的，[13]但是由此绝不能得出结论说我们也具有完满的记忆能力。

最后，可以反驳说，记忆解释并未充分地考虑到第三沉思开头的设问。因为在那里笛卡尔——正如上文提到的——从一个怀疑主义的质疑出发：[14]我何以能够认为所有基于清楚分明的观念所形成的判断实际上也是真的？难道不能是我被骗人的上帝欺骗了吗？为了消除这个怀疑，他想要证明不骗人的上帝存在。如果按记忆解释所建议的，不骗人的上帝仅仅是用来保证关于之前的清楚分明的观念的记忆是可靠的，那么这个质疑就直接被无视了。笛卡尔并未假设所有基于当下清楚分明的观念的判断总是（有上帝或者无上帝）正确的，他也未假设只有针对那些基于之前的清楚分明的观念的判断，才存在怀疑。这仿佛是一个相对无害的假设。毋宁说，他怀疑的是，所有基于当下清楚分明的观念的判断是否是真的。

---

12 《哲学原理》第一部分，第 44 条（AT VIII-1, 21）。不骗人的上帝之存在已经在之前被证明了，也就是在《哲学原理》第一部分，第 14—23 条（AT VIII-1, 10-14）中。

13 参第四沉思（AT VII, 54-55）。

14 当然他强调（AT VII, 36），这个怀疑主义问题仅基于一个弱前提并由此涉及的是"形而上学上的怀疑"。但是它原则上还是一个怀疑主义的问题。

由此，记忆解释被证明是不充分的，因为它未详细讨论上述提出的问题。它只澄清了为什么人们不应在记忆方面抱有怀疑。但是这种怀疑甚至不用讨论。在笛卡尔那里，更多的是涉及这个问题，即为什么人们在基于当下清楚分明的观念形成的判断方面，不应当再抱有怀疑。而他借助不骗人的上帝想要回答的正是这个问题。

现在我想考察第二种得到多次提议的解释，即所谓的"心理解释"（psychologische Interpretation）。[15]根据该解释，清楚分明的观念的独特之处在于它是不可动摇的（unshakable）且强制赞同的（assent compelling）。如果有人拥有这样的观念，那么他只能赞同它们并且认为基于这些观念形成的判断是真的。但是一旦出现了怀疑，那么这些观念也就失去了心理上的不可动摇的状态。这个状态只能通过排除怀疑的方式再次生成。上帝的存在证明提供的正是这一方式。因为对不骗人的上帝之存在的认识驱散了每个针对清楚分明的观念的怀疑，并且使得它们重新不可撼动。

在我看来，这个解释并未解决怀疑论证，反而否认了整个问题。因为循环论证是这么产生的：为了确保所有基于清楚分明的观念作出的判断都是真的，人们通过一个清楚分明的观念寻求上帝的援助。但心理解释并不讨论真理，而只关注观念的心理特性，即它们的不可动摇性。

对此可以立即反驳说该解释完全没涉及上文提出的问题。笛卡尔在第三沉思开头提出的问题涉及的是清楚分明的观念的真理，而不仅仅是其心理特性。当他考虑他是否甚至在清楚分明的观念那里也被骗人的上帝所欺骗时，他考虑的正是这种可能性——清楚分明的观念也

---

15 参Loeb 1992，他明确使用了这个标签（第201页）并且和鲁宾及拉莫尔持有相同解释（Rubin 1977; Larmore 1984）。

第 19 节 真理原则的后果：循环论证问题

许完全是假的，他也会因此犯错。但他未考虑这种可能性：清楚分明的观念也许失去了一种心理特性，即不可动摇性。如下表述可以表明这一点：

> 但每当我有了关于上帝的至高无上的能力这个先入之见时，我就必须承认只要上帝乐意，他就能轻易地使我犯错，甚至在那些我认为我用心灵的眼睛观察得完全明见的东西那里。[16]

这里的关键问题是究竟如何避免错误，而非如何再次生成观念的心理不可动摇性。

即便如此，持心理解释观点的人还是给出了许多文本，而这些文本据称证明了笛卡尔的目标主要在于获得一种不可动摇的和稳定信念的状态。[17]最重要的证据来自第二答辩：

> 特别是：一旦我们认为我们准确地觉知到了什么东西，我们就自发地相信这是真的。但是，当这个信念如此牢固，以至于我们不再有理由怀疑我们何以如此相信它时，就不再有什么我们还能够找寻的东西了。如此，我们便拥有了一切人们以理性的方式所能够希望的东西。[18]

这段引文证明了不可动摇的状态是需要首先争取的东西吗？在我看

16　第三沉思（AT VII, 36）。
17　Loeb 1992, 202:"笛卡尔将不可动摇性或者牢固性视作信念的目标——我们的信念应当争取的目标。"也请参看 Loeb 1990, 6; Larmore 1984, 70-71。
18　第二答辩（AT VII, 144-145）。洛布引用了这个文本证据并给出了其他证据（Loeb 1992, 203）。

来，事情并不是这样。笛卡尔明确说过，一旦我们认为我们正确地觉知到了某个东西，我们就能获得稳定的信念。他的主要目标在于获得正确的觉知。正如我在第 18 节中借助蜂蜡例子所阐明的，我们通过一种检验方法来获得这样的觉知。我们必须一直向自己发问："通过我的觉知我把握到了具有全部本质属性的对象了吗，也就是没有它们对象完全不能被把握的本质？或者说我只是这样把握了它，如其在一种偶然的感知状况下被给予我的那般？"只有当证明了我们仅通过那些对象独立于偶然感知状况所具有的属性来把握对象时，我们才能确定我们具有正确的觉知。一旦我们实现了这个目标，我们就不再因怀疑而犯错，同时也就有了稳定的信念和不可动摇的状态。因为正确的、不再被怀疑的觉知会导致一种特定的心理状态。但是关键的是，这种状态只是一种后果，它不是我们要争取的根本目标。这一点我想借助一个对比加以澄清：

假设有一位音乐家，每当他完美地弹奏完一个富有难度的乐章时，他总是进入一种彻底满足的状态。在演奏会之前，有人问他："进入一种彻底满足的状态是你的主要目标吗？"这位音乐家会回答说："现在，我的主要目标是完美地弹奏这个乐章。如果我做到了，那么我将企及一种完全满意的状态，这当然也是目标，即便只是间接的目标。"从这个视角出发，我们可以理解前面引用的笛卡尔的论述。一旦沉思者获得了无可怀疑的正确觉知时，他就到达了一种稳定的信念和不可动摇的状态。但这个心理状态不过是间接目的。他的主要目的在本质上是认识论的：通过正确觉知而来的无误性。

考虑到这个目标后，心理解释在我看来便是错误的，因为它未详细讨论真正的问题。在第三沉思中，笛卡尔并未寻求不骗人的上帝来保证清楚分明的观念的不可动摇性（即便这是一个间接目标），而是

第 19 节 真理原则的后果：循环论证问题

为了保证无误性。

在表明这两种解法尝试的不足后，我想给出自己对循环问题的解法。[19] 当然在此从一开始就需要注意那两个要点，它们已经在对记忆解释以及心理解释的讨论中被澄清了。(a) 第一个问题，即人们能否以不陷入循环的方式借助不骗人的上帝去保证那些基于当下的清楚分明的观念所形成的判断之为真。记忆的可靠性不作讨论。(b) 另外一个问题是，人们能否以不陷入循环的方式借助不骗人的上帝，以保证所有这类判断为真。这些判断或判断由以形成的那些观念的心理特性，同样不作讨论。

我想先进一步考察笛卡尔在第三沉思的开头所给出的设问：

> 我确定我是一个思维之物。难道我不也知道那些使得我确定某个东西的必要条件吗？在第一个思想中存在的不外乎是对我所主张的东西的清楚分明的觉知。如果是为了在事物真理方面授予我确定性的话，这当然是不够的，因为也可能是下述情况，即我清楚分明地觉知到的东西是假的。由此我想，我已经能够提出一个普遍原则：所有我清楚分明地觉知到的东西都是真的。[20]

显然，对于笛卡尔，出发点是一个完全确定的清楚分明的观念，即那个关于作为思维之物的自身的观念。从这个我思-确定性出发，他进入到这个问题，即他能否具有关于其他事物的确定性。倘若这是可能的，那么只能是借助清楚分明的观念；因为在怀疑论证之后，其他手段(比如感知图像或者想象图像)已被证明是不可靠的。然而清楚分

---

19 我的解法部分地借鉴了肯尼和凡·克利夫(Kenny 1970; Van Cleve 1979)。
20 第三沉思(AT VII, 35)。

明的观念的不可怀疑性到目前为止只是在关于自我的观念那里被表明，但不是对所有其他事物的观念都如此。因而就有一个问题：清楚分明的观念的原则能够直接应用在其他事物上吗？抑或人们还需要特殊的担保？因为在自我那里——无论骗人的上帝存在与否——都不再有怀疑了。[21]而在其他事物那里还是可以怀疑的。这些事物究竟是否存在，这是完全不确定的。第二沉思仅仅表明，这些事物如果是质料事物的话，就必须具有广延这个本质属性。但是此外没有什么被表明。

因而，问题就在于人们如何能够从主张

（i）基于一个特定的清楚分明的观念而作出的一个特定判断，它是真的且不可怀疑的

过渡到主张

（ii）我基于清楚分明的观念所作出的所有判断，都是真的且不可怀疑的。

正是为了确保这个过渡，我们才需要一个担保。在笛卡尔寻求不骗人的上帝的帮助时，他正是想尝试给出这个担保。

现在关键的问题是：通过这种方式，笛卡尔在未陷入循环论证的情况下是否成功地提供了担保？我认为他成功了，因为他先从基于清楚分明的观念的个别判断出发，而这些观念免于怀疑。他的论证可以

21　因而克默林反驳说，在第三沉思的开头，自我的存在也是可怀疑的（Kemmerling 1996, 89-90）。因为根据笛卡尔的假设，上帝能够在所有事情上欺骗我，"甚至在那些我认为我用心灵之眼看得最为明见的事情上"（AT VII, 36）。既然笛卡尔明确提到了最为明见的事情，那么他也将自我算在内了。克默林敏锐地探讨和回驳的这项反对意见（ibid. 100-106），在我看来并不一定能从文本中得出。心灵最为明见地考察的那些事情，主要可以理解为几何和算数的事态，比如2+3=5。笛卡尔在上述引文中引用的正是这个例子。对上帝在我最为明见的事情上都可能欺骗了我这个可能性的提法，在我看来强调的是这些观点：由于他的全能上帝不是仅仅能在经验的知识（它们或多或少是明见的）上欺骗我，上帝也就能在非经验的知识（它们是最为明见的）上欺骗我。

第 19 节 真理原则的后果：循环论证问题

通过五个步骤加以总结：[22]

(1) 我确信一个特定的、基于某个清楚分明的观念所作出的判断("我是一个思维之物")，是真的且不受怀疑的。

(2) 我确信基于清楚分明的观念所作出的另一个判断("上帝存在")，是真的且不受怀疑的。

(3) 我确信基于清楚分明的观念所作出的第三个判断("上帝不是骗人的且赋予了人们以可靠的觉知能力")，是真的且不受怀疑的。

(4) 我确信基于清楚分明观念所作出的第四个判断("清楚分明的观念由觉知能力而不是其他能力所形成")，是真的且不受怀疑的。

(5) 我确信，基于(3)和(4)，所有基于清楚分明的观念所作出的判断，是真的且不受怀疑的。

这里的关键在于并非——如在循环的指责中所假设的——从一开始就假定所有基于清楚分明的观念所作出的判断都是真的。笛卡尔分步骤地从个别的真的、不受怀疑的判断出发，并由此实现了对所有判断的真理担保。在其与布尔曼的对话中他明确表示，个别的判断是真的或者不受怀疑的，只要人们仅指向它们：

> 他[沉思者]知道他没有在它们那里[在这些判断中]被欺骗，因为他专注于它们；只要他如此行事，他就确信他没被欺骗，他还会被迫去赞同它们。[23]

---

22 关于各个步骤在文本上的证据：(1) 参 AT VII, 35；(2) 参 AT VII, 45；(3) 参 AT VII, 53；(4) 参 AT VII, 56；(5) 参 AT VII, 62。

23 AT V, 148.

笛卡尔在这里提及的那些个别的判断，乃是关于上帝的存在和属性的判断，也就是我列表中的判断(2)和(3)。这些判断被排除出了怀疑，并且沉思者必须因此赞同它们，只要他作出了这些判断。[24]正是这些个别的判断构成了一个基础，使得沉思者获得了如下担保：所有基于清楚分明的观念所作出的判断都是不受怀疑的。

如果这样来重构笛卡尔的论证策略，笛卡尔的两个总是引发争议的说法就可以理解了。第一个说法出现在《沉思集》的内容提要中，在那里笛卡尔说，只有在第四沉思中才能证明所有我们清楚分明觉知到的东西是真的。[25]这个说法怎么与他在第三沉思开头引入真理原则这个事实相符呢？他没有因此而自相矛盾吗？[26]

如果我们准确地观察各个论证步骤的话，便可知道他没有自相矛盾。在第三沉思的开头，沉思者只能确定他清楚分明地觉知到的某物为真，即"我是一个思维之物"这个判断。[27]只有在第四沉思中证明了不骗人的上帝存在(而他赋予了人们可靠的觉知)之后，沉思者才能确定所有他清楚分明地觉知到的东西都是真的。因而，笛卡尔在内容提要那里断言说只在第四沉思中才引入了真理原则，这是合理的。

---

[24] 当然他不是由于心理上的强迫而必须赞同这些判断，而是因为它们是基于具有认识论特征的观念形成的判断而必须赞同它们。根据笛卡尔，关于上帝观念如此清楚和分明，以至于沉思者马上就洞见到它表征了具有必然存在的本质。因而他随即赞同了关于上帝存在及其特性的判断(参《哲学原理》第一部分，第14条；AT VIII-1, 10)。笛卡尔的这一观点是否正确，当然是个极富争议的问题。但是这里关键的只是笛卡尔的论证策略：沉思者是出于特定的洞见，而不是简单地由于心理上的受迫而赞同关于上帝的判断。

[25] AT VII, 15.

[26] 克雷斯特别地强调了这一点(Cress 1994)。

[27] 乍看之下，似乎还有第二个判断是确定的，即"质料对象具有广延"；在第二沉思中这也是被证明了的。但是笛卡尔在第三沉思的开头再次退回到了(在第二沉思结尾时所到达的)无怀疑之前的状态并质疑了关于本质属性的判断，甚至质疑了数学判断。参第三沉思(AT VII, 35-36)。

第二个争议性的说法在第二答辩中。关于清楚分明地觉知到某物的无神论者究竟能否确信他认识到了真实的东西这一问题，笛卡尔回答道：

> 但无神论者能够清楚地思考（cognoscere）三角形的三个内角之和等于两直角，这我并不否认，但我只是认为他的思想（cognitionem）并不是真的知识（scientiam），因为能被怀疑的思想（cognitio）不应被称为知识（scientia）。[28]

无神论者能够考察这个或那个具体的三角形并且确定三内角之和等于两直角。由此他获得了知识，但是只是在较弱的意义上：他确定了在一个具体的例子中情况如何。[29]甚至，通过向自己提问，他能完成对清楚分明的觉知的检验过程："在这个三角形那里我把握到的只是三角形的本质吗？"但是在严格意义上他没有知识，因为他不知道对于所有三角形（也包括那些未被考察的三角形）来说，三个内角之和等于两直角都是有效的。只有当他知道了不骗人的上帝存在时，他才能确定其有效性。因为只有那时他才获得了保证，即每个清楚分明的观念——无论它是否从具体的例子出发——都是不受怀疑的，也只有在那时他才能确定他对所有三角形的判断是正确的。[30]

在本节中我尝试通过对论证结构的进一步观察，证明笛卡尔并没有如其乍看之下那般陷入循环论证。当然这不意味着他的论证就因此

28　第二答辩（AT VII, 141）。
29　因而在英语译本（ed. Cottingham/Stoothoff/Murdoch 1984, 101）中"cognoscere"（认识）也只被译为了"to be aware"（而不是"to know"），这个翻译很好地将"erkennen"的弱意义表达了出来。
30　因而费尔德曼合理地区分了"实践知识"（无神论的几何学家所能具有的）以及"形而上学知识"（无神论的几何学家所不能具有的）（Feldman 1975, 39）。

是完全令人信服的。最后我想指出一个问题,它与整个论证的基础有关。

笛卡尔认为,每个人都可以借助清楚分明的观念作出判断说不骗人的上帝存在。从清楚分明的观念角度来看,这个判断似乎免于普遍怀疑。因为倘若所有清楚分明的观念是绝对可被怀疑的,那么每个认识的基础也就不存在了。并且基础观念也不存在,由它们出发人们可以证明上帝和知识担保者的存在。为了避免这个后果,笛卡尔承认至少清楚分明的观念,也就是对于"上帝存在"这个判断来说必要的观念,应免于怀疑,如果清楚分明的观念在第二沉思中作为具有如下规定的观念被引入:借助这些观念我们把握了什么是本质性地属于对象且没了它们对象就完全不能被把握的东西。但是如果人们考察观念理论的上帝存在证明,就会发现笛卡尔作了不少预设,而它们远远超越了这个规定。他认为借助于清楚分明的观念我们把握了(i)观念的原因必须至少包含和观念中的客观实在性一样多的形式实在性,(ii)上帝的观念具有最高等级的客观实在性,(iii)这个最高等级客观实在性的原因不可能存在于思考着的我之中。似乎有一系列的形而上学的和认识论的原则被清楚分明地把握了,或者——正如笛卡尔比喻性地说的——"通过自然之光可知"。[31] 只是因为所有这些原则被清楚分明地把握到了,上帝的存在以及由此而来的认识担保者的存在才能被表明。

在我看来,这里有问题的不仅是笛卡尔并未证明,为什么这些原则被清楚分明地把握到了以及为什么它们是显然的。众所周知,许多解读者对这些原则进行了争论。在我看来,问题主要在于笛卡尔在未

---

31 参第三沉思(AT VII, 40),在这里笛卡尔鉴于原则(i)说,它是通过自然之光而获知的。

经论证的情况下扩展了对清楚分明的观念的规定。在第二沉思中，这些观念还是作相对狭隘的理解，也就是说，它们被理解为那些必须符合之前提到的本质主义原则的观念：只有当人们通过观念把握到了本质性地属于对象的东西时，它们才是清楚分明的。然而在第三沉思中，当形而上学的和认识论的原则突然被当作清楚分明地被把握的东西引入时，清楚分明的观念必须满足哪些原则就不再清楚了。因为关于"观念的原因必须至少包含和观念中的客观实在性一样多的形式实在性"这个原则的观念应当如何满足本质主义原则呢？[32]因而在我看来，基本问题乃是：笛卡尔从一个狭隘的对清楚分明的观念的规定走向了一个宽泛的、未加论证的规定，而由这个宽泛的规定出发，他认为上帝被清楚分明地把握了。但是只要这个宽泛的规定未经论证，整个上帝存在证明就是跛脚的。因而如下观点也是跛脚的：我们的清楚分明的观念为真，以及不可怀疑的担保者存在。

---

32 在心理解释框架下，人们或许可以反驳说这个观念并不能满足本质主义原则，但可以满足心理上的不可动摇原则：一旦某人把握了这个原则，那么他必须赞同它，因为他是通过强制同意的特殊观念来把握这一原则的。但是这个解释有两个后果。第一，人们必须区分两种清楚分明的观念，即(i)那些用于把握本质属性的观念，以及(ii)那些具有"强制赞同"特点的观念。为了区分这两种清楚分明的观念，人们必须给出准确的原则。但是第二，在我看来这是更为严重的问题，人们必须论证为什么从强制赞同的观念出发可以实现一种有效的上帝存在证明。为什么一项前提(比如"在一个观念的原因之中的形式实在性必须跟观念中的客观实在性至少一样多")，单单因为它是通过具有特定心理属性(即"强制赞同")的观念被把握到的，就会是真的？

第20节　结论与批判性评论

本研究第一部分所讨论的观点，即观念乃是心灵借以指向对象和认识对象的东西（而不是它所主要认识的东西），引发了究竟应如何理解认识对象的问题。它主要提出了究竟应如何理解正确的认识这个问题。为了使人们能够声称他们有的不只是关于对象的任意观点而且还是正确的知识，从笛卡尔的角度看必须要满足哪些条件？本研究的第三部分致力于解答这个问题。对此已经澄清了三个要点：

首先已经表明了笛卡尔在其判断理论框架内回答了关于正确知识的问题。当人们对某个对象作出真判断时，他就有了关于该对象的正确知识。这样的判断仅在此条件下才成立，即意志唯独赞同那些被观念如其实际所是般呈现的东西。其次已经澄清的是，笛卡尔是在符合论真理（而非明见性真理或融贯论真理）的框架下对真判断进行规定：仅当判断与对象或者对象的如此存在相符时判断才为真。最后，我们也表明了，笛卡尔提出了一种非心理性真理原则：通过重视每个判断所依据的观念，我们能够区分真判断和假判断（这也总是意味着，正确的知识和错误的知识）。只有依据清楚分明的观念而作出的判断，才是那种我们可以确定地知道其为真的判断。因为只有这些观念才呈现了具有此种属性的对象，即该对象现实地具有且缺少它们该对象就无法被把握的属性。

如果考察笛卡尔对这三个要点的阐述，人们必须批判地说，虽然他详细讨论了真理原则，但是对根本性的真理之理解却仅仅是略着笔墨。他只是附带地研究了这个问题，即一个真判断具有何种结构，他甚至完全排除了真理概念的问题——不考虑写给梅森的信，正如第

16节所表明的。关于真理概念，他深入地讨论了这个问题，即真判断如何能够和假判断区分开以及如何能够避免假的判断。他给第四沉思拟定的"关于真的和假的事物"这个标题，似乎完全名不副实。因为在这个沉思中他未讨论真的和假的事物，而是主要讨论了错误，更准确来说：错误如何产生以及它如何能够被避免的问题。笛卡尔解决这个问题的方式并不是在一种精致的真理论背景下去解释错误。他更多的是从分析观念和意志动作入手，并捍卫错误只有在意志仅赞同清楚分明的观念时才能被避免这一观点。[1]错误以及真理或者谬误究竟是什么，在此已经作为一种众所周知的事实被预设了。

在这个方法程序中哈金看到了一个现象，他称之为"真理的蒸发"（evaporation of truth）。[2]关于真理究竟是什么以及真理概念应如何被论证的问题，相比起这个问题来说几乎完全不重要，即清楚分明的观念如何能与其他观念区分以及如何借助这些观念无误地认识某物。夸张地说：为了认识问题的缘故，真理问题蒸发了。

当然有个问题，也就是我们应如何评价"蒸发"。难道它必须像哈金说的那样被视为困境的标志或者甚至17世纪哲学的危机吗？[3]我认为对此问题的回答与对真理理论的诉求相关。如果人们期待的是这样一种理论的话，即能够分离真理问题和认识问题，并且由此能够不依赖于"依据何种标准可以确定某物是否为真？"这一问题来提出"什么是真理？"这一问题，那么笛卡尔的方案看起来确实是陷入了困境。因为它的独特之处在于这两个问题的紧密关联。但是我认为笛

---

[1] 因而在内容提要中给出的简要描述，比起标题，与内容更匹配。因为在内容提要中，笛卡尔宣告了在第四沉思中将证明所有我们清楚分明地认识到的东西都是真的（AT VII, 15）。这里不涉及对真和假的规定，而是关于对真理原则的规定。

[2] Hacking 1973, 13："我将真理的蒸发称为17世纪早期中的困境，或者甚至危机。"

[3] 参本节脚注2。

卡尔理论的主要观点正是在此，并且在此我们必须看到该理论的一种创新力，而非困境。至少有三个根据促使笛卡尔放弃对真理问题和认识问题的分离处理。

第一个根据在于对传统形而上学的拒绝，此种形而上学在经院学者那里构成了分离真理问题和认识问题的起点。正如第 16 节所表明的，托马斯·阿奎那及其追随者把"什么是真理？"这一设问作为对那些内在规定的追问，它们使得每个存在者成为真实之物。为了回答这个根本性问题，它们依据如下形而上学原则——每个自在的存在者指向认知着的理智。他们认为，由此，每个存在者基于该指向总是某种真的东西。

如果真理问题以此种方式提出的话，那么它能够并且必须与认识问题分开来解决。因为追问存在者的内在规定并把对理智的指向（Hinordnung auf den Intellekt）标明为某种超越之物（etwas Transzendentales）（即某种超越了所有存在者范畴分类的东西），这是一回事。[4] 而详细考察存在者与认知着的理智之间的关系并追问，依据何种标准在一种具体情况中才能断定认知着的理智是否如其所是地把握了存在者，这完全是另一回事。但是笛卡尔拒绝了在此意义上对这两个问题进行分离，因为他把对存在者内在规定的追问视为错误的追问。追问什么是存在者"自在地"所是以及哪些规定"自在地"属于它，这是无意义的。存在者只会在特定的认知状况中被给予我们。因而我们也只能在这些状况中研究它，并且只有在此种状况中我们才能提出有意义的真理问题。因而开端问题是：为了如其现实所是那般认识一个

---

[4] 阿尔岑（Aertsen）证明，阿奎那的真理问题必须在形而上学的超越理论框架下考察。阿奎那通过从形而上学——而不是认识论——问题出发引入了超越性（真理），即这一问题：存在者自在地具有何种规定或"存在方式"（Seinsweisen）。

具体的被给予者，我必须以何种方式认识它？这也总是意味着：我必须以何种方式认识某个具体的被给予者，好使得我认识某种真实的东西？对于笛卡尔来说，只有当真理问题以这种方式提出时，指向认知着的理智这一说法才是根本上有意义的。

第二个拒绝分离真理问题和认识问题的根据在于符合论真理概念的本质。正如第 16 节中对给梅森的信的分析所表明的，对于笛卡尔而言，这个概念如此清楚和易于理解，以至于无须加以特别讨论。"什么是真理？"这个问题如此简单，以至于它能被简要地回答："思想与对象的一致。"只有当这个答案应用于具体的情况且被精确化之时，它才有吸引力并且是值得讨论的。因为，只有当谈论的是特定的一致性时，对一致性的讨论才是有意义的。因而对于一致性关系的分析必须专注于具体的情况，比如太阳是大的，上帝是完满的之类的判断。只有从这些具体情况的角度出发，对一致性关系进行解释才在根本上有意义。此类解释必须主要专注于两点：

（a）具体判断和对象（或者对象的如此这般存在）之间的一致性关系一般是何以实现的？要回答这个问题，我们必须进一步考察判断的各个组成成分。笛卡尔完成的正是这项工作：他分析了判断的两个组成成分——观念及赞同或否认的动作，且首要致力于回答这个问题，即在具体的情况中，观念必须具有何种特性，以使得一致性关系得以成立。

（b）在具体情况下是否存在一致性关系，这如何能够确定？通过引入观念的清楚分明原则，笛卡尔也详细地探讨了这个问题。

对于这两点的关注必然会导致将真理问题捆绑在认识问题上。而且它尤其导致了人们总是重视对真理原则的追问。因为，只有当在具体情况中也有一个原则能够使用时（借助这一原则能够确定是否确实

存在一致性关系),我们去讨论一致性才是有意义的。⁵

最后,第三个拒绝分离真理问题和认识问题的根据是《沉思集》的论证轨迹。众所周知,虽然沉思者坚信他有许多表征,但他出于怀疑论证的缘故不能确定这些表征是否都与外部世界中的某物相应,以及表征是否如此与该物相应,即正如某物在表征中被给予那般。因而沉思者从一开始便专注于这个问题,即如何解释表征与外部世界的关系:我如何能够确定我的表征确实是正确的表征?依据何种原则我能够对此加以检验?如果起始问题是这样的话,认识问题当然从一开始就是核心问题。"普遍地来看,什么是真理?"这个问题不是关键的,关键的是"我如何能够判定,我的表征是正确的或者真的表征?"这个问题。笛卡尔对此问题的回答是明确的。在第四沉思的结尾他认为:

> 今天我不仅懂得了我必须谨慎对待的东西,以使得我不再被欺骗,而且,我还懂得了为了获得真理我必须做的事。当我仅仅充分关注那些我透彻理解的东西并将它们与那些只是混乱和模糊地被我把握的东西区分开时,我就一定能获得真理。⁶

通过只保留清楚分明的观念(即那些"透彻理解"的东西)并排除混乱和模糊的观念,沉思者能够区分正确的和错误的表征。通过这种方式他成功地获得了真理;因为获得真理不过是获得正确的表征。倘若要在《沉思集》的框架内区分真理问题和认识问题,这全然是无意义

---

5 在这一点上,笛卡尔的路径和后来康德所选的路径(参 *Kritik der reinen Vernunft*, A 58—59/B 82—83)一致:真理问题必须首要地被作为对真理原则的追问而提出。

6 第四沉思(AT VII, 62)。

的。沉思者想要通过对表征的分析直接回答这个问题,即他如何能够获得真理。

鉴于这三个原因,在我看来,像哈金那样去谈论一种真理问题的困境或者危机是不合适的。在其与经院传统的划界中,笛卡尔想要澄清的是,真理问题无法独立于认识问题被有意义地提出。就此而言,这里不存在"真理的蒸发",毋宁说是真理争论中的一种新的方法路径:真理问题不是在孤立的形而上学理论框架下被提出的,而是只能并且必须在认识论框架下被提出。

在这个方法路径中仍然有一个核心问题,即真理被规定为思想和对象的一致(conformité)。正如第 16 节所澄清的,笛卡尔从经院传统那里(主要是从那个可以追溯到阿奎那的传统)接受了这个规定,但他没有由此全盘接受该传统的所有观点。他反对阿奎那的观点——认知者通过接受被认识物的形式与被认识物趋同而实现一致性。"一致性"对于笛卡尔而言不能在"趋同"(assimilatio)的意义上被理解。但是应该怎样来理解这个表达呢?就我所知,笛卡尔并未明确回答这个问题,他也因此招致了如下批评,即最迟从弗雷格开始的针对符合论真理观所提出的批评:[7]关于符合或者一致的说法只有在确定一致性的定义时才变得清楚。一致性肯定不能从字面意义上理解;因为判断不能以如下方式与对象一致,就像两张叠在一起的 20 马克钞票互相一致那样。但是该如何理解一致性呢?只要这个问题未得到澄清,那么整个符合论都是不清楚的。

至少有三种策略可以用来回答这个问题:

(1)人们可以在摹写关系的意义上理解一致性。判断与对象或者

7　参 Frege 1918-1919, 60。

对象的如此存在一致，因为判断只是与心外对象相似的心灵图像（mentales Bild）。这样一来"桌子是四边形的"就与四边形的桌子一致，因为判断只是四边形桌子的心灵再现（mentale Reproduktion）。但这肯定不是笛卡尔的观点，因为他坚决反对在心灵中存在字面意义上的图像这种观点。在心灵中仅存在具有内容的动作。

（2）一致性也可以在同构关系（Isomorphierelation）的意义上理解。在心灵中虽然不存在严格意义上的图像，但是仍然有具有特定结构的复杂存在物。每个结构元素都能准确地指派给心外对象或者事态的元素。比如"桌子是四边形的"这个判断乃是一个复杂存在物，且由两种结构元素构成。桌子这个实体可以准确指派给第一个元素，而四边形这个属性可以指派给第二个元素。在此关键的仅是这个一对一的指派，而非一种介于心灵和心外的结构元素之间的相似。

但是这个解释同样也和笛卡尔的观点不相符，[8]尽管他认为每个判断都具有二元结构，正如第 17 节所表明的。比如，"桌子是四边形的"这个判断由命题模式和一个呈现四边形桌子的观念构成。然而它们只是内在于心灵的两个结构元素，它们每个都能归派给心灵的一种能力——意志与理智。但是在心灵的和心外的结构元素之间不存在从属关系。笛卡尔并未将呈现四边形桌子的观念描述为一个能被分解为两个元素的复杂存在物。与洛克完全相反，他并未区分简单观念和复合观念。[9]他甚至没有准确区分具有命题结构的和不具有命题结构的观念。由于缺乏对结构的准确描述，他也不能够谈论各个结构元素的

---

8 至少在心灵中的存在物方面，它并不与他的观点相符。而在"身体性观念"那里，即松果腺中的粒子状态，他则完全承认了同构论，如第 4 节所表明的。每个粒子状态都是一个复杂代码，并且代码的每个部分都与被感知到的属性相应。

9 参 Locke, *Essay concerning Human Understanding* II, 2&12（ed. Nidditch 1975, 119-121 & 163-166）。

从属关系。

（3）最后，一致性还可以理解为一种语义关系（semantische Relation）。进而，当一个表达判断的句子（或其部分表达）准确说明了这个对象而不是其他什么东西的时候，这个判断才与对象一致。这样一来，"桌子是四边形的"之所以与四边形的桌子一致，是因为句子中的主语表达和谓语表达恰好表明了这张桌子和四边形的属性。正如第6节中已提到的，许多晚期中世纪的学者选择了一致性的这个解释，由此他们也拒绝了阿奎那的趋同理论。[10]

然而笛卡尔并未沿袭这个解释。他没有阐述表达判断的句子的谓语结构，他也没有分析句子术语（Satztermini）的语义作用。之所以缺乏这种分析，其主要原因在于他几乎只专注于作为判断构成部分的观念，而语词或者句子只是被当作观念的偶然表达。

那么该如何理解一致性呢？针对这个核心问题，笛卡尔并没有给出清楚的答案，这是一个决定性的缺陷。当然他也能依据对清楚分明的观念的规定论证说：仅当判断以关于该对象的清楚分明的观念为基础时，判断与对象一致。这样的观念仅以那些本质属性来呈现对象，也就是对象必须具有的且没了它们对象就完全无法被把握的属性。[11] 也就是说"与对象一致"最终仅仅意味着"把对象与其本质属性一道来呈现，这些属性是对象必须具有的且没了它们对象就完全无法被把握"。但是单纯呈现对象如何构成一致性关系呢？

这里也许可以通过与胡塞尔充实理论（Theorie der Erfüllung）的比较来澄清。对于胡塞尔而言，关键在于人们必须区分意指着的动作和

---

10 韦内图斯在其大纲性质的 *Tractatus de veritate et falsitate propositionis*（ed. F. del Punta 1978, 4ff.）一书中给出了关于语义解释的详细描述。这个教材直到近代早期还一直被采用。

11 关于本质性原则，参第18节。

这些动作的充实(它们总是伴随着一种充实意识)。比如,为了朝向四边形的桌子,我可以完成一个意指着的动作。它可以是幻想、想象、回忆等动作。对于单纯的意指而言,桌子的实存还有我的感知都不是必需的,关键的只有桌子"被意指了"(bedeutet)。但当我直接看到这张桌子时,我的意指着的动作通过看的直观化动作被充实了。

> 这种事情一旦发生,我们便体验到一个在描述上极具特色的充实意识:纯粹意指的行为以一种瞄向意向的方式在直观化的行为中得到充实。[12]

正是在这种情况下,即意指着的动作通过直观化动作被充实了,我才能够作出真的判断。我对四边形桌子的意向——比喻来说——不再瞄向虚空,而是在被感知到的存在着的桌子中发现了一个基础。因而我有理由判断说"桌子是四边形的"。如果现在被问及判断是否与某物一致,我们可以这么回答:当意指动作不瞄向虚空,而是在直观化动作收获一种充实时,一致性就存在了。而要使得直观化动作得以可能,当然必须要有一张可被感知的、实际存在的桌子。因而关键的不是这个问题,即判断是否摹写了某个东西或者它能被指派给某个结构元素。毋宁说,重要的是这个问题,即判断所基于的意指动作是否被充实了。

沿着这个路径,我们可以进一步规定笛卡尔关于一致性的说法。对于笛卡尔而言,观念也不过是具有内容的意向动作,对他来说这些

---

12 Husserl, *Sechste Logische Untersuchung*, §8 (Husserliana XIX/2, 566).
中译文摘自埃德蒙德·胡塞尔:《逻辑研究》第二卷第二部分,倪梁康译,商务印书馆 2015 年版,第 910 页。——译者注

动作也是判断的本质组成部分。当被问及判断究竟如何能与对象一致时，可以回答说：当意指着和呈现着对象的观念不瞄向虚空，而是得到充实时，一致性就存在了。仅当观念只以那些没了它们对象就完全无法被把握的本质属性来呈现对象时，这样的充实才存在。当然，对于笛卡尔而言，并不需要感知的直观化动作。第二沉思中的蜂蜡例子澄清了人们要与感知保持距离并且必须借助"心灵的洞见"（inspectio mentis）。然而依然有一种充实是通过直观化动作来实现的。当有人在心灵的洞见中把对象与其本质属性一道把握住时，意指动作就通过这个直观动作的洞见充实了。一旦出现这样的充实，关于对象的判断就与对象自身一致。

如果我们在这个意义上理解笛卡尔的进路，那么我们也可以理解为什么他没有研究判断的各个结构元素，以及为什么他没有将复杂观念分解为简单元素，以使得之后可以将每个元素划归给心外对象中的元素。他并不致力于将一致性规定为两个相关项的从属。对他来说，更重要的是这个问题，即判断所依据的那些观念究竟必须具有何种属性。因为仅当观念不是空的意指动作而是被充实的动作时，判断才能为真。换句话说：关键的不是两个关系项的静态归属，而是关系的种类。要实现一致性，必须存在一种特定的关系——即由被充实的意指动作形成的关系——以使一致性得以实现。

309

总　结

第 21 节　直接认识实在论或表征主义？

在导论中，我以里德对笛卡尔观念论的批评开启了关于笛卡尔观念论的研究。根据里德，观念论乃是在其腹中隐藏了双重危险的特洛伊木马：唯我论（每个思考者只有通向观念的直接渠道并因此囿于自己的观念世界中）以及怀疑论（每个思考者只有关于在心灵中的观念的不可怀疑的知识，而不是关于心外世界的知识）。在结尾时，我想回到这个批评并且在已取得研究结论的启示下去讨论它。

里德对观念论的批评有着深远的影响，而这个批评建立在一种解读之上，也就是他在自己的著作中简要总结的：

> 近代的哲学家[……]已经认识到外部客体不可能成为我们思想的直接客体；在心灵自身中必须有着它们的图像，它们在这些图像中被看到，就如在镜子中那样。观念这个名字，从哲学意义上来说的话，被给予那些我们思想内部的和直接的客体。外部的事物乃是遥远的或者间接的对象；但是观念，或者心中的客体之图像，乃是直接客体，没有了它，我们就不能感知、回忆和设

想这些间接客体了。¹

在这个解读中，有两个观点非常关键。里德认为(i)只有观念，而不是心外事物，是心灵的直接客体，以及(ii)观念乃是心外事物的心灵图像。唯我论和怀疑论的指责主要依据这两种解释观点。因为只有当假设了心灵只有通向观念(其心灵客体)的直接渠道时，我们才能认为思考者囿于自己的观念世界中。另外，只有这样我们才能认为，对于仅由中介而来的外部对象，思考者是没有确定的知识的。

站在笛卡尔的立场，该如何看待这个一直延续到罗蒂的解读呢？²这两种诠释必须予以驳回。第一，笛卡尔没有说观念是心灵的直接客体(不考虑有人反思自己的观念这种情况)，更确切地说他认为，正如本研究第一部分的末尾已经澄清的，观念乃是中介(Mittel)，而借助它心灵能够通达外部事物。这个中介只能理解为意向动作，也就是那些指向外部对象且由此具有特定内容的动作。³对笛卡尔来说，"思考 x"总是意味着"将动作指向 x 并且 x 由此成了动作的内容"。

当然在笛卡尔那里已经排除了具有观念的思考者对"自在"之物的谈论，即如它们独立于心灵活动那般。观念论的核心要义在于表明，作出关于"自在"之物的判断以及从一种预先给定的形而上体

1　*Essays on the Intellectual Powers of Man* 1, ch. 1 (ed. Hamilton 1895, Nachdruck 1967b, Bd. 1, 226).

2　在上文的引文中，里德虽然并未明确地将其解释指向笛卡尔，但是我们从他的 *Inquiry into the Human Mind on the Principles of Common Sense* 可以明确得知，他将所谓的"近代哲学家们"的观念论理解为笛卡尔式的理论；在那里他说道："关于人类知性的笛卡尔系统，即我称为观念系统的东西，也是在后来的作者们改进之后被广为接受的东西，有着一些原生的缺陷；怀疑主义内嵌在其中并且一直被培育着……" (ed. Hamilton 1895, Nachdruck 1967a, Bd. 1, 103)

3　在此处和下文中我仅限于所谓的习得观念；因为当然只有这些(而非那些数学或者虚构的客体)将外部事物当作直接客体。

系对"自在"之物进行分类是多么的危险。⁴如果事物能够被普遍地评价和分类,那么事物只是作为心灵动作的对象。但这不意味着某种内在对象被插入到心灵和外部事物之间。这仅仅意味着事物必须如此被评价和分类,正如它们在每个心灵动作或观念中被给予那般。人们可以进一步强调：针对一些事物我们只能说,它们对于我们来说是怎样,而不是它们自在地是怎样。笛卡尔在给吉比厄夫的信中也指出了谈论自在之物的危险：

> 因为我确定,我只能通过在我之内的观念才能认识在我之外的东西,所以我谨防直接将我的判断直接指涉到事物上并且赋予它们一些肯定性的、之前未在它们的观念中感知到的东西。⁵

这里笛卡尔确实说的是外部对象只有作为被中介的(vermittelt)客体才能通达；在这一点上里德的解读是正确的。然而笛卡尔并没有如里德强加给他的那样去声称——思考者因此只能考察心灵的或者甚至"私人的"客体,他只能对外部的、被中介的事物进行单纯的猜测,而不能拥有关于它们的确定知识。毋宁说,笛卡尔强调的是思考者只

---

4 这也是笛卡尔对经院传统的批评中的核心要点。这个传统认为哲学研究必须通过两个阶段完成：首先,必须在一项形而上学研究中对事物的不同范畴以及不同存在方式加以分类；其次,必须在一项认识论研究中对不同的(通向事物的)认识通达方式加以分类。通过坚决反对"自在之物"能够普遍地被分类,笛卡尔批评了这个进路。只有在我们能够从认识论上通达它们的范围内,事物才能够被分类；也就是说,必须首先精准考察这个通达方式。这当然不意味着笛卡尔为了认识论的研究而直接放弃了形而上学研究。那个著名的将哲学比作一棵根部由形而上学构成的大树的比喻(参《哲学原理》法语译本的前言；AT IX-2, 14)表明,笛卡尔承认形而上学的基础地位。因而他也未排除形而上学研究,而是选择了一种新的路径：只有通过认识论研究才能推进形而上学的基本问题研究(比如对事物不同范畴的分类)。

5 1642 年 1 月 19 日给吉比厄夫的信(AT III, 474)。

有关于外部事物的知识，正如事物借助观念被给予那般，因此，思考者不应在未经批判检验的情况下将属性指派给自在的事物。

第二点：里德主张观念乃是关于外部事物的图像。正如已表明的那样，这个主张同样也是误导性的，至少当图像被理解为那些与被摹写之物相似的存在物时便是如此。笛卡尔多次强调谈论相似性是错误的，并且他明确反对经院主义的种相理论，也反对质料主义的图像论。这两种理论都从心灵与心外存在物的相似性关系出发。观念最多能被称作"仿佛是图像"；[6]因为正如图像具有意向性特征（因为它们总是关于某个东西的图像），观念也有意向性特征。

此外，观念乃是外部事物的心灵图像这个主张，因为它与笛卡尔的本体论矛盾，从而也是错误的。关于心灵之物的说法只与两种本体论承诺相关：这种说法要么关乎心灵实体，要么关乎实体的动作——所谓的样态。实体和样态处在一种寓居关系中。如果我们说某人拥有或者占据着心灵之物，这只意味着特定样态寓居于心灵实体之中。但是这不能意味着在样态一旁或者之外，心灵实体还有一个作为特殊存在物的心灵图像。[7]"我有关于马特洪峰的表征"只能表明"我（心灵实体）完成了一个动作（心灵样态），而它指向马特洪峰（物质实体）"。如果有人认定，人们拥有关于马特洪峰的心灵表征的方式，与人们能拥有关于马特洪峰的油画一样，那么此人在此就误解了——用维特根斯坦的话说——"拥有"这个词的语法。

当然对里德这一批评的答辩并没有清除所有困难。固执的批评者

---

6 关于详细信息，参第5节。
7 当然这也能意味着某人具有一幅想象图像或者一种视觉化。在第六沉思（AT VII, 72）中，笛卡尔强调了关于特定客体（比如三角形）的视觉化是可能的。但是因为想象能力（phantasia）乃是身体性能力，也就是需要仔细与心灵能力（intellectio）区分开的能力，那么所谓的想象图像也只是大脑状态的形构。

可以采取行动并展开如下论证：观念倘若不是内部客体或者图像，它也仍是心灵动作，它基于自身的意向性特征而呈现某物。而思考者在怀疑的情境中直接确认的只有这些动作的存在，而不是那些被呈现对象的存在。这样的立场难道不也会导致唯我论和怀疑主义吗？因为思考者如何能够在外部对象的存在无法确认的情况下去声称他拥有对外部对象的直接通达？难道思考者没有囿于自己的心灵动作中吗？

确实，在怀疑的情形中，思考者首先确定的只是他的动作。但关键点在于这只是起始的状况而已。基于关于自我动作的最低确定性，思考者能逐步构造起新的知识大厦。众所周知，这座大厦的两根支柱是自我存在的确定性和上帝存在的确定性。关键在于，这两个确定性可以仅凭对动作及其所呈现之物的检验获得。因为笛卡尔认为自我的存在和上帝的存在以不可怀疑的方式向思考者呈现。一旦思考者获得了关于上帝存在的确定性，那么他也具有了关于外部事物存在的担保。他通过如下三个步骤避免了唯我论和怀疑论：首先，他将自己限制在向他呈现某种东西的和绝对确定的动作上。其次，他确定了那些被呈现之物（我和上帝），它们的存在同样也是绝对确定的。最后，他依据这些被呈现之物中的一个（上帝）获得对外在事物存在的保证。由此他确信，这些动作向他呈现了实际存在的事物。

一目了然的是，只有当笛卡尔知识大厦的两根基柱不被怀疑时，这个策略才是有说服力的。但是一旦自我的存在以及——这很容易想到——上帝的存在被怀疑了，那么确实就出现了一个问题，即人们如何能够避免唯我论和怀疑论。因为，如果人们不具有这些事物存在的保证的话，人们如何能够认定意向动作指向外部事物？笛卡尔借助上帝存在证明驳回了这个质疑并且也一道反驳了怀疑主义的批评。但是如果有人怀疑上帝存在证明的说服力的话（众所周知，从17世纪开始许多评论者已经用有说服力的论证这么做了），那么怀疑论的攻击可以且必须被认真对待。

目前为止已经澄清了，对于笛卡尔而言，由于这两个知识支柱的存在，观念论如何能避免唯我论以及怀疑论就不构成问题。同样澄清了的是，观念肯定不是心灵客体。然而为什么里德（与他一道的还有一群近代评论者）给笛卡尔强加上了内在心灵客体的预设呢？这个预设的依据是什么？应如何解释其广泛的传播？[8]

在这里，单一原因的解释肯定是错误的。对某个作者或者作品的解读肯定不是仅仅受文本分析影响，而总是同样受到接受史的支配；在笛卡尔的《沉思集》（1641 年首次出版）和里德的《论人的理智能力》（1785 年出版）之间存在着一段漫长而影响深远的接受史。尽管如此，我认为在笛卡尔的观念论中可以找到一个关键点，而它构成了里德解释的起点：对意向动作之内容的规定。

正如第 7 节所澄清的，对观念或者意向动作的内容的追问具有歧义性。当问到"什么是我关于太阳的观念或者我对太阳的思考之内容？"时，笛卡尔的回答是：观念的内容类似于图画的内容，尽管在观念中当然不存在任何相似关系。如果我们将图画的内容理解为一种某物由以成为图像的东西，那么内容不过是对象，甚至通常是质料对象。比如，关于凯撒的图画的内容仅仅是凯撒这个历史人物。正是如此，关于太阳的观念的内容也不过是太阳这个发光的天体。但是如果有人将图画的内容理解为一种将图像就其自身而言凸显为特殊的图像并且将它区分于其他图像的东西，那么内容就只是画布上颜料的特殊结构。凯撒的图像之所以区别于西塞罗的图像，是因为油画色块的排

---

8 毫无疑问并不存在一般性的传播。在最近的研究中，尤其是美国的解读者已经指出了里德（和罗蒂）解释的缺陷。参 Yolton 1990; Nadler 1989, 7–13; Jolley 1990, 2。

列不同。如果有人对被描绘的人物根本不感兴趣而只是想要知道每幅油画具有何种特点以及它们如何相互区分，那么他会注意到这种类型的内容。如果我们在第二种意义上理解内容的话，那么太阳的观念的内容就是思维动作的特殊结构。思考太阳之所以区别于思考月亮，是因为在第一种情况下的思维动作具有和在第二种情况下的思维动作不一样的结构。

如果有人现在仅专注于他的观念的内容，内容就可以理解作这两种中的一种：要么他只专注于对象，也就是他的动作所指向的东西（亦即仅是指向对象的本质而无涉它的实存），要么他专注于他的动作的结构。当沉思者受制于极端怀疑时，他正是处在这种情况下。他不考虑外部对象的现实存在并追问自己：我的动作向我呈现了何种对象？我的动作的内在结构是什么？

内容要么可以理解为质料对象（仅在其本质中考察），要么可以理解为动作的特殊结构，但不可以理解为别的"内在客体"。正如已经强调过了的，在笛卡尔的本体论中，在心灵实体（沉思着的我）及其样态（动作）之外没有内在客体的空间。[9]但是这个本体论的节俭（Ökonomie）迫使笛卡尔作出了令人困惑的论述：具有客观存在的对象虽然不是特殊的对象，但也"不是什么都不是"。[10]当内容在第一种意义上被理解时，它当然不是什么都不是，而是质料之物，亦即如其在心灵动作中所呈现的那般；"具有客观存在"仅意味着"作为心灵动作的客体而存在"。如果内容在第二种意义上被理解，那么它同样也不是什么都不是，而是心灵样态。但是一旦放弃本体论的节俭原则

---

9 如我在第7节中所阐述的，确有对本质和存在加以区分的空间。但是这是对同一对象的两个面向之间的区分，而不是两个对象之间的区分。"把握 x 的本质"意味着"仅从其本质角度来把握 x"，但不是"把握 x 的内在复制品"。

10 参第三沉思（AT VII, 41）和第一答辩（AT VII, 103）。

且"不是什么都不是"这个说法在一种较强的意义上解读的话，就出现了第三者（tertium quid）：内在客体。此后就可以区分三种存在物：

(1) 质料对象：外部存在物
(2) 心灵样态：表征性存在物
(3) 具有客观存在的对象：外部存在物的内在表征物

在我看来，笛卡尔理论的精妙之处在于，它避免了本体论上的三重划分（由此避免了引入作为特殊存在物的"内在"或者"意向性"客体的问题），但从认识论视角来看它又接受了三重划分。根据笛卡尔，人们必须准确区分(a)质料对象，(b)观念，质料对象借助它才是可通达的，以及(c)质料对象，正如它借助观念成为心灵客体那般。(a)与(c)的区分不外乎一种已提到的自在的（an sich）的对象和为我们（für uns）的对象之间的区分。

里德的解读认为笛卡尔不仅采取了认识论上的三重划分，而且还接受了本体论上的三重划分。它假定对象于我们而言乃是内在客体。我认为这个假定不仅仅是偏颇的，它甚至还搞错了笛卡尔的一个主要观点：笛卡尔并不打算将意向动作的内容具象化（Reifizierung）。毋宁说，他想要表明的是，我们不应以朴素的方式认定自在的对象在每种情况下都与被给予我们的对象一致。因为根据感知状况的不同，我们将许多属性（主要是感觉属性）赋予了对象，而对象本身则完全不具有它们。因而我们必须批判性地检验，在独立于特定的感知状况下我们能够赋予对象什么东西，但我们不必区分出两种分明的对象。

但是如果我们考察17世纪的观念之道（way of ideas）的话，我们也就能理解里德强加给笛卡尔的此种对意向动作内容的具象化了。因为至少在两种情况中，我们的对象确实变成了一个分明的对象，心灵

第 21 节 直接认识实在论或表征主义？

只能直接通达它。

第一种情况，洛克的观念论。洛克在宣称观念代表了"任何在思考时成为知性客体的东西"时引入了"观念"这个术语。[11]在第一性质的观念上，他强调这些观念乃是在物体中实际存在的物质粒子的相似物（resemblances）。[12]在这个论述中存有里德式解读的两个元素：(i)心灵的客体是观念，而非外物，以及(ii)观念（或者至少是观念的部分种类）与外部事物中的某种东西处在相似关系中。当洛克把观念明确称为客体时，他似乎将一种特殊的内部对象的地位给予了它们，由此他也似乎恰好激起了那个里德所提出的指责。如果只有观念才是我们心灵动作的客体，我们如何能够获得通向外部世界事物的通道呢？我们如何能够声称，我们可以知晓超出我们内在图像的东西？

尽管洛克对观念的规定确实挑起了这些争议，但是洛克的规定不可以被理解为粗暴的表征主义规定。[13]因为洛克是在经验主义认识论背景下表述的他的定义，即坚持观念与外部对象之间的因果关系：我们之所以拥有观念，是因为我们和外部世界的事物有着联系并且这些事物在我们这里造成了特定的身体刺激和心灵观念。因而我们不只拥有通向观念的渠道。由于我们知道观念必须由外于心灵的某物所引起，我们也就可以通达作为原因的事物。洛克在下文中清楚地表明了这个论证意图：

---

11 *Essay* I, 1, § 8 (ed. Nidditch 1975, 47)："在开头，我必须请求读者的原谅，原谅他在之后的行文中将会发现的观念这个词的频繁使用。我想，这个术语是最能够代表人们思考时知性的客体了……"

12 *Essay* I, 1, § 15 (ed. Nidditch 1975, 137)："物体的第一性质的观念是这些性质的相似物，而且它们的原型确实在物体自身中……"

13 最近的研究有力地证明了这一点。尤其是约尔顿（Yolton）认为洛克的观念应被理解为觉知且只能在局限的意义上被理解作客体：它们只在心灵和外部对象之间进行中介，但并不是这两者之间的第三者。亦参 Mackie 1976, Kap. 2（他也指出了观念的中介特征）和 Ayers 1991, 44-69。

因为我们心中具有任何观念,都并不能证明那个事物存在,正如一张人像不能证明他在世界上实在存在似的[……]因此,我们注意到别的事物的存在,并且知道在那个时候外界确实存在着一种东西,引起我们那个观念来(虽然我们也许不知道或不思考它是怎样引起那个观念的),只是因为我们现实地接受了那些观念。[14]

尽管洛克认为唯有观念才是心灵的客体,他却并未陷入唯我论与怀疑论中。因为他明确认为对心外事物的观念的现实拥有给予了我们关于外部事物存在的知识。但是很显然,唯我论和怀疑论的危险依然存在,一旦因果性前提——洛克论证的关键前提——被质疑了的话。因为固执的怀疑者可以问:某人如何能够确定他的观念确实是由外于他的某物造成的,如果只有观念才是他的客体的话?为了获得关于因果关系的确定知识,他必须分别考察这两个关系项并且检验其关联。但这是不可能的,因为有一个关系项,即外部事物,对他来说是无法"自在地"被企及的。对他来说,不可通达的还包括两个关系项的关联。他只能断定他具有观念并猜测它们是如何实现的,但是不能获得关于因果关系的任何知识。

洛克并没有讨论这种可能的怀疑主义质疑。在其经验主义方案的框架下他认为观念的习得不外乎是通过经验——通过与外部事物的接触——来实现的。[15]然而,当洛克严肃地考虑这种怀疑论质疑时,他

---

14 *Essay* IV, xi, §§ 1—2 (ed. Nidditch 1975, 630).
中译文摘自约翰·洛克:《人类理解论》下册,关文运译,商务印书馆1959年版,第675—676 页。——译者注
15 这明显来自《人类理解论》(*Essay* I, i, §2[ed. Nidditch 1975, 104])开头中的方案宣告:"它[心灵]从哪里获得了所有理性和知识的材料呢?我用一个词回答,从经验中:我们所有的知识都建基于其中;所有的知识也最终源发于其中。"

在他的观念论架构允许范围之内如何去直面这项挑战，我们无法一探究竟。一旦观念成了内在客体，那么通向外部对象的渠道就只能通过一种不可怀疑的因果关系来保证。[16]

第二种情况，马勒伯朗士的观念论展示了对意向动作之内容的具象化。因为马勒伯朗士在动作和在动作中的东西或由动作被觉知的东西之间作出了明确的本体论区分。他认为：

> 当我们把握某种感觉可感物时，在我们的觉知中可以找到感知（sentiment）和纯粹观念。感知乃是心灵的样态；上帝则是在我们中引起它的原因[……]。与感知所联结的观念在上帝之中。而我们看见它们，则是因为上帝乐意把它们启示给我们。当客体当下存在时，上帝将感知和观念联结起来，以至于我们相信它们当下存在并且相信我们形成了感知和感觉（它们是我们处在与客体的关系中时必须具有的）。[17]

与笛卡尔完全相反，马勒伯朗士彻底地分离了心灵中的观念和感知的动作。他明确区分了三种存在物：（a）质料对象；（b）感知动作；（c）观念，它位于上帝中且只有通过上帝的行动才与动作相关。如果有人具有一个观念，那么他把握到的是一个在上帝中的特殊存在物。这种纯心灵性的把握伴随着感知的动作，但却不由这一感知动作组成。观念如何能够被把握以及上帝行动在此过程中扮演了何种角色，是一个

16　与笛卡尔相反，洛克完全无法通过上帝观念来保证外部事物的存在以及因果关系的存在。在洛克看来，上帝观念只是通过抽象获得的并且预设了其他外部可感对象的简单观念；请参见 *Essay* I, iv, § 13 (ed. Nidditch 1975, 92)。但如果因果关系在简单观念那里已经被怀疑了的话，那么因果关系在从这些简单观念中抽象出来的观念那里就更被怀疑了。

17　*Recherche de la vérité* III, ii, ch. 6 (*Oeuvres complètes* Bd. 1, 445).

复杂的问题，而马勒伯朗士借助偶因论的因果理论回答了它：质料对象的在场给出了一个时机（occasio），在其中上帝将心灵的把握和观念联结起来并由此向这个把握投送了客体。但是，质料对象自身并不是心灵把握的直接对象。

眼下关键的只是一般性的论证策略。马勒伯朗士将观念规定为自成一类的（sui generis）存在物，它既不可以被等同于质料对象，也不可以被等同为感知动作。如果有人说"我有关于 x 的观念"，在笛卡尔那里这意味着"我具有一个动作，它指向 x 并由此将 x 作为内容"。而现在这却意味着"我有一个动作，它指向上帝中的一个观念并将这个存在物作为主要内容"。质料对象的在场不过是上帝把一个特定的观念和动作相联结的时机。

这样的策略自然不仅导致观念成了客体（即成为在上帝的"理智广延"之中的客体，如马勒伯朗士所说），[18] 而且也导致了一个批判性的质疑：如果严格来说我们只"看见"上帝中的观念的话，我们又如何能够声称我们指向质料对象并且认识这些对象。马勒伯朗士只能借助上帝的行动来回答这个质疑：我们认识质料对象，是因为每当我们与这些对象取得联系时，上帝就将我们的动作与它们各自的观念联结起来了。但是这个回答体现了对认识论的极端神学化。因为倘若上帝拒绝了积极协作，我们还能认识什么呢？上帝究竟如何构造我们的心灵动作和观念间的联结呢？另外这个回答也挑起了如下反驳：观念乃是我们动作的唯一客体，而我们就因此囿于观念世界中了。因为不是质料对象与我们的动作相关联，而是上帝中的观念。

如果我们考察这两个被简短勾勒出的对观念的规定——作为在心

---

18 参 *Recherche de la vérité*, Eclaircissement X (*Oeuvres complètes* Bd. 3, 151-155)。

灵中的客体(洛克)以及在上帝中的客体(马勒伯朗士),我们可以理解为什么里德要批判观念论,说它将观念预先设定为特殊客体且不可避免地导向唯我论与怀疑论。[19]原因在于,如果自在的对象和作为心灵动作的客体之间的区分不再是认识论上的,而是本体论上的区分的话,那么确实会有这个问题,即对外部对象的通达是如何可能的。我们如何从在我们内部(洛克)或者在上帝内部(马勒伯朗士)的客体到达外部世界中的事物呢?然而这个批判只适用于笛卡尔的一些追随者,但并不适用于笛卡尔自己。[20]他的观念论的独到之处在于它并未具象化意向动作的内容,因而没有设定特殊客体。心灵动作的客体就是被呈示给心灵的对象(在大多情况下是外部世界的对象)。

那么这是否意味着笛卡尔观念论不应被理解作一种表征论,而应被理解为一种服膺于直接认识实在论的理论?一个标签仅当其使用方式明白无疑时,才会是有所助益的。因而我们必须准确规定:"直接认识实在论"在此如何被使用以及它如何与"表征主义"这个标签形成对照。至少要区分三种使用方式:

(1) 如果有人将那样一种理论贴上了"直接认识实在论"的标签,即主张认知者由于以非质料性的方式接受了客体从而在自身中拥有客体自身(而非其复制品),认知者就具有了通向认识客体的直接渠道,那么笛卡尔的观念论断然不会服膺于此种认识实在论。正是

---

19 毫无疑问,里德并不是第一个批评者。萨金特(John Sergeant)在其 1697 年发表的 *Solid Philosophy Asserted* 一书中就认为,观念论具象化了动作的内容。参 Glauser 1988。

20 这个指责是否适用于笛卡尔的追随者,这个问题必须分别加以考察。在最近的研究中,有一部分争议是说马勒伯朗士和洛克持有一种粗暴的表征主义。比如说约尔顿认为,洛克对观念的规定,即作为客体,不应在较强本体论意义上被解读;客体不外乎不具备特殊本体论地位的动作内容(请参见 Yolton 1984, 90-94,但艾尔斯对此也,给出了一个批判性回应 [Ayers 1991, 52-59])。纳德勒强调,马勒伯朗士所谓的上帝之中的观念只能理解为普遍概念,而不能理解为特殊客体(Nadler 1992, 160-167)。

通过反驳对象的形式能与质料分离并且能以非质料性的方式被接受，笛卡尔才与亚里士多德-经院主义传统划清了界限。对笛卡尔而言，不存在能够以某种方式被分离出来的形式，在分离之后也没有所谓的接受过程。在笛卡尔理论的框架下，认识并不是接受形式的被动过程，而更多的是一个评估身体刺激和铸就心灵观念的主动过程。

（2）如果人们将那样的理论称作"直接认识实在论"，即认为认知者无须借助某种存在物的中介便可直接通达质料对象的理论，[21]那么笛卡尔的观念论也同样不服膺于直接的认识实在论。因为，为了使认识关系能够实现，作为样态存于心灵中的观念当然是必要的。正如我在上文中强调的，笛卡尔理论的核心在于，它拒绝了这种朴素的看法：存在不被中介化的对世界"自在地"之所是的把握。对外部世界的每个指称都需要观念的帮助，这些观念呈现外部世界中的对象的方式正是对象被给予认知者的方式。

（3）然而如果人们将那样的理论标记为"直接认识实在论"，即主张为了获得通向心外对象的渠道，虽然认知者需要某种辅助，但是这些外部对象仍然是知识的首要客体，那么笛卡尔的理论必须被归于认识实在论。因为它认为，只有当外部对象引起了促使心灵形成观念的身体刺激后，外部对象才可通达。但是它依然认为心外对象——而非内在代表或者镜像——是认识的客体。它反对那种声称外部对象只有经由在心灵中（或在上帝之中）的、直接可及的客体才向我们敞开的表征主义。

人们如果考虑到笛卡尔理论的这个基本意图，就可以明白这里关

---

21 纳德勒就是这样刻画直接认识实在论的(Nadler 1989, 11-12)。

第 21 节　直接认识实在论或表征主义？

键的问题不在于如何能够从对内在对象的描述出发作出对外部对象的论断。更确切地说，基本问题乃是：认知者必须与心外对象处在何种关系中，以使得他如其现实所是那般地把握这些在个别感知情形下只在特定面向中被给予的对象？认知者拥有何种担保，以使得那些他只在认识关系中才能通达的对象能够不依赖于他而存在？这个基本问题瞄向的是认知者与心外对象之间的认识关系，而观念论尝试澄清的也正是这个关系。

在我看来，准确认识这些基本问题之于对笛卡尔的观念论的理解来说具有决定性的意义。因为不仅在哲学史研究中，而且在系统性研究工作中，这个理论总是被当作认知模型的反面案例而被引用，也就是得体的理论必须要远离的一种认识模型。正如一些批评者所认为的，笛卡尔的表征主义必须要么完全被克服，并通过一种替换该认识论的模型进行替代（罗蒂），[22]要么通过一种认识论模型进行更新，即趋向某种"朴素实在论"的模型（普特南）。[23]然而，这些批评者总是认为笛卡尔持表征主义观点，据此（i）表征是内在客体且（ii）只有这些内在客体才是知识的直接客体。他们把这个模型放到了一种直接的认识实在论的对立面，这种直接实在论认为通常情况下外部世界的事物就是知识的直接客体。[24]

如果，如我的解释所建议的那般，笛卡尔的观念论被理解作一种认识实在论的特定形式，就绝不会与那个反对"笛卡尔表征主义"

---

[22] 对于罗蒂来说，这个新的模型是诠释学，它不是简单地构成了认识论的一种变体，而是完全地克服了认识论。参 Rorty 1980, 315—356。

[23] 参 Putnam 1994(特别是第 458—459 页)。他认为他的认识实在论模型乃是来自"第二种天真"(second naiveté)。

[24] 普特南明确提出(Putnam 1994, 454)："在我看来，一个自然的实在论者确实认为通常'证实性的'感知的客体一般都是'外部的'事物。"

的理论相冲突。[25]因为笛卡尔也认为在通常情况下外部世界的事物是知识的直接客体。并且依据笛卡尔,我们也同样不是直接简单地囿于一个由内在心灵客体构成的世界中。笛卡尔的观念论不能被理解为一种与认识实在论完全背道而驰的方案,而更应被理解为这样一种方案,即与认识实在论的特定变种(即亚里士多德-经院主义传统)背道而驰的理论。此外,它也必须被理解为这样一个指明了意向动作的决定性作用的方案:倘若我们不能形成具有内容的心灵动作(即观念)的话,我们就完全不能获得通向外部世界的认识渠道。因而,如果我们想要确定外部世界的事物如何被给予我们的话,我们就必须仔细研究这些动作。但由此绝不意味着我们只有通向心灵世界的渠道。笛卡尔的核心观点——外部世界的事物总是在心灵的意向动作中被呈现给我们,不可以混淆为与他毫无干系的观点——只有心灵的世界被呈现给我们。[26]

那么,与"笛卡尔表征主义"背道而驰的认识实在论模型该以何处为出发点呢?也许最好是以笛卡尔的认识实在论为出发点。

---

25 普特南明确声称,他以他的认识实在论反对那个"灾难"(Desaster),也就是在近代哲学家那里——尤其是从笛卡尔那里——开始的"灾难";参 Putnam 1994, 468-469 & 488。

26 因而我认为可以在笛卡尔那里找到普特南给出的、表征主义路径的替代选项:"但是存在一个替代选项,正如不止一位哲学家最近所指出的那样——仔细区分'表征'活动(activity of 'representation')(作为我们从事的活动)和那种认为'表征'是介于我们和我们所思之物之间的交界(interface)的想法……"(Putnam 1994, 505)笛卡尔会同意我们需要"'表征'活动",但他会反对在我们和外部世界之间插入一个"交界"。

参考文献

1900 年之前的文献

Aristoteles (1949ff.): *Opera*, hrsg. von L. Minio-Paluello, W. D. Ross u. a., Oxford, Clarendon Press.

Arnauld, Antoine (1986): *Des vrayes et des fausses idées*, hrsg. von Ch. Frémont, Paris, Fayard [Nachdruck der Ausgabe Köln 1683].

Auctoritates Aristotelis: siehe Hamesse, Jacqueline.

Chauvin, Stephan (1713): *Lexicon philosophicum*, Leeuwarden.

Descartes, René (1982-1991): *Oeuvres de Descartes*, 12 Bde., hrsg. von Ch. Adam & P. Tannery („nouvelle édition"), Paris, J. Vrin.

— (1982): *Gespräch mit Burman*, hrsg. und übersetzt von H. W. Arndt, Hamburg, F. Meiner [Text auf der Grundlage des Ms. erstellt; Abweichungen von der Adam-Tannery Edition].

— (1984 - 1991): *The Philosophical Writings of Descartes*, 3 Bde., übersetzt von J. Cottingham, R. Stoothoff, D. Murdoch & (nur Bd. 3) A. Kenny, Cambridge & New York, Cambridge University Press.

Eustachius a Sancto Paulo (1629): *Summa philosophiae quadripartita*,

Köln.

Foucher, Simon (1675): *Critique de la Recherche de la vérité*, Paris, M. Coustelier.

Gassendi, Pierre (1964a): *Institvtio logica*, opera omnia Bd. 1, Stuttgart-Bad Cannstatt, F. Frommann [Nachdruck der Ausgabe Lyon 1658].

— (1964b): *Disquisitio metaphysica sev Dubitationes, et Instantiae adversus Renati Cartesi Metaphysicam, et Responsa*, opera omnia Bd. 3, Stuttgart-Bad Cannstatt, F. Frommann [Nachdruck der Ausgabe Lyon 1658].

Goclenius, Rudolph (1964): *Lexicon philosophicvm qvo tanqvam clave philosophiae fores aperivntvr*, Hildesheim, G. Olms [Nachdruck der Ausgabe Frankfurt 1613].

Herbert of Cherbury, Edward Lord (1966): *De veritate*, editio tertia, hrsg. von G. Gawlick, F. Frommann, Stuttgart-Bad Cannstatt [Nachdruck der Ausgabe London 1645].

Hervaeus Natalis (Ms.): *Tractatus de secundis intentionibus*, Ms. Wien, Nationalbibliothek 2411.

Johannes Duns Scotus (1950ff.): *Opera omnia*, ed. Commissio Scotistica, Vatican.

Kant, Immanuel (1990): *Kritik der reinen Vernunft*, nach der ersten und zweiten Original-Ausgabe hrsg. von R. Schmidt, 3. Aufl., Hamburg, Meiner [zitiert wird nach der 1. Aufl. Riga 1781 (= A) und der 2. Aufl. Riga 1787 (= B)].

Leibniz, Gottfried Wilhelm (1875 – 1931): *Die philosophischen Schriften*, hrsg. von C. I. Gerhardt, 7 Bde., Leipzig, Alfred Lorentz Buchhandlung.

— (1962): *Nouveaux essays sur l'entendement*, in: *Sämtliche Schriften*, Sechste Reihe: Philosophische Schriften (Sechster Band), Berlin, Akademie-Verlag, 39-527.

— (1988): *Opuscules et fragments inédits*, hrsg. von L. Couturat, Hildesheim, G. Olms [Nachdruck der Ausgabe Paris 1903].

Locke, John (1975): *An Essay Concerning Human Understanding*, hrsg. Von P. H. Nidditch, Oxford, Clarendon Press.

Malebranche, Nicolas (1958ff.): *Oeuvres complètes*, hrsg. von A. Robinet, Paris, J. Vrin.

More, Henry (1966): *Enchiridium Metaphysicum*, in: *Opera omnia* II.1, Hildesheim, G. Olms [Nachdruck der Ausgabe London 1679].

Paulus Venetus (1978): *Tractatus de veritate et falsitate propositionis*, in: *Logica Magna*, pars II, fasc. 6, hrsg. von F. del Punta und übers. von M. McCord Adams, Oxford, Oxford University Press.

Petrus Aureoli (1956): *Scriptum super Primum Sententiarum*, hrsg. von E. M. Buytaert, 2 Bde., St. Bonaventure, The Franciscan Institute.

Reid, Thomas (1967a): *An Inquiry into the Human Mind on the Principles of Common Sense*, in: *Philosophical Works*, hrsg. von W. Hamilton, 8. Aufl., Hildesheim, G. Olms [Nachdruck der Ausgabe Edinburgh 1895].

— (1967b): *Essays on the Intellectual Powers of Man*, in: *Philosophical Works*, hrsg. von W. Hamilton, 8. Aufl., Hildesheim, G. Olms.

Roger Bacon (1983): *De multiplicatione specierum*, in: *Roger Bacon's Philosophy of Nature*, hrsg. von D. Lindberg, Oxford, Clarendon Press.

Spinoza, Benedictus de (1925): *Ethica Ordine Geometrico Demonstrata*, in: *Opera*, Bd. 2, hrsg. von C. Gebhardt, Heidelberg, Winters.

Suárez, Francisco (1861): *Disputationes metaphysicae*, hrsg. von C. Berton, opera omnia Bde. 25-26, Paris: Vivès.

Thomas von Aquin (1948): *De ente et essentia*, hrsg. von M.-D. Roland-Gosselin, Paris, J. Vrin.

— (1952): *Summa theologiae*, hrsg. von P. Caramello, Turin & Rom, Marietti.

— (1975): *Quaestiones disputatae de veritate*, ed. Leonina XXII, Rom, Editon di San Tommaso.

Toletus, Franciscus (1615): *Commentaria una cum questionibus in tres libros Aristotelis De anima*, in: *Opera omnia*, Köln.

Wilhelm von Alnwick (1937): *Quaestiones disputatae de esse intelligibili et de quolibet*, hrsg. von A. Ledoux, Bibliotheca Franciscana Scholastica Medii Aevi X, Florenz, Quaracchi.

1900 年之后的文献

Aertsen, Jan A. (1988): „Die Lehre der Transzendentalien und die Metaphysik. Der Kommentar von Thomas von Aquin zum IV. Buch der Metaphysica", *Freiburger Zeitschrift für Philosophie und Theologie* 35, 293-316.

Alanen, Lilli (1994a): „Une certaine fausseté matérielle: Descartes et Arnauld sur l'origine de l'erreur dans la perception sensorielle", in: *Descartes. Objecter et répondre*, hrsg. Von J.-M. Beyssade & J.-L. Marion, Paris, Presses Universitaires de France, 205-230.

— (19946): „Sensory Ideas, Objective Reality, and Material Falsity", in: *Reason, Will, and Sensation. Studies in Descartes's Metaphysics*, hrsg. von J. Cottingham, Oxford, Clarendon Press, 229-250.

Alanen, Lilli & Knuuttila, Simo (1988): „The Foundations of Modality and Conceivability in Descartes and his Predecessors", in: *Modern Modalities. Studies of the History of Modal Theories from Medieval Nominalism to Logical Positivism*, hrsg. von S. Knuuttila, Dordrecht, Kluwer, 1-69.

Alquié, Ferdinand (1966): *La découverte métaphysique de l'homme chez Descartes*, 2. Aufl., Paris, Presses Universitaires de France.

Ariew, Roger (1992): „Descartes and Scholasticism: the Intellectual Background to Descartes' Thought", in: *The Cambridge Companion to Descartes*, hrsg. von J. Cottingham, Cambridge & New York, Cambridge University Press, 58-90.

Armogathe, Jean-Robert (1990): „Sémantèse d'*idée/idea* chez Descartes", in: *Idea. VI Colloquio Internazionale. Roma, 5-7 gennaio 1989*, hrsg. von M. Fattori & M. L. Bianchi, Roma, Edizioni dell'Ateneo, 187-205.

Ashworth, E. Jennifer (1977): „Chimeras and Imaginary Objects: A Study in the Post-Medieval Theory of Signification", *Vivarium* 15, 57-79.

— (1978): „Theories of Proposition: Some Early Sixteenth-Century Discussions", *Franciscan Studies* 38, 81-121.

— (1988): „Traditional Logic", in: *The Cambridge History of Renaissance Philosophy*, hrsg. von C. B. Smith & Q. Skinner, Cambridge & New

York, Cambridge University Press, 143-172.

Ayers, Michael (1991): *Locke*, London & New York, Routledge.

Baker, Gordon & Morris, Katherine J. (1996): *Descartes' Dualism*, London & New York, Routledge.

Beckermann, Ansgar (1986): *Descartes' metaphysischer Beweis für den Dualismus*, Freiburg & München, Alber.

Bedau, Mark (1986): „Cartesian Interaction", *Midwest Studies in Philosophy* 10, 483-502.

Belaval, Yvon (1960): *Leibniz critique de Descartes*, Paris, Gallimard.

Beyssade, Jean-Marie (1983): „La classification cartésienne des passions", *Revue internationale de philosophie* 37, 278-292.

— (1991): „Le sens commun dans la *Règle XII*: le corporel et l'incorporel", *Revue de Métaphysique et de Morale* 96, 497-514.

— (1992): „The Idea of God and the Proofs of His Existence", in: *The Cambridge Companion to Descartes*, hrsg. von J. Cottingham, Cambridge & New York, Cambridge University Press, 174-199.

Bouveresse, Jacques (1983): „La théorie du possible chez Descartes", *Revue internationale de philosophie* 37, 293-310.

Bréhier, Emile (1950): *Histoire de la philosophie*, Paris, Presses Universitaires de France.

Brockliss, Laurence W. B. (1993): „Der Philosophieunterricht in Frankreich", in: *Die Philosophie des 17. Jahrhunderts: Frankreich und Niederlande*, Überweg Grundriß der Geschichte der Philosophie, hrsg. von J.-P. Schobinger, Basel, Schwabe Verlag, 1-32.

Broughton, Janet (1986): „Adequate Causes and Natural Change in

Descartes' Philosophy", in: *Human Nature and Natural Knowledge*, hrsg. von A. Donagan & A. N. Perovich & M. V. Wedin, Dordrecht, Reidel, 107-127.

Cassirer, Ernst (1911): *Das Erkenntnisproblem in der Philosophie und Wissenschaft der neueren Zeit*, erster Band, 2. Aufl., Berlin, Verlag Bruno Cassirer.

— (1978): „Descartes' Wahrheitsbegriff", in idem: *Descartes. Lehre-Persönlichkeit-Wirkung*, Hildesheim, Gerstenberg Verlag [Nachdruck der Ausgabe Stockholm 1939].

Chappell, Vere (1986): „The Theory of Ideas", in: *Essays on Descartes' Meditations*, hrsg. von A. Oksenberg Rorty, Berkeley, Los Angeles, London, University of California Press, 177-198.

— (1994a): „L'homme cartésien", in: *Descartes. Objecter et répondre*, hrsg. Von J.-M. Beyssade & J.-L. Marion, Paris, Presses Universitaires de France, 403-426.

— (1994b): „Descartes's Compatibilism", in: *Reason, Will, and Sensation, Studies in Descartes's Metaphysics*, hrsg. von J. Cottingham, Oxford, Clarendon Press, 177-190.

Chisholm, Roderick M. (1965): „The Theory of Appearing", in: *Perceiving, Sensing, and Knowing*, hrsg. von R. J. Swartz, Garden City N. Y., Doubleday & Comp., 168-186,

Clatterbaugh, Kenneth C. (1980): „Descartes's Causal Likeness Principle", *Philosophical Review* 89, 379-402.

Cook, Monte (1987): „Descartes' Alleged Representationalism", *History of Philosophy Quarterly* 4, 179-195.

Costa, Michael J. (1983): „What Cartesian Ideas Are Not", *Journal of the History of Philosophy* 21, 537-549.

Cottingham, John (1985): „Cartesian Trialism", *Mind* 94, 218-230.

— (1986): *Descartes*, Oxford, B. Blackwell.

— (1988): *The Rationalists*, Oxford & New York, Oxford University Press.

(1989-1990): „Descartes on Colour", *Proceedings of the Aristotelian Society* 90, 231-246.

(1993a): *A Descartes Dictionary*, Oxford, B. Blackwell.

— (19936): „A New Start? Cartesian Metaphysics and the Emergence of Modern Philosophy", in: *The Rise of Modern Philosophy*, hrsg. von T. Sorell, Oxford, Clarendon, 145-166.

Craig, Edward (1987): *The Mind of God and the Works of Man*, Oxford, Clarendon Press.

Cramer, Konrad (1991): „Aporien der cartesianischen Auffassung des Verhältnisses zwischen Körper und Geist", in: *Erkennen als geistiger und molekularer Prozeß*, hrsg. von F. Cramer, Weinheim, VCH, 3-26.

— (1996): „Descartes antwortet Caterus. Gedanken zu Descartes' Neubegründung des ontologischen Gottesbeweises", in: *Descartes nachgedacht*, hrsg. von A. Kemmerling & H.-P. Schütt, Frankfurt a. M., Klostermann, 123-169.

Cress, Donald A. (1994): „Truth, Error, and the Order of Reasons: Descartes's Puzzling Synopsis of the Fourth Meditation", in: *Reason, Will, and Sensation. Studies in Descartes's Metaphysics*, hrsg. von J.

Cottingham, Oxford, Clarendon Press, 141-155.

Cronin, Timothy J. (1966): *Objective Being in Descartes and in Suarez*, Rom, Gregorian University Press.

Curley, Edwin M. (1978): *Descartes Against the Skeptics*, Cambridge, Mass., Harvard University Press.

— (1984): „Descartes on the Creation of the Eternal Truths", *Philosophical Review* 93, 569-597.

Danto, Arthur (1978): „The Representational Character of Ideas and the Problem of the External World", in: *Descartes. Critical and Interpretive Essays*, hrsg. von M. Hooker, Baltimore & London, Johns Hopkins University Press, 287-297.

Davidson, Donald (1990): „The Structure and Content of Truth", *Journal of Philosophy* 87, 279-328.

Dicker, Georges (1993): *Descartes. An Analytical and Historical Introduction*, New York & Oxford, Oxford University Press.

Doney, Willis (1955): „The Cartesian *Circle*", *Journal of the History of Ideas* 16, 324-338.

— (1983): „Rationalism", *Southern Journal of Philosophy. Supplement* 21, 1-14.

— (1987): *Eternal Truths and the Cartesian Circle. A Collection of Studies*, New York & London, Garland.

Ebert, Theodor (1992): „IMMORTALITAS oder IMMATERIALITAS? Zum Untertitel von Descartes' *Meditationes*", *Archiv für Geschichte der Philosophie* 74, 180-202.

Feldman, Fred (1975): „Epistemic Appraisal and the Cartesian Circle",

Philosophical Studies 27, 37-55.

Field, Richard W. (1993): „Descartes on the Material Falsity of Ideas", *Philosophical Review* 102, 309-333.

Frankfurt, Harry (1970): *Demons, Dreamers, and Madmen. The Defense of Reason in Descartes's Meditations*, Indianopolis & New York, Bobbs-Merrill Comp.

— (1977): „Descartes on the Creation of the Eternal Truths", *Philosophical Review* 86, 36-57.

— (1978): „Descartes on the Consistency of Reason", in: *Descartes: Critical and Interpretive Essays*, hrsg. von M. Hooker, Baltimore & London, Johns Hopkins University Press, 26-39.

Frege, Gottlob (1918 - 1919), „Der Gedanke. Eine logische Untersuchung", *Beiträge zur Philosophie des deutschen Idealismus* 2, 58-77.

Garber, Daniel (1986): „*Semel in vita*: The Scientific Background to Descartes' Meditations", in: *Essays on Descartes' Meditations*, hrsg. von A. Oksenberg Rorty, Berkely, Los Angeles, London, University of California Press 1986, 81-116.

— (1992): *Descartes' Metaphysical Physics*, Chicago & London, Chicago University Press.

— (1993): „Descartes and Occasionalism", in: *Causation in Early Modern Philosophy. Cartesianism, Occasionalism, and Preestablished Harmony*, hrsg. von S. Nadler, University Park, PA: Pennsylvania State University Press, 9-26.

Gaukroger, Stephen (1995): *Descartes. An Intellectual Biography*, Oxford, Clarendon Press.

Gewirth, Alan (1967): „Clearness and Distinctness in Descartes", in: *Descartes. A Collection of Critical Essays*, London & Basingstoke, MacMillan, 250-277.

Gilson, Etienne (1912): *Index scolastico-cartésien*, Phil. Diss. Paris.

— (1913): *La doctrine cartésienne de la liberté et la théologie*, Paris, Alcan.

— (1967): *Discours de la méthode. Texte et commentaire*, 4. Aufl., Paris, J. Vrin.

— (1984): *Etudes sur le rôle de la pensée médiévale dans la formation du système cartésien*, 5. Aufl., Paris, J. Vrin.

Glauser, Richard (1988): „John Sergeant's Argument against Descartes and the Way of Ideas", *The Monist* 71, 585-595.

Grene, Marjorie (1985): *Descartes*, Minneapolis, University of Minnesota Press.

Gueroult, Martial (1968): *Descartes selon l'ordre des raisons*, 2 Bde., Paris, Aubier.

Hacking, Jan (1973): „Leibniz and Descartes: Proof and Eternal Truths", *Proceedings of the British Academy* 59, 3-16.

Hamesse, Jacqueline (1974): *Les Auctoritates Aristotelis. Un florilège médiéval. Etude historique et édition critique*, Louvain & Paris, Publ. Universitaires & Nauwelaerts.

Hatfield, Gary C. (1992): „Descartes' Physiology and its Relation to his Psychology", in: *The Cambridge Companion to Descartes*, hrsg. von J. Cottingham, Cambridge & New York, Cambridge University Press,

335-370.

Hausman, Alan & Hausman, David (1992): „Descarte's Secular Semantics", *Canadian Journal of Philosophy* 22, 81-104.

Hoffman, Paul (1986): „The Unity of Descartes's Man", *Philosophical Review* 95, 339-370.

— (1990): „Cartesian Passions and Cartesian Dualism", *Pacific Philosophical Quarterly* 71, 310-333.

Husserl, Edmund (1975 und 1984): *Logische Untersuchungen*, hrsg. von E. Holenstein und U. Panzer, Husserliana XVIII-XIX, The Hague, Nijhoff[Erstveröffentlichung 1900/01].

— (1977): *Cartesianische Meditationen*, hrsg. von S. Strasser, Husserliana I, 2. Aufl., The Hague, Nijhoff[erstmals 1931 auf französisch erschienen].

Ishiguro, Hidé (1983): „Reply to Jacques Bouveresse", *Revue internationale de philosophie* 37, 311-318.

Jolley, Nicholas (1990): *The Light of the Soul. Theories of Ideas in Leibniz, Malebranche, and Descartes*, Oxford, Clarendon Press.

Kemmerling, Andreas (1993a): „Cartesische Ideen", *Archiv für Begriffsgeschichte* 36, 43-94.

— (1993b): „Die Denkbarkeit des ganz eigenen Ichs", *Archiv für Geschichte der Philosophie* 75, 299-318.

— (1996): „Die Bezweifelbarkeit der eigenen Existenz", in: *Descartes nachgedacht*, hrsg. von A. Kemmerling & H.-P. Schütt, Frankfurt a. M., Klostermann, 80-127.

Kenny, Anthony (1968): *Descartes. A Study of bis Philosophy*, New

York, Random House.

— (1970): „The Cartesian Circle and the Eternal Truths", Journal of Philosophy 67, 685-700.

— (1972): „Descartes on the Will", in: Cartesian Studies, hrsg. von R. J. Butler, Oxford, B. Blackwell.

— (1989): The Metaphysics of Mind, Oxford & New York, Oxford University Press.

Knudsen, Christian (1982): „Intentions and Impositions", in: The Cambridge History of Later Medieval Philosophy, hrsg. von N. Kretzmann & A. Kenny & J. Pinborg, Cambridge & New York, Cambridge University Press, 479-495.

Knuuttila, Simo (1993): Modalities in Medieval Philosophy, London & New York, Routledge.

Kobusch, Theo (1987): Sein und Sprache. Historische Grundlegung einer Ontologie der Sprache, Leiden, Brill.

Landim Filho, Raul (1994): „Idée et représentation", in: Descartes. Objecter et répondre, hrsg. von J.-M. Beyssade & J.-L. Marion, Paris, Presses Universitaires de France, 187-203.

Larmore, Charles (1984): „Descartes' Psychologistic Theory of Assent", History of Philosophy Quarterly 1, 61-74.

Lennon, Thomas M. (1974): „The Inherence Pattern and Descartes' Ideas", Journal of the History of Philosophy 12, 43-52.

— (1993): The Battle of the Gods and Giants. The Legacies of Descartes and Gassendi, 1655 1715, Princeton, Princeton University Press.

Loeb, Louis E. (1981): From Descartes to Hume. Continental Metaphysics and the *Development of Modern Philosophy*, Ithaca & London, Cornell University Press.

— (1990): „The Priority of Reason in Descartes", *Philosophical Review* 99, 3-43.

— (1992): „The Cartesian Circle", in: *The Cambridge Companion to Descartes*, hrsg. von J. Cottingham, Cambridge & New York, Cambridge University Press, 200-235.

McGinn, Colin (1983): *The Subjective View. Secondary Qualities and Indexical Thoughts*, Oxford, Clarendon Press.

MacKenzie, Ann Wilbur (1994): „The Reconfiguration of Sensory Experience", in: *Reason, Will, and Sensation. Studies in Descartes's Metaphysics*, hrsg. von J. Cottingham, Oxford, Clarendon Press, 251-272.

Mackie, J. L. (1976): *Problems from Locke*, Oxford, Clarendon Press.

Malcolm, Norman (1972-1973): „Thoughtless Brutes", *Proceedings and Addresses of the American Philosophical Association* 46, 5-20.

Marion, Jean-Luc (1981a): *Sur l'ontologie grise de Descartes*, 2. Aufl., Paris, J. Vrin.

— (1981b): *Sur la théologie blanche de Descartes*, Paris, Presses Universitaires de France.

— (1991): „Quelle est la méthode dans la métaphysique?", in idem: *Questions cartésiennes*, Paris, Presses Universitaires de France, 75-109.

Markie, Peter J. (1986): *Descartes's Gambit*, Ithaca & London, Cornell University Press.

Matthews, Gareth B. (1992): *Thought's Ego in Augustine and Descartes*,

Ithaca & London, Cornell University Press.

Mercer, Christia (1993): „The Vitality and Importance of Early Modern Aristotelianism", in: *The Rise of Modern Philosophy*, hrsg. von T. Sorell, Oxford, Clarendon, 33-67.

Michael, Emily & Michael, Fred S. (1989): „Corporeal Ideas in Seventeenth Century Psychology", *Journal of the History of Ideas* 50, 31-48.

Michaud-Quantin, Paul (1970): „Les champs sémantiques de *species*. Tradition latine et traductions du grec", in idem: *Etudes sur le vocabulaire philosophique du Moyen Age*, Roma, Edizioni dell'Ateneo, 113-150.

Mulligan, Kevin/Simons, Peter/Smith, Barry (1987): „Wahrmacher", in: *Der Wahrheitsbegriff. Neue Erklärungsversuche*, hrsg. von L. B. Puntel, Darmstadt, Wissenschaftliche Buchgesellschaft, 210-255.

Nadler, Steven (1989): *Arnauld and the Cartesian Philosophy of Ideas*, Princeton, Princeton University Press.

— (1992): *Malebranche & Ideas*, New York & Oxford, Oxford University Press.

Nagel, Thomas (1979): „What Is it Like to Bea Bat?", in idem: *Mortal Questions*, Cambridge & New York, Cambridge University Press, 165-180.

Normore, Calvin (1986): „Meaning and Objective Being: Descartes and His Sources", in: *Essays on Descartes' Meditations*, hrsg. von A. Oksenberg Rorty, Berkeley, Los Angeles, London, University of California Press, 223 241.

Nuchelmans, Gabriel (1973): *Theories of the Proposition. Ancient and Me-*

dieval Conceptions of the Bearers of Truth and Falsity, Amsterdam & London, North Holland Publ.

— (1980): *Late-Scholastic and Humanist Theories of the Proposition*, Amsterdam, Oxford, New York, North Holland Publ.

— (1983): *Judgment and Proposition: From Descartes to Kant*, Amsterdam, Oxford, New York, North Holland Publ.

Patzig, Günther (1981): „Satz und Tatsache", in idem: *Sprache und Logik*, 2. Aufl., Göttingen, Vandenhoeck & Ruprecht, 39-76.

Perler, Dominik (1991): „Semantische und epistemologische Aspekte in Ockhams Satztheorie", *Vivarium* 29, 85-103.

— (1992): *Der propositionale Wahrheitsbegriff im 14. Jahrhundert*, Berlin & New York, W. de Gruyter.

— (1994a): „What Am I Thinking About? John Duns Scotus and Peter Aureol on Intentional Objects", *Vivarium* 32, 72-89.

— (1994b): „Peter Aureol vs. Hervaeus Natalis on Intentionality. A Text Edition with Introductory Remarks", *Archives d'histoire doctrinale et littéraire du moyen-âge* 61, 227-262.

— (1994c): „Late Medieval Ontologies of Facts", *The Monist* 77, 149-169.

— (1994d): „Descartes in der angelsächsischen Diskussion", *Philosophische Rundschau* 41, 193-203.

— (1994e): „Spiegeln Ideen die Natur? Zum Begriff der Repräsentation bei Descartes", *Studia Leibnitiana* 26, 187-209.

— (1995a): „Descartes über Fremdpsychisches", *Archiv für Geschichte der Philosophie* 77, 42-62.

—— (1995b): „Intentionale und reale Existenz: eine spätmittelalterliche Kontroverse", *Philosophisches Jahrbuch* 102, 261-278.

—— (1996): „Cartesische Emotionen", in: *Descartes nachgedacht*, hrsg. von A. Kemmerling & H.-P. Schütt, Frankfurt a. M., Klostermann, 51-79.

Putallaz, François-Xavier (1995): *Insolente liberté. Controverses et condamnations au XIIIe siècle*, Paris & Fribourg, Cerf & Editions Universitaires.

Putnam, Hilary (1981): *Reason, Truth and History*, Cambridge & New York, Cambridge University Press.

—— (1994): „Sense, Nonsense, and the Senses: An Inquiry into the Powers of the Human Mind (The Dewey Lectures)", *Journal of Philosophy* 91, 445-517.

Radner, Daisie (1978): *Malebranche. A Study of a Cartesian System*, Assen, Van Gorcum.

—— (1985): „Is There a Problem of Cartesian Interaction?", *Journal of the History of Philosophy* 23, 35-49.

Rée, Jonathan (1974): *Descartes*, New York, Pica Press.

Richardson, Robert C. (1982): „The ‚Scandal' of Cartesian Interactionism", *Mind* 91, 20-37.

Rijk, Lambert Marie de (1967): *Logica modernorum II/1: The Origin and Development of the Theory of Supposition*, Assen, Van Gorcum.

—— (1975) „*Quaestio de ideis*. Some Notes on an Important Chapter of Platonism", in: *Studies in Creek Philosophy and its Continuation Offered to Professor C. J. de Vogel*, hrsg. von J. Mansfeld & L. M. de Rijk,

Assen, Van Gorcum, 204-213.

—— (1990): „Un tournant important dans l'usage du mot *idea* chez Henri de Gand", in: *Idea. VI Colloquio Internazionale, Roma, 5-7 gennaio 1989*, hrsg. von M. Fattori & M. L. Bianchi, Roma, Edizioni dell'Ateneo, 89-98.

Rodis-Lewis, Geneviève (1993): „Der Cartesianismus in Frankreich", in: *Die Philosophie des 17. Jahrhunderts: Frankreich und Niederlande*, Überweg Grundriß der Geschichte der Philosophie, hrsg. von J.-P. Schobinger, Basel, Schwabe Verlag, 398-445.

Rorty, Richard (1980): *Philosophy and the Mirror of Nature*, Oxford, B. Blackwell.

Rosenthal, David M. (1986): „Will and the Theory of Judgment", in: *Essays on Descartes' Meditations*, hrsg. von A. Oksenberg Rorty, Berkeley, Los Angeles, London, University of California Press, 405-434.

Rubin, Ronald (1977): „Descartes's Validation of Clear and Distinct Apprehension", *Philosophical Review* 86, 197-208.

Ryle, Gilbert (1949): *The Concept of Mind*, London, Hutchinson.

Schmaltz, Tad M. (1992): „Descartes and Malebranche on Mind and Mind-Body Union", *Philosophical Review* 101, 281-325.

Schmitt, Charles B. (1983): „The Rediscovery of Ancient Skepticism in Modern Times", in: *The Skeptical Tradition*, hrsg. von M. Burnyeat, Berkeley, Los Angeles, London, University of California Press, 225-251.

Schouls, Peter A. (1980): *The Imposition of Method: A Study of Descartes and Locke*, Oxford, Clarendon Press.

Schütt, Hans-Peter (1990): *Substanzen, Subjekte und Personen. Eine Studie zum Cartesischen Dualismus*, Heidelberg, Manutius Verlag.

Searle, John R. (1969): *Speech Acts. An Essay in the Philosophy of Language*, Cambridge & New York, Cambridge University Press.

— (1983): *Intentionality. An Essay in the Philosophy of Mind*, Cambridge & New York, Cambridge University Press.

Smith, A. Mark (1981): „Getting the Big Picture in Perspectivist Optics", *Isis* 72, 568-589.

Sorabji, Richard (1991): „From Aristotle to Brentano: The Development of the Concept of Intentionality", *Oxford Studies in Ancient Philosophy. Supplementary Volume* 9, 227-259.

— (1992): „Intentionality and Physiological Processes: Aristotle's Theory of Sense-Perception", in: *Essays on Aristotle's De anima*, hrsg. von M. Nussbaum & A. Oksenberg Rorty, Oxford, Clarendon Press, 195-225.

Specht, Rainer (1966): *Commercium mentis et corporis: Über Kausalvorstellungen im Cartesianismus*, Stuttgart-Bad Cannstatt, F. Frommann.

(1972): „Über ‚occasio' und verwandte Begriffe bei Zabarella und Descartes", *Archiv für Begriffsgeschichte* 16, 1-27.

— (1989): John *Locke*, München, C. H. Beck.

Spruit, Leen (1994): *Species intelligibilis: from Perception to Knowledge*, vol. I: *Classical and Medieval Discussions*, Leiden, Brill.

— (1995): *Species intelligibilis: from Perception to Knowledge*, vol. II: *Renaissance Controversies, Later Scholasticism, and the Elimination of* the *Intelligible Species in Modern Philosophy*, Leiden, Brill.

Tachau, Katherine H. (1988): *Vision and Certitude in the Age of Ockham. Optics, Epistemology and the Foundations of Semantics 1250-1345*, Leiden, Brill.

Taylor, Charles (1989): *Sources of the Self. The Making of Modern Identity*, Cambridge MA, Harvard University Press.

Trentman, John A. (1982): „Scholasticism in the Seventheenth Century", in: *The Cambridge History of Later Medieval Philosophy*, hrsg. von N. Kretzmann, A. Kenny, J. Pinborg, Cambridge, Cambridge University Press, 818-837.

Van Cleve, James (1979): „Foundationalism, Epistemic Principles, and the Cartesian Circle", *Philosophical Review* 88, 55-91.

Vendler, Zeno (1991): „Descartes on Sensation", in: *René Descartes. Critical Assessments III*, hrsg. von G. Moyal, London & New York, Routledge, 249-259.

Verbeek, Theo (1995): „The *First Objections*", in: *Descartes and His Contemporaries*, hrsg. von R. Ariew & M. Grene, Chicago & London, Chicago University Press, 21-33.

Watson, Richard A. (1987): *The Breakdown of Cartesian Metaphysics*, Highlands, N. J., Humanities Press.

Wells, Norman J. (1990): „Objective Reality of Ideas in Descartes, Caterus, and Suárez", *Journal of the History of Philosophy* 28, 33-61.

Williams, Bernard (1978): *Descartes. The Project of Pure Enquiry*, Harmondsworth, Penguin Press.

Wilson, Margaret Dauler (1978): *Descartes*, London & New York, Roudledge & Kegan Paul.

— (1986): „Can I Be the Cause of My Idea of the World? (Descartes on the Infinite and Indefinite)", in: *Essays on Descartes' Meditations*, hrsg. von A. Oksenberg Rorty, Berkely, Los Angeles, London, University of California Press, 339-358.

— (1990): „Descartes on the Representationality of Sensation", in: *Central Themes in Early Modem Philosophy*, hrsg. von J. A. Cover & M. Kulstad, Indianopolis & Cambridge, Hackett 1990.

— (1991): „Descartes on the Origin of Sensation", *Philosophical Topics* 19, 293-323.

— (1994): „Descartes on Sense and ‚Resemblance'", in: *Reason, Will, and Sensation. Studies in Descartes's Metaphysics*, hrsg. von J. Cottingham, Oxford, Clarendon Press, 209-228.

Wippel, John F. (1982): „Essence and Existence", in: *The Cambridge History of Later Medieval Philosophy*, hrsg. von N. Kretzmann, A. Kenny, J. Pinborg, Cambridge, Cambridge University Press, 385-410.

Wittgenstein, Ludwig (1960): *Philosophische Untersuchungen*, Schriften Bd. 1, Frankfurt a. M., Suhrkamp.

Yolton, John W. (1984): *Perceptual Acquaintance from Descartes to Reid*, Minnesota, University of Minneapolis Press.

(1990): „Mirrors and Veils, Thoughts and Things: The Epistemological Problematic", in: *Reading Rorty. Critical Responses to „Philosophy and the Mirror of Nature" (and Beyond)*, hrsg. von A. R. Malachowski, Oxford, B. Blackwell, 58-73.

索 引

人名索引

（索引页码为原书页码，即本书边码）

Adams, M. McCord 亚当斯 VIII
Aertsen, J. A. 阿尔岑 302
Alanen, L. 阿拉宁 179, 218, 254
Alquié, F. 阿尔基耶 11
Ariew, R. 阿鲁 22
Aristoteles 亚里士多德 3
Armogathe, J.-R. 阿莫加特 14, 25
Arnauld, A. 阿尔诺 118-119, 124, 129, 179, 181, 286
Ashworth, E. J. 阿什沃思 191, 248, 258
Augustinus, A. 奥古斯蒂努斯 63, 226
Ayers, M. 艾尔斯 318, 321
Baker, G. 贝克 37, 58

Bayle, P. 培尔 181
Beckermann, A. 贝克尔曼 19-20
Bedau, M. 贝多 125
Belaval, Y. 贝拉瓦尔 179
Beyssade, J.-M. 贝萨德 28, 214
Bouveresse, J. 布弗雷斯 182
Bréhier, E. 布雷耶 11
Brockliss, L. 布罗克利斯 3
Broughton, J. 布劳顿 157
Burman, F. 布尔曼 79, 88, 90, 124, 141-142, 178-179, 186, 192-193, 228
Buytaert, E. M. 伯伊塔尔特 191
Caramello, P. 卡拉梅洛 4, 5, 27, 66, 67, 70-72, 131, 262

Carl, W. 卡尔 VIII

Cassirer, E. 卡西雷尔 223, 231

Caterus (Johan de Kater) 卡特鲁斯 85, 111, 174

Chanut, H.-P. 沙尼 146–147, 153, 159, 208–211

Chappell, V. 查普尔 78, 80, 82

Chauvin, S. 肖万 85

Chisholm, R. M. 奇泽姆 192

Ciermans, J. 西尔曼斯 69

Clatterbaugh, K. C. 克拉特博 141

Clerselier, C. 克莱尔色列 124, 272

Cook, M. 库克 14

Costa, M. J. 科斯塔 14

Cottingham, J. 科廷厄姆 21–22, 30, 32, 86, 135, 141, 152, 162, 297

Coustelier, M. 库斯特利耶 9

Couturat, L. 库蒂拉 140

Craig, E. 克雷格 142

Cramer, K. 克拉默 VIII, 125, 175

Cress, D. A. 克雷斯 296

Cronin, T. J. 克罗宁 11, 66, 100, 110

Curley, E. M. 柯利 54, 121, 177, 180, 184, 220, 277, 287

Dante Alighieri 但丁 263

Danto, A. 丹托 11

Davidson, D. 戴维森 242

Descartes, R. 笛卡尔 passim

Dicker, G. 迪克尔 19, 54, 121, 265, 277

Dinet, P. 迪内 22

Doney, W. 多尼 21, 287

Ebert, Th. 埃伯特 127

Elisabeth, Prinzessin von Böhmen 伊丽莎白 8, 124, 129, 131–132, 137, 139, 151, 154, 170, 212, 214–215

Eustachius a Sancto Paulo 圣保罗的尤斯塔 4, 23, 27, 66, 69, 87, 100, 237, 238

Feldman, F. 费尔德曼 297

Field, R. W. 菲尔德 58

Fontenelle, B. de 丰特奈尔 152

Foucher, S. 富歇 9, 140–141

Franciscus Toletus 托勒图斯 5, 23, 27

Frankfurt, H. 法兰克福 180–181, 232, 242–243, 245, 257, 278, 288

Frege, G. 弗雷格 235, 236, 251, 267, 305

Frémont, Ch. 弗雷蒙 118

Fromondus, L. 弗罗蒙杜斯 35

Garber, D. 加伯 6, 25, 68, 146, 224, 282
Gassendi, P. 伽森狄 8, 41, 66, 73, 168-169, 178, 194, 233, 272
Gaukroger, S. 高克罗格 23, 31
Gawlick, G. 加夫利克 237, 240
Gebhardt, C. 格布哈特 79
Gerhardt, C. I. 格哈特 45, 124, 181
Gewirth, A. 格沃思 276
Gibieuf, G. 吉比厄夫 38, 276, 312
Gilson, E. 吉尔松 6, 22, 27, 87, 89, 265
Glauser, R. 格劳塞尔 321
Goclenius, R. 戈克伦纽斯 66
Gregor von Rimini 里米尼的格雷戈尔 258
Grene, M. 格里尼 23, 212, 230
Gueroult, M. 格岁 21, 117, 121
Hacking, I. 哈金 301, 304
Hamesse, J. 阿梅斯 3
Hamilton, W. 汉密尔顿 3, 8, 310-311
Hatfield, G. C. 哈特菲尔德 7, 25, 28, 211
Hausman, A. 艾伦·豪斯曼 120
Hausman, D. 戴维·豪斯曼 120
Heinrich von Gent 根特的亨利 63, 102, 263
Herbert von Cherbury, E. Lord 赫伯特 234, 237, 240, 242
Hervaeus Natalis 埃尔韦·纳塔利斯 100, 105-111
Hobbes, Th. 霍布斯 9, 33, 50, 65-66, 73, 75, 166, 178, 206, 269
Hoffman, P. 霍夫曼 127, 134, 138
Hume, D. 休谟 20
Husserl, E. 胡塞尔 114, 231-232, 307-308
Hyperaspistes (Pseudonym eines Briefpartners) "盾牌手" 37
Imbach, R. 因巴赫 VIII
Ishiguro, H. 伊西古罗 182
Johannes Buridan 比里当 248
Johannes Duns Scotus 邓·司各脱 66, 101-105, 110-112, 179
Johannes Petrus Olivi 约翰·彼得·奥利维 4
Jolley, N. 乔利 14, 82, 184, 314
Kant, I. 康德 236, 240, 303
Kemmerling, A. 克默林 VIII, 11, 25, 59, 80, 82, 118, 137, 294
Kenny, A. 肯尼 11, 40-41, 43, 58, 60, 80, 81, 95, 121, 125, 177, 183-184, 220, 230, 257,

263, 293
Knudsen, Ch. 克努森 5, 27, 105
Knuuttila, S. 克努蒂拉 179
Kobusch, Th. 科布施 100, 110
Koyré, A. 柯瓦雷 22
Kretzmann, N. 克雷茨曼 VIII
Krüger, L. 克吕格尔 VIII
Landim Filho, R. 小兰丁 11
Larmore, Ch. 拉莫尔 257, 277, 290, 291
Ledoux, A. 勒杜 85
Leibniz, G. W. 莱布尼茨 44, 45, 124, 140, 149, 150, 179, 181
Lennon, Th. M. 伦农 60, 92, 152
Lindberg, D. 林德伯格 5
Locke, J. 洛克 3, 20, 41, 261, 306, 317-319, 321
Loeb, L. 洛布 21, 125, 201-202, 287, 290, 291-292
McGinn, C. 麦金 150
MacKenzie, A. Wilbur 麦肯齐 216
Mackie, J. L. 麦基 318
Malcolm, N. 马尔科姆 48-49
Malebranche, N. 马勒伯朗士 3, 82, 118, 152, 184, 206, 319-321
Marion, J.-L. 马里翁 23, 28, 31, 141, 179

Markie, P. J. 马尔基 19, 49, 257
Matthews, G. B. 马修斯 19, 270
Meinong, A. 迈农 177
Mercer, Ch. 默瑟 3
Mersenne, M. 梅森 6, 13, 23, 31, 43, 60, 69, 125, 162-163, 170, 178-179, 183, 185, 197, 234-235, 241, 247, 250, 286
Mesland, D. 梅兰 79, 127, 179
Meyssonnier, L. 梅索尼耶 125
Michaud-Quantin, P. 米肖-康坦 4
Michael, E. E. 迈克尔 25
Michael, F. S. F. S. 迈克尔 25
More, H. 亨利·摩尔 13, 125, 130, 140
Morris, K. 莫里斯 37, 58
Mulligan, K. 马利根 231
Murdoch, D. 默多克 32, 86, 297
Nadler, S. 纳德勒 14, 152, 206, 314, 321-322
Nagel, Th. 内格尔 133
Newcastle, Marquis von 纽卡斯尔侯爵 37, 258
Nidditch, P. H. 尼迪奇 41, 261, 306, 317-319
Nimtz, Ch. 尼姆茨 VIII
Normore, C. 诺尔莫尔 63, 100

人名索引

Nuchelmans, G. 努切尔曼斯 66, 230-232, 258
Patzig, G. 帕齐希 115
Paulus Venetus 韦内图斯 258, 307
Perler, D. 派勒 VIII, 5, 20, 41, 66, 101, 130, 191, 230-232, 240, 248, 258
Petrus Abaelard 阿伯拉尔 90
Petrus Aureoli 奥雷奥利 191
Plempius, V. 普莱皮乌斯 35-37
Punta, F. del 蓬塔 307
Putallaz, F.-X. 普塔拉 263
Putnam, H. 普特南 323-324
Radner, D. 拉德纳 125, 140, 152
Rée, J. 雷 31
Regius (Henry le Roy) 雷吉乌斯 6, 93, 127, 133, 277
Reid, Th. 里德 3, 7-10, 14, 18, 310-315, 317, 321
Richardson, R. C. 理查森 125
Rijk, L. M. de 赖克 63, 90
Rodis-Lewis G. 罗迪斯-刘易斯 152
Roger Bacon 罗杰·培根 5
Roland-Gosselin, M.-D. 罗兰-戈瑟兰 87
Rorty, R. 罗蒂 11-12, 14, 18, 113, 311, 314, 323

Rosenkranz, S. 罗森克兰茨 VIII
Rosenthal, D. M. 罗森塔尔 257
Rubin, R. 鲁宾 290
Ryle, G. 赖尔 125
Schmaltz, T. M. 施马尔茨 134
Schmitt, Ch. B. 施米特 191
Schouls, P. A. 斯库尔斯 21
Schütt, H.-P. 许特 19, 130
Searle, J. R. 瑟尔 206 207
Sergeant, J. 萨金特 321
Simons, P. 西蒙斯 231
Smith, A. M. A. M. 史密斯 4
Smith, B. B. 史密斯 231
Sorabji, R. 索拉布吉 4, 66
Specht, R. 施佩希特 8, 20, 143
Spinoza, B. de 斯宾诺莎 79
Spruit, L. 斯普鲁伊特 4, 27, 111
Stoothoff, R. 斯杜特霍夫 32, 86, 297
Suárez, F. 苏亚雷斯 66, 87, 89, 100, 110
Tachau, K. H. 塔乔 4, 101, 191
Taylor, Ch. 泰勒 11
Thomas von Aquin 托马斯·阿奎那 4-5, 27, 66-67, 70-72, 87, 89, 131, 237-239, 241, 262, 305
Trentman, J. A. 特伦特曼 3
Van Cleve, J. 凡·克利夫 293

Vendler, Z. 文德勒 49

Verbeek, Th. 费尔贝克 23

Voetius, G. 沃提乌斯 162

Watson, R. A. 沃森 8, 125, 141

Wells, N. J. 韦尔斯 100

Wilhelm von Alnwick 阿尼克的威廉 63, 85

Wilhelm von Ockham 奥卡姆 4, 66, 240, 248

Williams, B. 威廉姆斯 11, 121, 125, 224-225, 268

Wilson, M. Dauler 威尔逊 57, 61, 78, 126, 141, 143, 173-174, 210, 255, 257, 265

Wippel, J. F. 威佩尔 89

Wittgenstein, L. 维特根斯坦 VII, 201, 313

Yolton, J. 约尔顿 9, 14, 314, 318, 321

术语索引

(索引页码为原书页码，即本书边码)

Abbildtheorie der Erkenntnis 认识的模写理论 9-10, 13, 28-30, 65-77, 114, 141-142, 305-306
→ Ideen als geistige Bilder 作为心灵图像的观念

absoluter/objektiver Standpunkt 绝对/客观视角 224-228

Abstraktionstheorie 抽象理论 167-168

aristotelisch-scholastisch 亚里士多德-经院主义的

— a.-s. Erkenntnistheorie 亚里士多德-经院主义的认识论 3-7, 22-23, 26-28, 65-73

— a.-s. Formen 亚里士多德-经院主义的形式 3-7, 66-70, 127-130, 194-195

— a.-s. Hylemorphismus 亚里士多德-经院主义的形式质料论 6, 60, 69-70, 73, 127-131

— a.-s. Seelenbegriff 亚里士多德-经院主义的灵魂概念 27

— a.-s. Urteilstheorie 亚里士多德-经院主义的判断理论 262-263
→ Scholastiker/Schulphilosophen 经院主义者/经院哲学学院派哲学家

Assimilationstheorie der Erkenntnis 认识的趋同/相似理论 73, 238, 305

Behauptung/Behauptungsmodus 断言/断言模态 1, 207, 266-268, 306

Bewußtsein 意识
— direktes B. 直接意识 36-37
— reflexives B. 反思意识 36-37

Bild → Ideen als geistige Bilder, Ideen als körperliche Bilder 图像→作为心灵图像的观念，作为身体(性)图像的观念

Codes 代码 29-30, 32, 60, 74, 141, 197
→ Ideen als körperliche Bilder 作为身体(性)图像的观念

Cogito-Argument 我思论证 164-165

Dualismus-These 二元论 7, 19-20, 33, 130-131, 171

→ Körper und Geist 身体与心灵

Emotionen 情感 1, 46, 50, 52-54, 130 206-215

Empfindungen 感觉 35, 43, 133-134, 205-206, 215-219, 226-228

Empirismus/Empirist 经验主义/经验主义者 20, 42, 162

Erinnerung 回忆 1, 8, 287-290

Erkenntnisrealismus 认识实在论 15, 18, 321-324

esse (Sein) 存在

— e. *diminutum* (vermindertes S.) 被缩减的存在 102-103

— e. *formale* (formales S.) 形式存在 12, 84

— e. *intelligibile* (verstehbares S.) 可理解存在 102

— e. *obiectivum* (objektives S.) 客观存在 12, 15, 80-96, 100-112, 115, 118

— e. *secundum quid* (relationales S.) 关系性存在 102-105, 112

— e. *simpliciter* (S. schlechthin) 自在存在 102-104, 112

Essentialitätskriterium 本质主义原则 275, 298-299

Essenz 本质

— ewige und unveränderliche E. 永恒和不变的本质 44-45, 167, 171-189

— E. und Existenz 本质与存在 22, 86-91, 116-118

Falschheit, materiale 质料错误 55-58, 253-255

fiktive Gegenstände 虚构对象 2, 8, 16, 43-44, 98, 171-176, 190-199, 220, 252

Geist 心灵

— G. als innere Arena 作为内在舞台的心灵 12, 113

— G. als Spiegel 作为镜子的心灵 11-12, 310

— Attribut des G. 心灵的属性/特性 19-20, 61, 82

— Modi des G. 心灵的样态 79, 81-82, 97, 137-138, 195

→ Dualismus 二元论

→ Körper und Geist 身体与心灵

genius malignus-Argument 恶魔论证 34, 85, 94, 117, 244-245

Gott 上帝 34, 37, 39, 49, 53, 91, 120-121, 123, 142, 148-149, 151-154, 166-167, 172, 178-188, 222-223, 264, 285-291,

294-299, 313-314, 320-321
Gottesbeweis 上帝证明 18, 53-54, 75, 91, 314
Grundbegriffe (*notions primitives*) 基础概念 131-138
Hylemorphismus → aristotelischsc-holastischer H. 形式质料论→亚里士多德-经院主义的形式质料论
Ich 我
— I. als Referenzobjekt 作为指称对象的我 1-2, 19
— I. als inneres Auge 作为内在之眼的我 11-12
Ideen 观念
— angeborene I. 天赋观念 20, 38-47, 158, 161-189, 190, 220
— erworbene 习得观念 I. 20, 43-44, 161, 171, 190, 220
— selbst gemachte I. 虚构观念 43-44, 171, 190-199, 220
— wahre und falsche I. 真与假的观念 251-256
— zusammengesetzte I. 复合的观念 174-176
— I. als geistige Akte mit Inhalt 作为具有内容的心灵动作的观念 13, 15, 37, 45-46, 48-64, 78-

112, 113-114, 261, 311, 315-317
— I. als geistige Bilder 作为心灵图像的观念 11-15, 51, 65-73, 77, 310, 312-313
— I. als geistige Dispositionen/Fähigkeiten 作为心灵潜能/能力的观念 20-21, 37-47, 161-162
— I. als körperliche Bilder 作为身体(性)图像的观念 26-37, 46-47, 59-60, 141
— I. material aufgefaßt 质料地来理解的观念 37, 78-80, 95, 256
— I. objektiv aufgefaßt 客观地来理解的观念 37, 80-99, 256
→ Ideentheorie 观念论
→ Klarheit und Distinktheit der Ideen 观念的清楚分明性
Ideentheorie 观念论 3, 7, 10-11, 14, 16, 18, 20, 25, 41, 64, 310-324
— augustinische I. 奥古斯丁的观念 63
— I. als Grundlage der Semantik 作为语义基础的观念 13-14, 36, 247-248
intentionale Gegenstände 意向对象 45,

113-117, 316
Interaktion → Körper und Geist 互动→身体与心灵
Klarheit und Distinktheit der Ideen 观念的清楚分明性 55, 98, 203-204, 229, 233, 249, 262, 269-284, 287-299, 303
Körper und Geist 身体与心灵
— Heterogenität von K. und G. 身心异质性 131-140
— Einheit von K. und G. 身心统一体 18, 126-140
Interaktion von K. und G. 身心互动 7-8, 16, 31, 46, 123-160, 197
Konzeptualismus 概念主义 169
Korrelation von körperlichen und geistigen Zuständen 身心状态的对应 146-160
mathematische Gegenstände 数学对象 16-17, 34-35, 42, 45, 80, 97-98, 162, 167-170, 172-188, 195
Notwendigkeit, epistemische 认识必然性 182-185, 187
objektive Realität 客观实在性 22, 49, 53, 86-87, 298
→ *esse obiectivum* 客观存在

Occasionalismus 偶因论 124, 151-154
Phantomschmerz 虚幻的疼痛 35, 43
→ Schmerzempfindung 疼痛感
Physik, mechanistische 机械物理学 28, 129-130, 223-224, 228, 282
Physiologie 生理学 25-26, 33, 211
Prädikation 谓述/谓词 17, 306-307
Proposition/propositional 命题/命题的 48-51, 207, 232, 257-261
— p. Einstellung 命题态度 48-51, 54, 207
— p. Gehalt 命题内容 48-51, 54, 207-208
Rationalismus/Rationalist 理性主义/理性主义者 20-21, 158, 220, 223
Repräsentation 表征 *passim*
Repräsentationalismus 表征主义 11, 15, 18, 321-324
Sachverhaltsproblem 事态问题 115
Schmerzempfindung 疼痛感 133-134, 149-151, 155-156, 160, 205-206, 212, 215-216, 218
→ Empfindung 感觉
→ Phantomschmerz 虚幻的疼痛

Scholastiker/Schulphilosophen 经院主义者/经院哲学学院派哲学家 4-7, 22-23, 38-39, 66-67, 90, 100-112, 248, 266, 302, 304-305, 311

sensus communis (allgemeiner Wahrnehmungssinn) 共通感 27-28

Sinneseigenschaften 感觉属性 6-7, 10, 39-40, 55-58, 72, 97, 215-219, 253-254, 317

Sinnestäuschung 感觉欺骗 191-192, 199-204, 221, 243

Skeptizismus 怀疑主义 10, 18, 149, 191, 222, 310, 314, 318

Solipsismus 唯我论 10, 18, 53, 310, 314, 318

species-Theorie 种相理论 4-7, 26-27, 46, 65-73, 105-109, 111

subjektiver Standpunkt 主观视角 224-228

Tiere 动物 36-37

Traumargument 梦境论证 34, 85, 243-244

Universalien 共相 71-72

Urteil/Urteilstheorie 判断/判断理论 17, 57, 200-203, 230, 250, 261-268, 277, 293-296, 305-307

Voluntarismus 意志论 149, 223

Vorstellungsvermögen (*phantasia*) 想象力 13, 31, 33, 198, 274

Wachsbeispiel 蜂蜡例子 222, 271-284, 308

Wahrheit 真理
— analytische W. 分析性真理 181-182
— ewige W. 永恒真理 178-188, 222-223
— Wahrheitsbedingung 真理条件 232-233, 238, 246-247
— Wahrheitsbegriff 真理概念 44, 163, 229, 233-242, 246, 300-301
— Wahrheitsdefinition 真理定义 235-237
— Wahrheitskriterium → Klarheit und Distinktheit der Ideen 真理标准→观念的清楚分明性
— Wahrheitsträger 真理载体 230-231, 233, 255

Wahrheitstheorie 真理理论
— *adaequatio*-Theorie 符合论 237-241, 302
— Evidenztheorie 明见论 231,

249, 300

— Kohärenztheorie 融贯论 232, 242, 245, 249, 300

— Korrespondenztheorie 符合论 17, 231-232, 242, 245, 249-250, 300-309

Wesen → Essenz 本质→本质

Wille/Willenstheorie 意志/意志理论 251-253, 256-257, 262-268

Zirbeldrüse 松果腺 26-27, 32-35, 47, 59-60, 74, 123, 125-126, 143

Zirkelproblem 循环论证 285-299

Zweifel, methodischer 方法性怀疑 34, 42, 53, 75, 112, 116, 163, 221, 243

→ *genius malignus* Argument 恶魔论证

→ Traumargument 梦境论证

译后记

本书受国家社会科学基金青年项目"笛卡尔的表征主义问题研究"（19CZX043）资助。

本书在征询作者多米尼克·派勒教授的许可后开始翻译，在翻译过程中得到了来自西安交通大学王嘉新、北京大学董彪、中山大学唐诗韵、中国科学技术大学程澄、巴黎第一大学李鹏飞、巴黎第八大学王明睿等多位师友的支持，南京大学刘畅对本书初译稿进行了细致的校对，在此致以最诚挚的感谢。最后，特别感谢商务印书馆在本书出版过程中所做的工作，感谢你们的支持，你们的帮助使我获益良多。

本书涉及德语、英语、拉丁语、法语等多门语言，知识领域涉及从中世纪到当代的哲学，由于译者学艺不精，难免有错译、理解不当之处等，还请各位师友多多批评指正！

叶斌
2023 年 8 月 3 日

图书在版编目(CIP)数据

笛卡尔论表征 / (德) 多米尼克·派勒著; 叶斌译. —北京: 商务印书馆, 2023.10 (2024.6 重印)
ISBN 978-7-100-22785-8

Ⅰ. ①笛… Ⅱ. ①多… ②叶… Ⅲ. ①笛卡尔(Descartes, Rene 1596–1650) —哲学思想—研究 Ⅳ. ① B565.21

中国国家版本馆 CIP 数据核字（2023）第 142922 号

权利保留，侵权必究。

笛卡尔论表征

〔德〕多米尼克·派勒 著
叶 斌 译
刘 畅 校

商 务 印 书 馆 出 版
（北京王府井大街 36 号 邮政编码 100710）
商 务 印 书 馆 发 行
北京虎彩文化传播有限公司印刷
ISBN 978-7-100-22785-8

2023 年 10 月第 1 版　　开本 880×1240　1/32
2024 年 6 月北京第 2 次印刷　印张 12¼

定价：68.00 元